MANFRED SCHMIDT-BRABANT (HRSG.)

Idee und Aufgabe Europas

Von der nationalen zur europäischen Identität

VERLAG AM GOETHEANUM

Bearbeitete Vortragsnachschriften von der Michaeli-Tagung am Goetheanum vom 23. bis 29. September 1991

Einbandgestaltung von Gabriela de Carvalho

© Copyright 1993 by Philosophisch-Anthroposophischer Verlag am Goetheanum, CH-4143 Dornach

Satz: Utesch Satztechnik GmbH, Hamburg
Druck und Bindung: Freiburger Graphische Betriebe

ISBN 3-7235-0662-3

INHALT

Manfred Schmidt-Brabant

IDEE UND AUFTRAG EINES NEUEN ABENDLANDES

Diesmal werden wir intimer, sozusagen etwas esoterischer über das sprechen können, was auf Europa zukommt. Wir wollen ganz bewußt in das kommende Jahr, in eine Situation, die für viele Menschen Europas, und nicht zu Unrecht, noch mit bangen, sorgenvollen Erwartungen verbunden ist, konstruktive, lebendige Gedanken hineinstellen. Was wird aus diesem Europa, das da nun entstehen soll, zunächst durch die sogenannte Einheitliche Akte, dann durch weitere Vollzüge, werden? Wir glauben, daß es entscheidend sein kann, daß in den politischen, wirtschaftlichen, sozialen Handlungsraum Europas kräftige, spirituelle, lebendige Ideen hineingestellt werden. Es ist ja nicht die Aufgabe der Anthroposophischen Gesellschaft selbst, Politik zu machen, das heißt sich als Gesellschaft zu engagieren im politisch-wirtschaftlichen Felde: aus gutem Grunde. Denn in dieser Gesellschaft sollen sich ja nach Möglichkeit diejenigen Menschen zusammenfinden, die in den unterschiedlichsten Parteien, in den unterschiedlichsten Interessengruppen nach einem spirituellen Selbstverständnis ihres Handelns suchen. Und so kann sehr wohl der einzelne, der zu dieser Anthroposophischen Gesellschaft gehört, politisch tätig sein, politische Ämter in unterschiedlichen Parteien innehaben; es können durchaus zwei Angehörige dieser Anthroposophischen Gesellschaft sich im Parlament gleichsam als politische Gegner gegenüberstehen und dennoch gemeinsam getragen sein von dem Willen, dem Handlungsraum, in den sie hineingestellt sind, eine menschenwürdige, und das heißt aber eine spirituelle Sinngebung hinzuzufügen. Und so möchten wir eigentlich als Ideal anstreben, Gesichtspunkte herauszubilden, aus denen jeder, wo immer er steht im politischen, im religiösen, im wirtschaftlichen Leben, wahrhaft menschlich handlungsfähig wird.

Auf solche lebendigen, tragfähigen Gedanken stößt man bereits dann, wenn man die Stellung des Menschen zur Geschichte betrachtet, die ja nun in den letzten Jahren aus einer gewissen Schläfrigkeit, aus einem gewissen Stillstand der Ereignisse jäh aufgeweckt worden ist. Wir haben immer im Gang der Geschichte Phasen des Stillstandes und Phasen der Beschleunigung beobachten können. Und so haben wir nach 1945 im gesamteuropäischen Raum zunächst das Eintreten einer gewissen Erstarrung beobachten können, die durch den Eisernen Vorhang, ja sogar durch Kältevergleiche zu beschreiben war, und plötzlich sehen wir in diesem Stillstand, in dieser Erstarrung alles das jäh aufbrechen, was wir ja nur ganz unzulänglich mit solchen Worten wie Perestroika, Wiedervereinigung und so weiter bezeichnen.

In einen solchen Vorgang ist der Mensch der Gegenwart gestellt, und er kann nun, wenn er sich so in einen jähen Umbruch aller Verhältnisse hineingestellt sieht, leicht zwei Illusionen verfallen. Die eine Illusion ist, daß er sich als mehr oder weniger hilfloses Objekt der Geschichte fühlt. Da passieren eben die Dinge, das rollt ab. Es mag sein, daß der eine oder andere Politiker als Verursachender zu finden sei, es mag sein, daß irrationale Elemente des Geschichtlichen durchbrechen; viele Menschen glauben, sie könnten an alledem nichts ändern, die Geschichtsereignisse ergreifen sie, hier mehr als Zuschauende, weiter zum Osten hin als Beteiligte. Die andere Illusion tritt bei einer kleineren Anzahl von Menschen auf, nämlich daß sie glauben, doch eigentlich handelnd an diesen Ereignissen beteiligt zu sein; sie fühlen sich gar nicht als Objekt, sondern eher als die Macher, als die Verursacher.

Eine genauere Betrachtung der Geschichte aber zeigt, daß alles das, was da wie mächtige Wellen aufgeworfen wird, was die teilnehmenden Menschen wie Objekte ergreift, was die Politiker an dem einen oder anderen Orte wie die Macher und Verursacher erscheinen läßt, aus tieferen Schichten des historischen Stromes herrührt, mit denen nun gleichwohl der einzelne als Angehöriger des geschichtlichen Augenblickes auch in seiner eigenen Tiefe verbunden ist. Was wir in unserem Bewußtsein tragen, was wir an Vorstellungen über die politischen Ereignisse, was wir als Empfindungen dazu haben, was dann in unsere Handlungsantriebe, in unser Wollen in mannigfaltiger Art übergeht, ist ja zunächst oberflächlicher Natur. Das ist nicht qualitativ, sondern strukturell gemeint, es ist die Oberfläche unseres Bewußtseins. An dieser

Oberfläche sind sich die Menschen durch lange Zeiten hindurch sehr ähnlich. Wenn Sie etwa einen Menschen am Beginn dieses Jahrhunderts betrachten, einen mittelständischen Bauern, einen Handwerker, so ist das, was er an der Oberfläche seines Bewußtseins an Vorstellungen über seinen Beruf, über Familie und so weiter trägt, nicht sehr unähnlich dem, was heute vergleichsweise ein solcher Mensch in seinem Bewußtsein hat. Aber radikal anders war die Empfindung des Menschen am Jahrhundertanfang, war das, was er in seiner Tiefe gleichsam als Zeitgefühl empfand; radikal verschieden von dem, was ein heutiger Zeitgenosse in der Tiefe seines Bewußtseins als die Oberflächlichkeit der Bewußtseinsinhalte tragend empfindet. Eine tiefe innere Bewußtseinsverbindung, die auch zu den Tiefenkräften hinführt, die hinter den zunächst oberflächlichen Ereignissen der äußeren Politik liegen, ist nichts anderes als die, wenn auch unbewußte, so doch reale Verbindung mit dem Zeitgeist.

Das Sprechen vom Zeitgeist ist ja durchaus auch in der äußeren Welt üblich, aber da ist es abstrakt und allgemein; man meint mit Zeitgeist gleichsam die Summe all dessen, was in der Gegenwart als Empfindung, Gefühl und Lebensanschauung lebt.

Indem wir hier versuchen, uns in die Tiefe einer wirklichen Betrachtung des historischen Augenblickes vorzuarbeiten, kommen wir dazu, auf die Wirklichkeit des Geistes, wie Anthroposophie sie versteht, zu schauen. Die Wirklichkeit dessen, was hinter allen Ereignissen der Gegenwart steht, die Wirklichkeit dessen, was der Mensch in der Tiefenschicht seines Gegenwartsbewußtseins aufsuchen kann, ist jene Wesenheit, die wir den Erzengel *Michael* nennen, jenen Erzengel, der nun als Zeitgeist wirkt.

Wir müssen dabei durchaus einräumen, daß wir auch im Anthroposophischen zunächst die Neigung haben, zwar etwas anders, als das in der Außenwelt geschieht, aber doch abstrakt und allgemein zu reden vom Zeitgeist Michael, wenngleich ein bißchen bildhaft und symbolisch. Auch der strebende Anthroposoph, auf den wir hier abzielen, hat es nötig, in der Tiefenschicht seines Bewußtseins zu der Wirklichkeit des Zeitgeistes durchzudringen, die nicht nur in einem Bild des Drachenbezwingers, des Waagehalters und so weiter besteht, sondern die langsam zur Erfahrung wird, daß in jedem gegenwärtigen historischen Vorgang diese Wesenheit wie inkorporiert, führend und leitend ist. Er hat es notwendig, zu jener Erfahrung zu kommen, um die ganze gegenwärtige Geschichtsepoche als die sich metamorphosierende Leiblichkeit eines übersinnlichen Wesens, eben jenes Wesens Michael, zu verstehen. Der Engel lebt wie in seiner Leiblichkeit in der Biographie eines einzelnen Menschen. Erzengel leben wie in ihrer Leiblichkeit in dem, was das Volksschicksal ist, zu dem sie gehören. Die Zeitgeister aber leben wie in ihrer adäquaten Leiblichkeit in den gesamten historischen Vorgängen ihrer Epoche. Was wir draußen in der Welt anschauen, ist das Bild Michaels, oder genauer: Was wir draußen in der Welt als das Vielfältige der Umbrüche und Kämpfe gerade des gegenwärtigen Geschichtsaugenblickes anschauen, ist die sich darstellende Leiblichkeit des Kampfes Michaels gegen den Drachen. Dieses Bild ist ikonographisch aus dem Mittelalter geholt; aber wenn wir sehen, was passiert, zum Beispiel in Jugoslawien, dann sehen wir in all diesen zum Teil furchtbaren, beklagenswerten Zuständen eine Kampfsituation übersinnlicher Natur.

Und so kann eine anthroposophische Geschichtsbetrachtung, ja, eine anthroposophische politische Stellungnahme zunächst von nichts anderem ausgehen, als daß sie sagt: Werde dir bewußt, daß du in einer Welt stehst, in der geistige Wesenheiten bis in die kleinste Einzelheit des politischen, wirtschaftlichen, kulturellen Alltags herunterwirken.

Unter solchen Voraussetzungen müssen sich nun die Fragen erheben: Was ist aber dieses Europa? Was heißt es, Europäer zu sein im Zusammenhang einer solchen Betrachtung des Zeitgeistes? Was heißt es, ein Angehöriger des Abendlandes zu sein?

Lassen Sie uns auf diesen Werdegang Europas schauen. Eine kleine philologische Anmerkung: Im siebten Jahrhundert vor Christi taucht das Wort in Griechenland auf. Es ist wahrscheinlich phönizischen Ursprungs: «Ereb» – von dunkel, Abend. In der leuchtenden Sonne Hellas' schaute der Mensch auf diese Welt des Westens, auf die Welt, in der die Sonne unterging, wo es Abend wurde: Ereb-Land, Abendland, Europa. Und aus diesem Dunkel, in das der von der Sonne Hellas' beschienene Mensch hineinschaute, begann sich nun seit der Antike, gleichsam in das Licht der Geschichte tretend, die Geschichtsgestalt Europas zu erheben.

Rudolf Steiner, der mehrfach diese Vorgänge beschreibt und charakterisiert, spricht immer von einer ersten Phase, die etwa im neunten Jahrhundert abschließt und die vor allen Dingen darin bestand, daß nun, aus dem Morgenlande kommend, in das Dunkel des Abendlandes, in das «Ereb», das Licht des Christentums hineinschien. Europa erhellt sich durch die Christianisierung. Äußerlich spielen sich da die Ströme der Völkerwanderung ab, aber das Bewußtsein dieses zunächst im Abenddunkel liegenden Kontinentes beginnt, in einer ersten Erhellung auch für die morgenländische Welt sichtbar zu werden. Europa entsteht durch die Christianisierung seines Bewußtseins, einen Prozeß, der etwa im neunten Jahrhundert mit dem Entstehen des Reiches Karls des Großen abgeschlossen ist.

Und dann sehen wir etwas sehr Wunderbares. Wenn ein heutiger Betrachter, der nicht sehr vertraut mit der Geschichte ist, auf das europäische Werden schaut, kommt er leicht zu der Anschauung: Nun ja, da sind die Völker, die Nationen, und Völker und Nationen wollen sich jetzt zusammenschließen zu einem einheitlichen Europa. Nun, der Vorgang war ja ursprünglich genau umgekehrt. Erst entstand das einheitliche Europa, und dann differenzierte es sich sehr spät in die Völker und Nationen. Europa ist nicht als die Addition einzelner Völker und Nationen entstanden, als das Zuammenwachsen gleichsam historischer Evolutionsinseln; Europa ist zunächst als Einheit entstanden. Weil die moderne Geschichtsschreibung in den letzten Jahrhunderten entstand und zunächst als Nationalgeschichte gemeint war, ist das lange Zeit übersehen worden. Auch das gehört zu einer solchen Betrachtung, daß wir überhaupt erst seit einigen Jahrzehnten langsam eine europäische Geschichtsschreibung bekommen, die von vornherein von dem eben geschilderten Tatbestand ausgeht, daß Europa zunächst einmal eine Einheit war, lange bevor es Nationalgeschichte, Volksgeschichte gab.

Und weil das so ist, deshalb beginnt jetzt das Auge der Historiker neu auf zwei große, spirituelle Lebensprozesse zu fallen, durch die dieses Europa sich zunächst als eine ätherische Einheit konstituierte. Es waren das zwei ganz Europa durchpulsende, durchlebende Strömungen, gleichsam Adern historisch-lebendiger Geschichtsvorgänge, die dieses Europa sich als Einheit bewußtseinsmäßig erfassen ließen. Und das eine ist der völlig im

Dunkel der Geschichte versunkene, erst in den letzten Jahrzehnten wieder zum Bewußtsein aufsteigende, große, gewaltige Pilgerstrom der europäischen Menschen nach *Santiago de Compostela*. Da war im neunten Jahrhundert, wie man sagt, der Leichnam des heiligen *Jakobus* entdeckt worden. Das sind äußere Umstände, die uns nicht zu beschäftigen brauchen. Die Folge davon war, daß vom neunten Jahrhundert an aus allen Bereichen Europas die Menschen strömten, sich dadurch kennenlernten, miteinander sprachen, um dort im fernsten Westen Europas – wie Rudolf Steiner sagt – die heiligen Mysterien des Christentums zu erleben, ein mysterienhaftes Christentum zu erfahren. Aus England, aus den slawischen Staaten, aus Mitteleuropa, aus Südeuropa: Es war ein vielfältiges Netz nicht nur einzelner, sondern miteinander vernetzter Ströme – so weiß man es heute wieder, wo sich der Blick darauf hinlenkt. Und es entstand durch diesen gewaltigen Strom nicht nur der innere Kontakt der Menschen Europas, es entstanden ein kunstgeschichtlicher Verbindungsweg, Politisches, Wirtschaftliches und so weiter.

Das ist das eine, worauf heute das Auge der Historiker fällt, daß sie sagen: Damals entstand Europa nach der einen Seite hin. Und die, die etwas tiefer graben, wissen: Hinter den Geheimnissen dieses Pilgerweges nach Compostela lag das Gralsgeheimnis. Auf diesem Wege konnten die, die einen inneren Weihegrad erreicht hatten, gleichsam abzweigen und teilnehmen an den Gralsgeheimnissen, die von dieser Pilgerstraße, wie Rudolf Steiner sagt, dann über San Juan de la Peña, über den Montségur in späteren Zeiten nach Mitteleuropa hineinströmten.

An das, was wir eben betrachtet haben, schloß sich dann sehr bald eine andere große, Europa bildende Geste an, nun zum entgegengesetzten Pol, hin nach dem Osten: die ganze Welt der Kreuzzüge zur Befreiung des Heiligen Landes, zur Befreiung Jerusalems. Und auf diesen Wegen, auf denen nicht die Pilger, sondern die Ritter zogen, doch mit ihrem ganzen Anhang und Troß, wie wir heute sagen würden, begegnete sich wiederum Europa, empfanden sich die Menschen dieser rund zweihundert Jahre dauernden Kreuzzüge als gemeinsam für einen Kontinent verantwortlich. Die Pilger empfanden Gemeinsames, hingewendet in Gralshaltung zur Aufnahme der Christus-Wesenheit. Kennzeichen des Pilgers war die Muschel, die geheimnisvoll die Perle des Logos in sich birgt. Bei den Rittern erkennt man die Tatgebärde, um Europa schützend abzuschirmen vor dem, wovon sie meinten, daß es das Christentum vernichten würde. Wie hinter der Europa bildenden Strömung der Pilger nach Compostela das Gralsgeheimnis aufleuchtete, so leuchtete hinter den gewaltigen Kreuzzügen nach Jerusalem das Geheimnis der Templerströmung auf, jenes Ritterordens, von dem Rudolf Steiner sagt, daß es ihm am Herzen lag, die sozialen, politischen, wirtschaftlichen, rechtlichen Verhältnisse Europas zu durchchristen, durch Verchristlichung Europa eine Stufe höher zu heben.

In dieser Zeit sprach man nicht von Nationen und Völkern. Es gab das Adelssystem mit seinen unterschiedlichen Lehensherrschaften. Man empfand sich, und das ist ein wesentliches Moment der Geschichte Europas, zuerst als Angehöriger des christlichen Abendlandes.

Und dann kam erst der Schritt, auf den man ja immer wieder blicken muß. Das eigentümlich wunderbare Mädchen *Jeanne d'Arc*, die Jungfrau von Orleans, erscheint wie eine Signatur, um deutlich zu machen: Jetzt beginnt die Zeit, wo Europa sich differenzieren muß. Jetzt müssen die Nationen entstehen, jetzt erst spricht man von Franzosen, Italienern und so weiter. Erst war die Einheit da, dann begann sie sich zu differenzieren.

Und damit in dieser Differenzierung nicht die alte Einheit verlorenginge, spielte geheimnisvoll der dritte große spirituelle Lebensimpuls Europas hinein: das Rosenkreuzertum. Rudolf Steiner sagt ausdrücklich: Das Rosenkreuzertum sollte in die sich differenzierenden Volkheiten Europas ein einheitliches, begleitendes, spirituelles Bewußtsein geben.

Wenn wir heute vom Gral, von den Templern, vom Rosenkreuzertum sprechen, sieht man diese Dinge oft viel zu niedlich, zu banal, zu kleinbürgerlich: Es waren gewaltige, Europa durchwellende, durchkraftende, man möchte sagen, Europa durchzitternde Impulse. Gral – das war ein Klang, der durch ganz Europa ging; Templerimpulse – ein Klang, der durch ganz Europa ging, und Rosenkreuzertum – das waren nicht bloß so botanisierende Ärzte, die durch den Wald gingen und Kräuter pflückten. Das Rosenkreuzertum war bis in die Politik hinein ein spiritueller Impuls.

Das alles ist zunächst vergangen. Nicht unerwähnt sollen die gewaltigen Gegnerschaften bleiben, die ja bis heute wirksam sind, etwa der *Klingsor*-Impuls, der das Gralstum immer noch vernichten möchte, alles das, was mit *Philipp dem Schönen* von Frankreich zusammenhängt, die staatspolitische Räson, die die Templerideale zerschlagen hat, und jene grauenvollen, tief egoistischen Impulse, die mit dem Dreißigjährigen Krieg verbunden sind und die das Rosenkreuzertum schon an der Wurzel seines Entstehens ausgelöscht haben.

Und dennoch, aus all diesen Kämpfen, die sich da abspielen, den großen, spirituellen Geschichtsimpulsen, ringt sich langsam, wie eine erste große Kulmination, der europäische Mensch heraus. Aus der Vielfältigkeit der Völkersprachen, der Völkerbildungen, ihrer Kulturen entsteht als ein erster Schritt der Europäer. Und wir finden keinen würdigeren Menschen als Vertreter dieses Europäertums als den Menschen, der diesem Bau den Namen gegeben hat: *Goethe.* Goethe war in einem Maße Repräsentant der europäischen Bildung, wie das auch heute noch eigentlich nur ganz wenig gesehen wird. Man liebt den «Faust», man liebt die Gedichte von Goethe und einige seiner Dramen – der eine «Die natürliche Tochter», der andere mehr «Götz von Berlichingen» und so weiter; aber was Goethe eigentlich war: Er war die Summe der europäischen Welt. Selbst hochgebildet, vielsprachig; jahrelang las er täglich französische, englische und italienische Zeitungen, neben den deutschen natürlich; ein Mensch, der sich selbst vollkommen zuhause fühlte im gesamten europäischen Bildungsraum, der sich, wenn er das in der heutigen Sprache formulieren würde, als würdigsten Repräsentanten dessen betrachtet hätte, was die damals doch auch schon mehr als zweitausendjährige Geschichte Europas hervorgebracht hat. Und in alledem, was Goethe so von sich selbst empfand – und man könnte ja endlose Zitate bringen, Goethe war sich dieser Position durchaus bewußt, so wie sich Goethe durchaus der europäischen Situation bewußt war –, in diesem ganzen Selbstbewußtsein Goethes liegt bereits der Keim für das, was auch zur Zeit Goethes sich noch nicht voll realisieren konnte, nämlich daß man nur Europäer, wahrer Europäer in dem Maße ist, in dem man Weltbürger ist. Goethe war ein wahrer Europäer und damit zugleich ein wahrer Weltbürger.

Wir kennen sein Bedürfnis, nach Indien zu reisen und dort die Dinge mit seinen Augen anzuschauen; wir kennen seine Blicke herüber nach Amerika, die Andeutungen, auch am liebsten dorthin zu fahren, um es mit seinen Augen zu sehen, Bekanntes wiederzusehen mit seinen Augen. Goethe war, das zeigen ja viele Teile seiner Werke, ein Mensch, der von diesem europäischen Bewußtsein aus in der Lage war, sich als Weltbürger so zu empfinden, daß er im Begriffe war, auch die Weltkultur in die Individualität einzuatmen.

Das war ein Höhepunkt, eine erste Kulmination, Goethe, die Goethezeit, die ganze deutsche Klassik, die idealistische Philosophie und so weiter. Und dann erleben wir den furchtbaren Abbruch. Wir erleben, aufsteigend im neunzehnten Jahrhundert, das, was man die Perversion des Europagedankens nennen kann. Wir sehen aufsteigen europäischen Imperialismus, durch die Nationalstaaten getragen, wir sehen aufsteigen europäischen Kolonialismus, wiederum getragen von den Nationalstaaten, wir sehen aufsteigen europäischen Rassismus. Die Älteren erinnern sich noch an das unselige Wort Kaiser Wilhelms: «Völker Europas, wahrt eure heiligsten Güter!» Und dann sah man die europäischen Dramengestalten als Repräsentanten auf einem Gemälde stehen, das ein anderer gemalt hat. Und von Osten her kam sozusagen die Fratze Asiens hoch. Da war die Dekadenz Europas und des Europagedankens vollkommen sichtbar geworden. Und diese Dekadenz rührte ja von nichts anderem her als vom nun immer stärker aufbrandenden Nationalismus. Was bis zur Goethezeit noch die echten Völkerindividualitäten gewesen waren, das entartet nun zu jenem Nationalismus, der ja eigentlich ein Kind des neunzehnten Jahrhunderts ist.

Und dann die furchtbaren Erben, um nur einen zu nennen, den Nationalsozialismus. Jene Menschengruppierung unseliger Herkunft betrachtete sich ja als die wahren Erben der Nation Europas – noch heute heißt eine Nazi-Zeitschrift so: «Nation Europa». Da war nun ganz stark in die Menschheit ein Denken eingezogen, daß doch das Soziale sich dadurch konstituiert, daß man gemeinsamen Blutes auf einem gemeinsamen Boden steht. Dieser Zusammenbruch im Denken war durch den Sturz der Geister der Finsternis entstanden, wie man im Okkultismus sagt, jener ahrimanisch-satanischen Scharen, die nach sehr langen Auseinandersetzungen mit Michael aus den Räumen der geistigen Welt hinuntergestürzt wurden auf die Erde. Sie sind die eigentlichen Verursacher, daß in den Volks- und Nationalzusammenhängen jetzt die Bindung an das Physische auftrat, an das physische Blut, an den physischen Boden, und sie eröffneten damit den Zugang für noch tiefere Kräfte des Bösen, wie wir sie dann im Nationalsozialismus aufbranden sehen.

Heute steht Europa vor der Chance, auf einer neuen, höheren Stufe wieder anzuknüpfen an das, was es einmal durchpulst und durchseelt hat; wieder ein Abendland zu werden, das sich zunächst seiner Einheit durch eine große geschichtliche Aufgabe bewußt wird. Denn natürlich ist die Sorge groß: Wie wird es weitergehen? Werden die Kräfte, die wir kurz beleuchtet haben, die Kräfte der Perversion einer europäischen Idee, der Dekadenz europäischen Verhaltens, sich nur umso mächtiger ausgestalten? Wird der Nationalismus übelster Art kulminieren in einem europäischen Nationalismus, oder besteht die Möglichkeit, daß Europa Träger neuer, mächtiger Mysterienimpulse für die ganze Menschheit wird?

Es ist sehr interessant, daß in anderen Bewegungen ähnliche Überlegungen stattfinden.

Die katholische Kirche setzt im Augenblick zwölfhundert junge Priester ein, um Europa katholisch zu missionieren, und sie spricht unverhohlen davon: Europa wird am Ende dieses Jahrhunderts katholisch sein, oder es wird nicht sein!

Schauen wir einen solchen Vorgang einmal neutral an: Was enthält er? Er enthält die in diesem Falle von der katholischen Kirche ausgesprochene Überlegung: Europa wird spirituell sein so, wie die katholische Kirche es versteht, oder es wird nicht sein. Es wird vielleicht nach außen zunächst als eine Wirtschaftsmacht erscheinen, die in sich alle Teile des Zusammenbruches tragen wird. Und so können wir auch sagen: Entweder findet Europa eine neue, spirituelle Identität, oder es wird auf das höchste gefährdet sein. Und wie trotz aller Friedensbemühungen Menschen sich zerfleischen können, das zeigt vor den Augen des Jahrhunderts jetzt das Beispiel Jugoslawien. Irrationalitäten liegen ständig dicht unter dem Untergrund des Bewußtseins, bereit, über die Menschen herzufallen und sie sich gegenseitig zerfleischen zu lassen, wenn nicht eine spirituelle Macht von oben dieses Bewußtsein ergreift.

Und das ist nun die Frage, die vor all denen steht, die sinnend, sorgend diesen europäischen Werdegang anschauen. Viele, die tätig, aktiv in irgendeiner Weise in der Gestaltung der sozialen

Verhältnisse drinstehen, bewegt immer wieder die Frage: Wo liegen denn die richtigen Nuancen eines Vorwärtsschreitens? Es ist ja nicht damit getan, daß man hinausgeht in die Welt und gleichsam plakativ sagt: Anthroposophie und Dreigliederung, dann ist alles gut. Denn die Fragen, die uns entgegenkommen, lauten ja ganz konkret: Wie verwirklicht man Dreigliederung, wie Anthroposophie und wie eine Spiritualisierung? Wir meinen ja nicht, daß Europa anthroposophisch werden soll. Das wäre ganz unsinnig. Anthroposophie hat sich immer so aufgefaßt, wie Rudolf Steiner sie verstanden hat, als ein Beitrag zum spirituellen Werdegang der Menschheit. Anthroposophie möchte helfen, daß alles, was es in Europa an Lebensbereichen gibt, sich selbst spirituell neu erfaßt. Auch die katholische Kirche soll sich in ihren Tiefen spirituell neu erfassen und die protestantische Kirche und alles, was an politischen und sonstigen Willens- und Interessengemeinschaften lebt: Es soll sich selbst neu verstehen in seinen wahren, menschlichen, spirituellen Zielsetzungen!

Wenn man viel durch Europa kommt, findet man da in einer geheimnisvollen Weise ein vielschichtiges Gewebe aufsteigen. Es ist so, wie wenn die Wesenheit Europa – für mich ist Europa eine große, mächtige, geistige Wesenheit – zart in den Gemütern, in den Sehnsüchten, in den Hoffnungen der Menschen sich regt, wie wenn ein zartes, feines, ätherisches Gewebe sich zunächst abzeichnet, neben dem Groben dessen, was man durch seine Blutszugehörigkeit als Spanier, Franzose, Holländer oder Engländer ist. Es ist zart, und es kommt eigentlich alles darauf an, daß dieses zarte Gewebe geschützt wird. Rudolf Steiner macht in diesem Zusammenhang auf etwas aufmerksam, was man tatsächlich leicht und schnell vergessen hat. Er sagt: Ja, noch 1840 wurde ein Mensch bestraft, wenn er sich Deutscher nannte. Und man erinnert sich: Ja, die Burschenschaften damals mit ihren schwarz-rot-goldenen Bändern waren eine ketzerische Sache, denn man war natürlich Untertan des bayerischen Königs oder des württembergischen oder des preußischen, aber beileibe doch nicht Deutscher! Das waren eben aufrührerische Gesellen. Wir haben vergessen, wie kurz die Zeit ist, in der man mit Selbstverständlichkeit sagt: Ich bin Deutscher. Und heute stehen wir in einer ähnlichen Situation. Heute wird gesagt: Ja bitte, du hast dich als Engländer, Franzose, Deutscher oder Italiener zu fühlen, und die Menschen meinen, das sei nun einmal das Primäre. Und nur ganz zart, sozusagen in der eigenen Seele ketzerisch, hebt sich heraus, daß man sagt: Es ist ja alles Unsinn! Ich bin Europäer! Eigentlich bin ich Europäer, aber ich sage es hinter vorgehaltener Hand, denn es ist noch nicht so ganz beliebt.

Die Anthroposophische Gesellschaft soll vorangehen, und sie soll wie ein Turnierreiter sein, von dem man sagt, er muß sein Herz über die Hürde werfen und dann mit dem Pferd hinterher springen. So müssen auch wir oft unsere Herzen über die Hürden der Geschichte werfen, um dann mit unserem Bewußtsein hinterher zu kommen. Das Bewußtsein ist immer zögernd, das Bewußtsein ist immer reaktionär; denn was man gelernt hat, will man ja nicht schon wieder aufgeben. Gefühle sind das Reaktionärste, was es gibt; denn so hat man immer schon gefühlt, und jetzt soll man plötzlich anders fühlen! Und ganz schlimm ist es mit dem Willen. Er ist Routine geworden. Nur wenn wir das Herz unserer Existenz in die Zukunft werfen, dann kann unser Bewußtsein folgen, kann unser Denken, unser Fühlen, unser Wollen einen neuen, größeren, menschheitlicheren Charakter annehmen.

Diese Empfindungen findet man heute durchaus bei der europäischen Menschheit, bei der Jugend, aber auch bei sehr vielen Älteren. Und sie stellen sich, wie ich meine zu sehen, in einer siebenfachen Stufung dar. Das erste ist, daß für viele Menschen das Wandern und Sichbewegen zwischen den Nationen zum eigentlichen Garanten für die Geburt der freien Individualität geworden ist. Wenn man es präziser beschreiben will, müßte man sagen: Dadurch, daß Völker beginnen, miteinander zu leben, daß Nationen sich nicht abgrenzen, sondern sich in einem auswägenden Gleichgewicht halten, wird dem einzelnen ermöglicht, sich aus der Bindung an Blut und Boden zu lösen und sich im freien, individuellen Lebenselement zu erleben. Die einzelne Nation bindet immer die Individualität; aber das Miteinander der Nationen, das Gemälde der Völker, wie es im «Volksseelenzyklus»[1] Rudolf Steiners heißt, das Gemälde aus vielfältigen Farben entbindet die Individualität. Zugegeben, es sind mehr die jüngeren Menschen, die die Bewegung zwischen den Ländern erleben. Es herrscht ein großer Arbeitsplatzwechsel, nicht nur bei Anthroposophen: Man arbeitet mal in einer Schule dort, mal in einem heilpädagogischen Heim hier. Viele, viele andere, Hunderttausende und Aberhunderttausende wechseln die Arbeitsplätze, und man spürt in den Menschenbegegnungen keineswegs immer: nur um der besseren wirtschaftlichen Verhältnisse wegen, sondern um in diesem Wechsel sich selber in einer neuen Weise zu erleben.

Und hier taucht die erste große Aufgabe und Idee Europas auf: in der Völkergemeinschaft, in dem Miteinander, in einer neuen Völkerfamilie Boden zu sein für die individuelle Selbstbefreiung jedes einzelnen Menschen. Dann kann bemerkbar werden, und das sind nun spirituelle, esoterische Gesichtspunkte, wie da dieses Europa anfängt, in dem Menschheitsganzen selbst in eine neue Aufgabe hineinzuwachsen. Für den Menschen selbst gibt es ein bestimmtes menschenkundliches Geheimnis.

Rudolf Steiner sagt – es ist aus langen, rosenkreuzerischen Forschungen hervorgegangen, als er es zum ersten Male darstellte–: Das Blut rollt durch den Menschen, und das Blut ist zunächst einmal der Träger unseres Erden-Ich. Aber es gibt einen Ort im Menschen, an dem das Blut seine Form verändert. Das ist das Herz. In diesem Herzbereich des Menschen geht dauernd eine feine Ätherisation des Blutes vor sich. Das Blut verliert seinen materiell-physischen Charakter und tritt in einer feineren, ätherischen Form auf. Es ist das der Beginn des umgekehrten Prozesses der Evolution. In der Evolution selber verdichtete sich das Ätherische immer mehr und mehr in dem ganzen Menschheitswerdeprozeß, bis eben der physische Mensch mit dem physischen Blut am Ende stand. Seit Jahrhunderten zeigen sich andere Prozesse. Der Mensch ent«wird» wieder dem Physischen. Er vergeistigt sich. Sein Blut, Träger des Ich, wandelt sich an einer Stelle, so daß das Ich sich in dieser Substanz nun ätherisch erfassen kann.[2]

Europa *ist* nicht nur, sondern *soll* die wahre Herzmitte der Menschheit *werden*. In Europa kann, wenn es in seinen sozial gestaltenden Formen sich wirklich in das Neue hineinbegibt, ein Ort entstehen, wo das Menschheitsblut, das uns alle verbindet, von Asien über Europa, Amerika, Schwarzafrika, sich ätherisiert, ein Ort, wo als Wirkung deutlich wird: Du bist als Mensch mit deiner Individualität nicht allein an das physische Blut gebunden, du kannst, wenn du die Erdenverhältnisse richtig gestaltest, dich mit deiner Individualität im Ätherischen erleben, nicht mehr dem bloß Substantiellen von Blut und Boden unterworfen.

Das ist eine zweite Schicht, auf die man stößt, die Ätherisierungsaufgabe, die Europa dem ganzen Menschheits-Leibes-Blutwesen gegenüber haben könnte. Und dann stößt man auf ein drittes Element. Der Mensch hat eine weitere Eigentümlichkeit in sich. Er ist tagsüber mit seinem Erzengel, mit seinem Sprachgeist intensiv verbunden, jenem Geist, der – ich vereinfache es – ihn zum Spanischsprechen, zum Italienischsprechen, zum Englischsprechen führt. Das ist er in der Nacht während des Schlafens nicht. So heiß und innig auch jemand an seiner eigenen Sprache hängt, nachts ist er – im Tiefschlaf, nicht in den Träumen, die schon wieder an der Grenze des Sinnesbewußtseins liegen – mit allen anderen Sprachgeistern zusammen.

Die Menschheit wäre längst in tierische Isolierung versunken, wenn wir nicht die Korrektur jeder Nacht hätten. Ich kann als Serbe noch so wütend die Kroaten hassen: nachts bin ich mit ihnen zusammen, nicht mit meinem eigenen Geistwesen, und so fort, über die ganze Erde weg.

Wenn Europa beginnt – und das ist ja schon fast ein Tatbestand, wenn man an ganz praktische Vorgänge in Brüssel denkt –, mit der Vielheit der Sprachen zu leben, so sagt man vielleicht, ja, meine Mutter sprach erst Französisch oder Holländisch, aber ich lebe als europäischer Mensch mit der Vielheit der Sprachen – wie gut ich sie auch immer beherrsche, vielleicht nur mit ganz wenigen Redewendungen –, ich lebe mit dem Spanischen, dem Französischen, dem Englischen, dem Russischen, dem Polnischen. Wenn Europa beginnt, ein Sprachengemälde zu schaffen, entsteht für die Welt etwas, was alle anderen Völker außerhalb Europas fähig macht, beziehungsweise ihnen hilft, sich aus der eigenen Sprachverengung herauszulösen. Es handelt sich ja nicht nur darum, daß irgendeine Gruppe von Menschen polyglott ist, wie man sagt, und viele Sprachen spricht, sondern darum, daß sich ein Kontinent bildet, in dem die Gemeinschaft der Sprachen, die Partnerschaftlichkeit der Sprachen zu einem Organ wird. Das ist eine große Aufgabe für die ganze Welt! Denn das Bild vom Turmbau zu Babel ist ja eine Wirklichkeit.

Es hat einmal eine Ursprache gegeben, und die Menschheit wurde zerstreut in die Vielheit der Sprachen. Aber zu jenem Ätherisierungsprozeß der Menschheit, dem wieder Zurückwachsen in das Geistige, in die Gottheit, gehört – auf lange Zeit gesehen – auch, daß die Menschen wieder zu *einer* Menschheitssprache zurückfinden. Wenn das auch noch Jahrtausende vor uns liegt: Die Keime werden wahrgenommen. Die Keime sind lebenskräftig, sie sind sogar politisch, wirtschaftlich, sozial wirksam, so daß man miteinander in einem gemeinsamen, vielfältigen Sprachorganismus lebt.

Dann wird sich auf einer vierten Stufe das große Ich-Geheimnis Europas zeigen können. Europa kann zum Spiegel der Selbsterkenntnis aller Religionen, Völker und Kulturen werden, einer Selbsterkenntnis, die, wenn wir mit rechten Zielen in das kommende Jahrtausend hineingehen wollen, überall zu einer wirklichen Vertiefung führt. Wir wollen als spirituell eingestellte Menschen ja keine Gleichheit. Wir wollen, daß eine Gleichheit dadurch hergestellt wird, daß in jeder Religion, in jeder Kultur, in jedem Volke die spirituelle Wirklichkeit durchleuchtet. Rudolf Steiner hat dieses Prinzip in seiner «Philosophie der Freiheit» für die Einzelmenschen charakterisiert und hat gesagt: Was vereinigt denn freie Menschen? Daß wir «aus der... gemeinsamen Ideenwelt» schöpfen. «Der Freie verlangt von seinem Mitmenschen keine Übereinstimmung, ...er erwartet sie, weil» der andere, wie er selbst, aus einer «gemeinsamen Ideenwelt» heraus lebt. Das war die Sprache der «Philosophie der Freiheit».[3]

Wir müssen heute sagen: Was vereinigt denn die Völker, die Religionen, die Kulturen, auch wenn sie differenziert sind wie Individualitäten? Daß sie aus der Gemeinsamkeit des Geistes heraus gestiftet und konstituiert sind! Wir sprechen jetzt von Ideen und Aufgaben, die in die kommenden Jahrhunderte hineinreichen. Wenn diese eigentümliche Herzmitte der Menschheit sich darstellt, wie wir das eben beschrieben haben, ätherisch, astralisch, ichhaft, als eine Gemeinschaft, dann kann das für den fernsten Winkel Asiens oder Afrikas das Aufwachmoment sein. Will Europa nur eine Wirtschaftsmacht werden, politisch mächtig und gleichrangig mit Japan und Amerika, dann wird Europa nur den Haß der Welt ernten. Aber wenn Europa sich eine spirituelle Aufgabe stellt, wenn es möglich ist, daß in Europa Menschen aufstehen und sagen: Unsere erste Aufgabe ist, wieder wirkliches Menschsein – nicht mehr in einer mittelalterlichen Weise, sondern neu – aus den Kräften des Bewußtseins heraus zu bilden, dann kann Europa in der Menschheit wieder die Stelle einnehmen, die es ja einmal gehabt hat und die es haben sollte.

Und dann werden sich drei höhere Fähigkeiten in diesem Europa zeigen, an die man eigentlich nur leise rühren möchte. Die eine – und damit kommen wir zur fünften Stufe – ist: Aus einer so geschilderten Völkergemeinschaft kann sich alles das ausbilden, was wir für einen Volksorganismus das Geistselbst nennen können – Manas-Kultur, und das heißt, Europa kann anfangen, wirkliche Friedensfähigkeit darzuleben und zu entwickeln. Es gibt bekanntlich Institute, die Konflikte oder den Frieden studieren, die sich fragen: Wie kommt denn das eigentlich, daß Menschen, die besten Willens sind, sich dennoch dauernd gegenseitig umbringen oder bekämpfen; denn Kampf und Frieden sind ja längst keine Begriffe nur des politischen oder militärischen Lebens. Wir sprechen von Arbeitskämpfen und Arbeitsfrieden, von Religionskämpfen und Religionsfrieden und so weiter. In allen Bereichen des Menschseins steht die große Frage: Was macht den Menschen friedensfähig? Wünschen tut sich angeblich jeder den Frieden, ersehnt ihn als einen Zustand der Schmerzlosigkeit. Aber dann sieht man ihn im nächsten Augenblick in schmerzhafte Kämpfe mit dem Nächsten verstrickt.

Und so ist in diesem Jahrhundert ja eine der großen Fragen entstanden: Was ist denn die *Friedensfähigkeit*? Was macht Menschen, einzelne und Gruppen, fähig, Frieden zu halten, ihn herzustellen, ihn immer wieder sozusagen über die Einbrüche aus dem Nicht-Individuellen neu herzustellen? Es ist eine Fähigkeit des Geistselbsts. Der einzelne muß sie in seinem inneren Werdegang erwerben, die Gemeinschaft kann sie erwerben, wenn sie ein solches Ziel wirklich sieht. Europa kann das aus seinen ganzen geschichtlichen Vorbedingungen heraus, aus der göttergegebenen Vielheit seiner Kulturen.

Europa ist ja ein Wunderwerk der Götter: diese Unterschiedlichkeit der Landschaften, der Sprachen, der Mentalitäten; vom Westen her die Unterschiedlichkeit der romanischen Völker in Portugal, Spanien, Italien, Frankreich; dann herüber nach England, dann bis in den slawischen Raum hinein: der russische Mensch, der polnische Mensch, der Mensch des Balkans, die Menschen der Mitte. Man schaue doch einmal hin: Europa ist wie von

Künstlerhand der Götter komponiert. Begreift sich Europa als ein solches Götterkunstwerk, dann wächst in ihm die Möglichkeit, Friedensfähigkeit für die ganze Welt auszubilden.

Und nun der sechste Schritt, alles das, wovon wir sagen, es hängt mit der Vergeistigung der Lebenskräfte zusammen, dem Lebensgeist. Mancher hat den Zehnjahresbericht des «Club of Rome» gelesen, der ja vom «Spiegel» vertrieben wird und der die beklagenswerte ökologische Situation der Welt schildert. Der Bericht endet in seinem ersten Teil mit einer Sentenz, die etwa so lautet: Die ökologische Katastrophe, die an manchen Orten irreparabel erscheint, die als eine globale Katastrophe auf uns zukommt, fordert von uns auch eine globale Antwort. Entweder, so heißt es dort, wir resignieren in der Überzeugung, daß die Menschheit und die Erde jetzt zugrunde gehen: vergiftet, verdorrt, erstickt, das Leben entwichen, oder wir antworten auf diese globale Herausforderung mit einer globalen Antwort. Was immer das heißen mag bei den verehrten Freunden des «Club of Rome», wir können mit einer solchen Forderung etwas verbinden: «global», menschheitlich, wo Erde und Himmel, Terrestrisches und Kosmisches zusammenwirken.

Die Zerstörung der Natur ist nicht mehr, auch nicht durch die ehrlichsten Vernunftkräfte, aufzuhalten. Das haben ja manche mit Schmerzen einsehen müssen. Wir können noch so viele Greenpeace-Aktionen machen – das ist alles richtig und verdienstvoll –, den Zusammenbruch der Erde halten sie nicht auf. Das kommt eigentlich in diesem Bericht unmißverständlich zum Ausdruck. Da kann man vom Ozonloch reden, von vielen anderen Dingen, doch im Grunde genommen herrscht tiefe Hilflosigkeit! Die globale Antwort, die kosmisch-terrestrische Antwort kann nur aus einem spirituellen Mysterienverständnis gefunden werden. Sie wird darin bestehen, daß die sozialen Verhältnisse, die Sozialgestaltung, eine ganz bestimmte Form annehmen, nämlich diejenige Form, die geeignet ist, zur Wohnstätte jener Wesenheit zu werden, die wir die Christus-Wesenheit nennen. Auf einer neuen, höheren Stufe ist das zu verwirklichen, was die Templer des Mittelalters wollten: die Durchchristung aller sozialen, wirtschaftlichen, politischen Verhältnisse. Das ist fern aller konfessionellen, ja sogar fern aller religiösen Aspekte. Das ist einfach der Tatbestand, daß die Menschheit, und damit auch die Natur, nur noch da und dort in der Zukunft gesund sein wird, wo sie den Menschheitsgeist selbst aufnehmen kann.

Im Okkultismus nennt man die Christus-Wesenheit auch den Meister des Lebendigen. Er ist diejenige Kraft, die, ausstrahlend von durchchristeten Sozialverhältnissen, in die Natur und in die Erde wirken kann. Das ist die «globale» Antwort. Naturschutz ist richtig, Eindämmung der Schadstoffe, alles, alles ist richtig und muß und soll geschehen; aber die Lebenskraft selbst kommt aus einer anderen Sphäre. Sie kommt von jener Wesenheit, die der Meister des Lebens ist, die aus der Sphäre des Lebens heraus wirkt und mit der der Mensch kommunizieren kann, wenn ihm die Ätherisierung seiner Wesenheit und des Blutes ernst ist und er versucht, mit seiner Individualität in dieser Lebenssphäre zu sein. Die Begegnung mit dem lebendigen, im Leben, im Lebensstrom wesenden Christus, mit dem ätherischen Christus, wird immer mehr zu einer Frage der sozialen Gestaltung werden. Sie ist gar nicht so sehr eine Frage der Einsamkeit, der Suche im stillen Stübchen. Die Frage, ob der ätherische Christus gefunden werden kann, ist die Frage, ob die Menschen ihre sozialen Verhältnisse so einrichten, daß wirklich der Mensch dem Menschen – wie man in alten Zeiten sagte, als die Worte noch nicht verdorben waren – in Liebe begegnen kann: im Wirtschafts-, im Rechts-, im Geistesleben.

Wenn das in Europa Platz greift, wird Europa wieder wahrhaft christliches Abendland sein können. Und dann wird von Europa, das so von den Lebenskräften durchdrungen ist, etwas ausgehen, was nun auf der anderen Stufe nicht nur Ätherisierung des Menschheitsblutes ist, sondern Wiederbelebung der verdorrenden, erstarrenden Erde. Die Erde wird einmal zugrunde gehen. Aber sie darf nicht jetzt zugrunde gehen. Viel zu früh wäre es, wenn sie jetzt verdorrt und vergiftet ist und erstickt. Noch für lange Jahrtausende muß die Erde lebendig pulsen, um den Menschen die Möglichkeit der Arbeit zu geben. Und sie wird nur lebendig pulsen, wenn die Menschen lernen, die Christus-Wesenheit in ihre Mitte, in ihr soziales Leben als Wirklichkeit, unkonfessionell, nicht einmal religiös, sondern als die Wirklichkeit des Menschheitsgeistes aufzunehmen.

Dann kann man auf die Tatgebärde des Michael hinblicken, der den Drachen zurückdrängt. Drache ist alles, was anti-individuell ist und, weil es anti-individuell ist, anti-christlich ist. Drache ist alles, was anti-christlich ist, und weil es anti-christlich ist, ist es anti-individuell.

Eine wirkliche, auf das menschliche Ich sich gründende, soziale Gemeinschaft ist nicht leicht zu bekommen. Die Drachenkräfte sind allüberall: im Wirtschafts-, im Rechts-, im Geistesleben. Sie kommen aus dem Blut, sie kommen aus dem Boden, sie kommen aus Gewohnheiten aller Art. Erst wenn, wie das im Jahreslauf der Fall ist, die Michael-Wesenheit dem Christus voranschreitet und die Finsterniskräfte in die Erde zurückdrängt, kann das Christus-Licht zu Weihnachten erscheinen. Und so muß demjenigen, was wir als den Christus-Geist in allen Formen sozialen menschlichen Lebens aufnehmen wollen, die michaelische Tatgebärde vorangehen, das Gewahrwerden, das Zurückdrängen der Drachenkräfte. Und darum ist alles das, was Aufgabe Europas sein kann, was Aufgabe einer erneuerten Sozialgestaltung Europas ist, eine Michael-Aufgabe. Der Zeitgeist ist in seiner Wirklichkeit überall auf der Erde wirksam. Michael ist nicht nur ein europäischer Geist, als Zeitgeist ist er einverwoben dem ganzen historischen Geschehen der Gegenwart, aber Herzstück seiner Tätigkeit ist dieses werdende Europa.

Da der Mensch im Zeitalter der Freiheit lebt, dürfen wir nichts von den Göttern erwarten, das sie für uns tun. Die Götter, auch Michael als ein Gott der Zeit, sind nur in dem Maße da, in dem wir selbst tätig werden. Und dieses Tätigwerden beginnt in jener Region, wo wir zukunftsträchtige, schöpferische, lebendige Gedanken bilden. Nichts ist auf diesem Feld mit Routine getan, nichts vom Alten soll ja hineinfließen, sondern alles soll aus dem inneren Schöpfungsquell des Menschen kommen, der sich mit dieser armen, darbenden Wesenheit Europa verbindet, die zugleich ein großer, mächtiger Geist im Menschheitskonzert sein kann. Erst da, wo sich der Mensch innerlich dieser Wesenheit zuwendet, entspringen lebendige Quellen des Denkens, Fühlens und Wollens für eine neue Identität Europas.

Das ist dasjenige, was vor allen Dingen die Anthroposophie als Gesellschaft pflegen möchte: daß sie herausbildet das innere Gewahrwerden der Geistwirklichkeit unserer Zeit und daß aus diesem Gewahrwerden heraus der einzelne dann dort, wo ihn das Schicksal hingestellt hat – ins Parlament, in die Rechtsanwaltspraxis, in die Wirtschaft, in das Kulturleben –, aus dem gemeinsam erlebten Geistigen heraus bis in das praktische Leben hinein handelnd tätig werden kann, für eine neue Aufgabe, eine neue Idee Europas.

ANMERKUNGEN

1 Rudolf Steiner, Die Mission einzelner Volksseelen im Zusammenhang mit der germanisch-nordischen Mythologie, GA 121, 1982, Vortrag vom 16. Juni 1910 in Oslo.

2 Ders., Das esoterische Christentum und die geistige Führung der Menschheit, GA 130, 1987, Vortrag vom 1. Oktober 1911 in Basel.

3 Ders., Die Philosophie der Freiheit, GA 4, 1987, IX. Die Idee der Freiheit.

Heinz Zimmermann

DER BEITRAG DER GEISTIGEN SCHWEIZ AN EUROPA

E in weiser Regisseur hat im Jahre vor unserem Jubeljahr in der Schweiz dafür gesorgt, daß sämtliche Idealbilder und Wunschvorstellungen für sämtliche Festreden gründlich demontiert wurden: Fichenskandal, Spitzelsystem in der braven Schweiz, Geldwäscherei, dann Bestechlichkeiten – der Name Kopp, P-26-Geheimarmee: alles Dinge, die nicht zu einem wirklichen Denkmaljubiläum passen wollen.

Und gerade das gab Gelegenheit, dieses Jahr für eine Besinnung zu benutzen, für eine Standortbestimmung, die nichts mit irgendeinem Ausruhen auf Leistungen, die wir selber gar nicht vollbracht haben, zu tun hat. Das Thema «Der Beitrag der geistigen Schweiz an Europa» deutet darauf hin, daß es jetzt darum geht, in der Überwindung des Nationalen zu einem neuen Gebilde zu kommen, das zugleich auch ein radikales Ändern des Bewußtseins mitbedingt.

Ich möchte zunächst einfach einmal mehr oder weniger als Bestandsaufnahme das darstellen, was man vorzeigen kann in der europäischen Gemeinschaft, womit ich nicht die EG meine, sondern im allgemeinen Sinn die europäischen Staaten. Und da können wir damit beginnen, daß es wohl kein anderes Land in Europa, ja sogar in der ganzen Welt gibt, das eine so große Vielfalt auf so kleinem Raum darbietet. Wenn man schon an die landschaftliche Vielfalt denkt! Wenn man mit der Bahn oder mit dem Auto nur fünfzig, sechzig Kilometer fährt, was kann man da an Verschiedenem wahrnehmen: flache Zonen, hügelige, alpine. Oder man denke an die Qualität im Tessin, völlig anders ist wieder das Engadin: also eine Vielfalt einfach an Landschaften, die wir uns ja auch nicht selber geschaffen haben.

Dann ist ein Erstes die Vielfalt in bezug auf die *kulturellen und wirtschaftlichen Gegebenheiten*, und das hängt ja auch mit der ganzen Entstehung der Schweiz zusammen: Wie unterschiedlich etwa ist es, wenn man im Jura an einem Fest teilnimmt oder in Basel, wiederum wie ganz anders ist es in Luzern oder in Alt-

dorf. Da herrscht kulturelle, aber auch sprachliche Vielfalt, die
vielgerühmte viersprachige Schweiz, eigentlich natürlich fünf-
sprachige, noch dazu der Dialekt. Vielfalt zeigt sich in jeder Beziehung als eine Eigenheit unter einem gemeinsamen Element: Alles
ist Schweiz. Auch wirtschaftlich gibt es die Vielfalt an Gegebenheiten. Wenn man Alpwirtschaft, Industrie, Handarbeit, Chemie
hier in Basel und so weiter zusammennimmt, so erkennt man
größte Vielfalt auf kleinstem Raum, so daß man sagen kann: wie
ein Europa im kleinen.
     Ein Zweites ist der *Föderalismus*. Wer genug Geld hat, der
kann in der Schweiz Bürger werden, aber er kann nicht einen
Antrag nach Bern schicken, er möchte gerne Schweizer werden,
sondern er muß sich eine Gemeinde suchen, das heißt, man wird
nicht Schweizer Bürger direkt, sondern man wird Schweizer Bürger, wenn man eine Gemeinde findet, die einen aufnimmt. Diese
Gemeindeautonomie ist etwas ganz Erstaunliches. Es hat sich
zum Beispiel hier ergeben, daß viele Menschen, die am Goetheanum arbeiten, dann mit der Zeit sich einbürgern wollen, und da
ist die Gemeinde Dornach natürlich sehr zurückhaltend mit Auf-
nahmen ins Schweizer Bürgerrecht. Dann sucht man sich eine
Gemeinde, und da ist zum Beispiel eine Gemeinde, die wohl niemand von den Ausländern kennt, mit dem Namen Gänsbrunnen.
Es ist eine ganz kleine Gemeinde, die schon sehr viele Anthroposophen aufgenommen hat. Das Entscheidende ist eben, daß diese
Gemeinde im Kanton Solothurn ist. Das ist nämlich das Nächst-
höhere, der Kanton. Im Zweifelsfalle, wenn man nach etwas in
der Schweiz gefragt wird, dann kann man die Antwort geben: Es
ist kantonal verschieden. Also, zweites ist der Kanton, und erst
als drittes kommt die Eidgenossenschaft, die Gesamtschweiz.
Und das drückt sich zum Beispiel auch darin aus, daß wir vom
Goetheanum aus recht wenig mit dem Bund zu tun haben, schon
etwas mehr mit dem Kanton, aber sehr, sehr viel mit der Gemeinde. Man sieht, es ist das Prinzip «*von unten nach oben*» ein
Grundprinzip des ganzen staatlichen Aufbaus in der Schweiz. Gemeindeautonomie gibt es in einer erstaunlichen Vielfalt, so daß
zum Beispiel in jeder Gemeinde ein anderer Steuersatz herrscht,
und so kann man sich dann die Gemeinde mit dem günstigsten
Steuersatz aussuchen. Auch kantonal ist dann noch vieles verschieden. Es gibt die Gemeindesteuer und die Kantonssteuer, die

sogenannte Staatssteuer, und dann gibt es noch die Bundessteuer, das ist aber die kleinste. Und da ist eben jeder Kanton verschieden und jede Gemeinde. Ein dritter Punkt ist die *direkte Demokratie*. Was heißt das? Es heißt, daß in der Schweiz über sehr viele Dinge das Volk seine Meinung äußern kann, wieder auf diesen drei Ebenen, also Gemeindeebene, Kantonsebene und Bundesebene. Über alles mögliche: Krankenkassengesetze, Mieterschutzverordnungen, Altersvorsorge, auch über das Militär kann man bestimmen, also über Sachgeschäfte, und zwar viele Male im Jahr! Das ist unter dem Begriff direkte Demokratie bekannt. Und mit der direkten Demokratie hängt auch zusammen, daß man selber als Initiant für etwas oder gegen etwas sein kann, was die Regierung oder das Parlament beschlossen hat, das sogenannte Initiativrecht, so daß dann darüber abgestimmt werden muß. Man kann sagen, das ist Volksherrschaft im eigentlichen Sinn.

Und damit zusammenhängend gibt es auch etwas für die europäische Völkerfamilie Sonderbares, nämlich ein Milizsystem der Parlamentarier; das heißt, jeder Parlamentarier auf Bundesebene ist da nicht berufsmäßig tätig, sondern er übt einen anderen Beruf aus und hat einfach bestimmte Zeiten im Jahr, wo dann die Sessionen sind. So daß also in der Schweiz auf Bundesebene keine berufsmäßige Legislative existiert – auch etwas Erstaunliches.

Ein vierter Punkt ist die sogenannte *bewaffnete Neutralität*. Die bewaffnete Neutralität wurde eindeutig als etwas, was sogar der Schweiz die Eigenständigkeit ermöglicht hat, 1815 auf dem Wiener Kongreß durch das Eintreten von einem Genfer, Pictet de Rochement, anerkannt. Die Anerkennung dieser Neutralität als eines Gleichgewichtselementes in Europa – bewaffnet gehört auch dazu – bewirkte etwas Wunderbares: Seit Menschengedenken gab es keinen Krieg mehr im Lande! Seit Menschengedenken! Zwei grausame Weltkriege erlebte Europa – in der Schweiz gab es nichts! Wie erstaunlich ist dieser Friede, auch der Arbeitsfriede! Es gab nach dem Ersten Weltkrieg einmal einen Generalstreik – seither kleine Scharmützel; aber das, was man immer wieder von den großen Kämpfen der Gewerkschaften hört, gibt es in der Schweiz nicht. Das Erstaunliche in diesem Zusammenhang ist ja nur ein Symptom.

Wenn man sich vorstellt, daß jeder Schweizer männlichen

Geschlechts, der für würdig erklärt wurde, Militärdienst zu tun, seine Waffe, zum Beispiel ein Sturmgewehr, zu Hause aufbewahrt samt Munition; diese allerdings in einem versiegelten Schächtelchen, aber das könnte man ja öffnen. Wie erstaunlich! Dann ein fünfter Punkt: Die Schweiz ist ein Quellort *humanitärer Leistungen*, unter denen an erster Stelle natürlich der Impuls des Roten Kreuzes steht. Aber von hier gingen viele andere humanitäre Weltorganisationen, Hilfsorganisationen aus. Und schließlich wäre noch hinzuzufügen: Sie besitzt pro Kopf die größte Spendenfreudigkeit der Welt. Es ist ganz erstaunlich! Da gibt es Statistiken, aus denen man ausrechnen kann, wieviel pro Kopf und pro Jahr gespendet wird, und da ist die Schweiz einsame Spitze. Nebenbei bemerkt: auch in der Anthroposophischen Gesellschaft.

Als letzter Punkt: Sie ist das *reichste Land* der Welt, ohne nennenswerte Bodenschätze. Man könnte jetzt sagen: Das ist ein Panorama von wunderbaren Dingen, mit denen im Rucksack man doch eigentlich Europa zeigen könnte, wie es zu sein hätte.

Nun kann man diese Punkte alle ein bißchen genauer anschauen, und dann sieht man, da gibt es auch eine ganz andere Sehweise. Ich will das ganz kurz tun, damit die Sache im Gleichgewicht bleibt, ohne aber die wirklich einmaligen Dinge damit schmälern zu wollen, sondern es geht nur darum, daß man unterscheidet zwischen dem, was Möglichkeit ist, und dem, was dann Realität ist.

Wenn man auf die Vielfalt kultureller und sprachlicher Art hinblickt, dann muß man gleichzeitig sagen – mit einem bekannten Parlamentarier und auch Professor an der Hochschule in Freiburg im Üechtland, Urs Altermatt: In Wirklichkeit ist es gar kein echtes Interesse an der anderen Kultur, sondern man nimmt es einfach hin, daß es verschiedene gibt. Das ist also nicht aktive Toleranz, sondern es gibt eben so viele. Sprachlich gesehen ist in den letzten zehn Jahren eine unerhörte Dialektwelle in den Medien, aber auch in den Hochschulen und Schulen zu beobachten, so daß man einfach die Welschen und Tessiner ausblendet, weil die die Deutschschweizer nicht verstehen. Und es gibt jetzt sogar Kurse in Alemannisch in Lausanne, so daß die Welschen nicht das Hochdeutsche lernen, sondern eben den Dialekt, damit sie die andern verstehen können. So sieht man: Auch die Gegenrichtung ist natürlich vorhanden. Die Vielfalt wird gar nicht bewußt gepflegt als Austausch, sie ist einfach da.

Das zweite, der Föderalismus: Da gibt es ja ein typisch schweizerisches Wort, das heißt «Kantönligeist», und das bedeutet eben die Zersplitterung – jeder Kanton macht etwas anderes. Das Problem der Zersplitterung gibt es auch in der Gemeinde, also nicht nur Kantönliwirtschaft, sondern bis in die einzelne Gemeinde das Eigengebräu, Zersplitterung, Verschleppung.

Wenn man die Frage nach der dritten Qualität stellt, nämlich nach der direkten Demokratie, dann muß man gleich dazu sagen: Die Initiative als Recht ist vorhanden; aber jetzt kann man schauen – wie wirkt sie denn konkret? Und da gibt es Statistiken, die besagen, daß innerhalb von hundert Jahren von 103 Initiativen, wo mit riesengroßem Aufwand zuerst Unterschriften gesammelt wurden, neun angenommen wurden. Also, das ist die Realität. Es gibt übrigens, vielleicht ist das auch eine Eigenheit des Schweizers, einen ganz bestimmten, genau ausgerechneten Prozentsatz von Bürgern, die grundsätzlich mit «nein» stimmen. Es spielt gar keine Rolle, worüber abgestimmt wird, sie stimmen auf alle Fälle mit «nein». Und deswegen hat es natürlich jede Veränderung schwer, weil man zu einer Veränderung ja sagen muß.

Man könnte dazu noch viel sagen, gerade auch zum Milizprinzip der Parlamentarier. Es gibt ein Buch von Hans Tschäni, «Wer regiert die Schweiz?»[1], und in diesem Buch ist am Schluß eine Liste sämtlicher Nationalräte und Ständeräte der Schweiz, also der Legislative, wo gezeigt wird, wie viele Verwaltungsratsmandate unter der Bundeshauskuppel versammelt sind. Und da gibt es Nationalräte, die bis zu fünfzehn verschiedene Aufsichtsrats- oder Verwaltungsratsmandate haben, also viele, viele Millionen Franken an Kapital sind gleichsam interessengebunden bei diesen Parlamentariern anwesend. Und jetzt kann man sich ja denken, wie objektiv dann die Urteilsbildung stattfindet.

Das ist eine sehr fragwürdige Sache, die übrigens immer wieder diskutiert wurde: Sollte man nicht zu einem Berufsparlament übergehen, sollte man nicht ein Verbot von Verwaltungsratsmandaten und so weiter aussprechen? Also, alle diese Punkte sind nicht etwa neu, sondern die werden diskutiert.

Schließlich die bewaffnete Neutralität, wohl das düsterste Kapitel, wenn man die negative Seite davon sieht: Neutralität für das eigene Land, aber Waffenexport für jährlich dreihundert bis vierhundert Millionen Franken. So daß man sagen kann, überall, wo Krieg geführt wird, da sind auch Schweizer Waffen und Instrumente beteiligt. Und nicht nur das: Es ist ganz erstaunlich, wenn man schaut, wie bewaffnet die Schweiz wirklich ist. Sie hat in der Militärstatistik die weitaus größten Militärausgaben pro Kopf, wenn man den volkswirtschaftlichen Wert berücksichtigt, nicht nur die reinen Ausgaben. Beim Milizsystem ist es ja so, daß man nicht ganz bezahlt wird, sondern man bekommt nur einen Sold, und dafür gibt es eine Ausgleichskasse, die den Lohnausfall bezahlt, und wenn man diese Dinge noch dazuzählt, dann kommt man auf eine übrigens vom Westen geschätzte, nicht von der Eidgenossenschaft bekanntgegebene Zahl von 1716 Franken pro Kopf und Jahr, Säuglinge inbegriffen, nur übertroffen durch die USA mit 1983 und weit über der Sowjetunion liegend. Die militärische Dichte hat man mit 15,2 Soldaten pro Quadratkilometer errechnet. Wenn man Deutschland vergleicht: 5; das heißt, die Schweiz hat dreimal mehr Besetzung pro Quadratkilometer. Wenn man die Bewaffnung anschaut, so ist es das gleiche Bild. Es ist sogar in absoluten Zahlen erschütternd: Es gibt nämlich in diesem winzigen Land eintausendvierhundert Artilleriegeschütze. In Deutschland gibt es eintausendvierhundertsechzig, also absolut verschwindend mehr, relativ einen Bruchteil, wenn man die Größen miteinander vergleicht! Und so könnte man weitere Zahlen nennen; zum Beispiel könnte man die Anzahl der Stellen des Eidgenössischen Militärdepartments zusammenzählen und käme dann auf eine Summe von 19552 Stellen. Diese rund 19000 Menschen, die nur für das Militär arbeiten, sind ungefähr die Hälfte aller Beamten, so daß man wirklich vom «bestbewachten Tresor» der Welt sprechen kann.

Wenn man aber auf der anderen Seite, und das ist etwas Beruhigendes, eine Bevölkerungsumfrage macht, und das ist auch getan worden, sogar in einer Abstimmung, dann ist in den letzten Jahren der Prozentsatz rapide gestiegen, der das alles Unsinn findet. Heute ist es so, daß ein Drittel der gesamten Bevölkerung eigentlich auf das Militär verzichten möchte.

Das zur bewaffneten Neutralität. Und schließlich zum Reichtum. Das ist ja bekannt: Kapitalexport, Bankgeheimnis und bestgehüteter Tresor: Es kann nichts passieren. Also gibt man das

Geld dorthin. Das ist ein wesentlicher Faktor dieses Reichtums, ganz gewiß, man muß sich nur einmal die Gewinnzahlen der Schweizer Banken ansehen.

Nun möchte ich aber nicht mit diesen Ausführungen die wirklichen Qualitäten, die ich am Anfang aufgezählt habe, schmälern. Ich meine nur, daß es niemals darum gehen kann, irgendwo zu zeigen: das ist jetzt verwirklicht. Ich glaube, es ist nur das in der heutigen Welt – das gilt für den kleinsten wie für den größten Rahmen – fruchtbar, was wirklich aus der Praxis heraus umgesetzt ist, was nicht nur Idee für Festreden ist.

Wir wollen aber jetzt in einem nächsten Schritt auf eine ganz andere Schicht kommen. Und da möchte ich gerne einen Schweizer Philosophen und Arzt zitieren, der viel zu wenig bekannt ist, auch unter den Schweizern, nämlich Troxler.

Troxler sagt in einer Vorlesung von 1835:

«Ein jedes Volk hat seinen eignen Genius, welcher in den Gefühlen und Antrieben seiner Masse schlummert und sich im Anfang seiner Geschichte in dunklen Regungen und Strebungen kundgibt. Dieser Genius offenbart sich erst in einem seiner selbst noch nicht klar bewußten Sinn und verwirklicht sich in Taten, die unmittelbar von einem sich selbst verborgenen Naturimpulse ausgehen. Es ist die Zeit der Jugend der Völker und des Ursprungs ihrer Staaten, welche wie die Morgenröte das Licht des kommenden Tages ankündet... Aber es tritt im Leben einer jeden sich geistig und sittlich entwickelnden Nation ein Wendepunkt ein, wo eigenes Bewußtsein und freie Tätigkeit des sich selbst reflektierenden Geistes die Triebe und Kräfte, die ursprünglich gefühlsartig und instinktmäßig gewirkt haben, begreifen und beherrschen, gleichsam ablösen, und statt ihrer die Zügel ergreifen oder untergehen muß, weil die frühere Zeit und Kraft vergangen ist.»[2]

Das ist ein ganz bedeutsames Wort, und ich möchte es etwas erläutern und dann auf die Schweiz anwenden. Es besagt: Im Urgrund jeder Gemeinschaft wirkt etwas Gottgegebenes, was gleichsam das Geschenk für diese Gemeinschaft bildet, den Untergrund, und durch das im Untergrund geistig unbewußt Wirkende entfaltet sich in einem ersten Durchgang diese Gemeinschaft zu ihrer ersten Bestimmung. Das ist die Jugend.

Dann aber kommt eine zweite Phase. Es ist nur dann eine weitere Entwicklungsmöglichkeit gegeben, wenn das, was früher aus den unbewußten, gottgegebenen Strömungen kam, bewußt erkannt und zum Antrieb des Handelns gemacht wird. Das kann aber nicht mehr durch die Gruppe geschehen, sondern nur noch durch das Individuum. Es ist ein grandioses Bild dessen, was gerade in diesem Jahrhundert und in diesem Jahrzehnt nun überall fällig ist. Keine Gruppenhaftigkeit mehr, kein dumpfes Sichführenlassen aus den Urgründen, und seien sie noch so ideal und hießen sie Wilhelm Tell, sondern nur das, was individuell von jemandem erkannt wird, der ein Sensorium für diese Qualitäten entwickelt. Nur für denjenigen, der das erkannt und sich selbst bewußtgemacht hat, gibt es die Möglichkeit, es weiterzuentwickeln.

Und so kommen wir jetzt an eine ganz andere Schicht heran, indem wir uns die Frage stellen: Was sind denn nun die tieferen Gestaltungselemente dessen, was heute Schweiz heißt und was nichts mit uns als Einzelpersönlichkeiten oder als Nationenangehörige zu tun hat, sondern was etwas ist, das eine Frage an ein Wirken in den Tiefen der Geschichte bis in die Mythen hinein darstellt, das es in ein Bewußtsein hinaufzuheben gilt, um sich dann in einer anderen Weise mit diesen Impulsen der geistigen Gestaltungsmöglichkeit zu verbinden.

Alles das, was mit dem Wort Äthergeographie zusammenhängt, gehört da hinein, alles das, was durch die Landschaftskonfiguration, aber vor allen Dingen durch die Entwicklung, durch das, was geschehen ist, sich als Disposition ergeben hat, gehört dazu. Man kann zum Beispiel nicht vernachlässigen, daß die Schweiz ein Alpenland ist, und wir wollen nur einmal diesen Aspekt versuchen, in ganz schlichten Beobachtungen, in einem ersten Ansatz zu erfassen.

Auch wer in Basel wohnt, hat diese Beziehung zu dieser Bergwelt. Man sieht auf die Alpen bei klarem Wetter. Und jeder, der dann einmal auf dem Beatenberg gestanden hat und vor sich dieses mächtige Dreigestirn von Eiger, Mönch und Jungfrau gesehen hat, weiß: Das ist ein ganz bestimmtes Signum. Man kann nicht einfach gleichgültig dieser Bergwelt gegenüber sein. Sie hat auf der einen Seite etwas Erhabenes, Ewiges, Höhenluft Ausstrahlendes. Es hängt aber auch mit dem Berg, mit der Berggesinnung oder mit dem Bergerlebnis das Feste, Konservative zusammen: keine Veränderung! Es hängt damit die Einsamkeit zusammen: Aufblick zum Höheren, Einsamkeit, und dann aber das vollständige Angewiesensein auf die andern. Bis zum heutigen Tag kann man das noch in Bergesgegenden beobachten. Das konservative Element geht ja so weit, daß es tatsächlich noch Täler im Wallis gibt, wo man einen Dialekt spricht, der nachweisbar Althochdeutsch darstellt, das normalerweise in Europa vor tausend Jahren gesprochen wurde. Natürlich, das ist nicht der Beitrag an Europa, höchstens an ein Museum, wo man diese wirklichen Eigenarten sehen kann. Aber es zeigt dieses Element des Beharrenden auch der Berg – das gehört zum Berg.

Jeder, der sich schon ein bißchen mit Kristallen beschäftigt hat, der zum Beispiel schon mit Strahlern auf einer Tour war – Strahler heißen die, die Kristalle suchen –, weiß, daß da noch ein Element dazukommt, das mit dem Marshaften, mit dem Gesteinsmäßigen zusammenhängt – Gier, Schatzgier könnte man sagen, Schatzgräbermentalität. Und es ist immer die Überwindung dieser Naturkräfte, die gefordert ist.

So sehen wir eine ganz bestimmte Signatur einfach durch die Tatsache des Alpengebietes. Hinzu kommt eine Sonderstellung, nämlich in alle Richtungen geht es. Diese Alpen sind ein Zentrum. Man kann nach Süden blicken, man sieht die Flüsse gegen Italien gehen, nach Norden, nach Westen, nach Osten, man hat gleichsam das Gefühl, an einem Quellort zu sein. Die einzigartige Stelle des Gotthard hat ja auch eine besondere Wirkung auf denjenigen, der den Gotthard ersteigt oder besucht, der mit ihm lebt, bis in das hinein, daß nicht umsonst diese Qual im Tal herrscht, das zum Gotthard führt, diese Autobahn, verbunden mit der Frage des Transits, des Problems mit den achtundzwanzig Tonnen und so weiter, das ist ja alles etwas, was indirekt zusammenhängt.

Wenn man die tieferen Gestaltungselemente zusammenfaßt, dann kann man sagen: eine gewisse natürliche Religiosität, Aufblick zum Höheren, ein gewisses, unbedingtes Freiheitselement und ein unbedingtes Angewiesensein auf den andern – um eine Seilgemeinschaft zu bilden.

Nun kann man sehen, wie tatsächlich, wenn man auf das Werden dieses Gebildes blickt, diese Elemente sich in einer ganz eigenartigen Weise entfalten. Zunächst einmal sehen wir, daß die Eidgenossenschaft, die man auf das Jahr 1291 fixiert hat – es gibt da ja verschiedene andere Vorschläge, darauf kommt es nicht an –, eine einzigartige Sache war, weil sie staatenbildend gewirkt hat. Das ist das Einzigartige; denn die neuere Forschung hat gezeigt, daß solche Eidgenossenschaften, wo sich die Menschen in Tälern oder auch in der Lombardei zusammengeschlossen haben, ganz verbreitet waren. Gleich und gleich schloß sich zusammen, das gehörte dazu. Ohne Unterschiede von der Geburt her, gleich und gleich, das war das moderne Gemeinschaftsbildeelement. Es gab sehr häufig solche Eidgenossenschaften; sie sind aber wieder verschwunden, während die Schweiz durch ein eigenartiges Schicksal geblieben ist.

Von Anfang an sind, etwa im Bundesbrief, die Qualität Friedenssicherung, Solidarität, keine fremden Richter und Selbstbestimmung gefordert worden. In einer ganz treffenden Art hat der deutsche Kaiser Maximilian, allerdings nicht lobend, sondern ärgerlich, die Eidgenossen folgendermaßen charakterisiert: «Einer hebt die Hand, und die andern folgen.» Damit ist sehr viel gesagt. Damit ist nämlich die ganze Gemeinschaftsbildung im Sinne der Eidgenossenschaft charakterisiert. «Einer» heißt irgendeiner, es braucht nicht der erste vom Amt her zu sein, es kann irgendeiner sein, der zur rechten Zeit die Intuition hat, zum Beispiel in der Schlacht von Sempach Winkelried oder ein Mensch wie der Basler Wettstein bei den Verhandlungen um den Westfälischen Frieden, der gerade im rechten Moment ein übergeordnetes Bewußtsein entwickelt und das tut, was nicht nur für Basel gut ist, sondern für die ganze Eidgenossenschaft in Form der rechtlichen Unabhängigkeit vom Deutschen Reich 1648. Also «einer» heißt: Man weiß noch nicht vorher, wer es ist. Es gibt nicht vorbestimmte Ämter, vorbestimmte geistige Flüsse, sondern es kann in jedem Ich zur Intuition kommen. Das ist ein Motiv, das man durch die ganze Geschichte der Eidgenossenschaft verfolgen kann. «Einer hebt die Hand» – und jetzt kommt das zweite Element, das genauso nötig ist –, «und die andern folgen.» Denn nur dann hat dieser eine wirklich etwas für die Gemeinschaft getan, wenn es durch die andern aufgegriffen wird, wenn also das gemeinschaftsbildende Element, die Anerkennung der Fähigkeit hinzukommt. Das gehört zusammen; und es ist ja im Urbild in wunderbarer Gestalt auf der einen Seite das, was mit dem Taggeschehen, mit dem Hellen zusammenhängt – einer, Wilhelm Tell –, und die anderen, das sind im Nachtgeschehen die drei Eidgenossen, die sich auf der

Rütliwiese zusammenschließen. Das ist nicht vorher abgesprochen, sondern das ist nur dadurch wirksam, daß Tell aus der ureigenen Einsicht heraus handelt und die anderen sich anschließen, weil es im Sinne der Gemeinschaft ist. Das ist ein Bild, es ist gewiß ein mythisches Bild, grandios dargestellt von Friedrich Schiller in seinem «Tell».

Jetzt sehen wir, wie da etwas hineinkommt, was die Frage beantwortet: Warum hat denn die Schweiz überhaupt ihre Entwicklung so durchmachen können, warum ist sie nicht schon von Anfang an – wie die anderen Eidgenossenschaften – wieder verschwunden? Es gibt verschiedene äußere Gründe; man kann sagen: Die Schweiz – Uri, Schwyz und Unterwalden – war ein Winkel des Weltgeschehens, gar nicht so wichtig, harmlos.

Darum geht es aber nicht, äußere Gründe zu nennen, sondern wir sehen in diesem Impuls, den ich charakterisiert habe, ein Zeitgeistwirken, das sich erst im fünften nachatlantischen Zeitalter entfaltet, erst in der Neuzeit gleichsam Gestalt annimmt. Denn – darauf hat Rudolf Steiner immer wieder hingewiesen – was tun denn diese Eidgenossen? Sie sind wesentlich dafür verantwortlich, daß der Adel, das Rittertum verschwindet. Selbstverständlich nicht allein, aber es ist ein Grundimpuls, daß diese Geburtsprivilegien nicht anerkannt werden. Wenn man sich nur einmal äußerlich vorstellt: Da kommen geordnete Ritterheere und stoßen auf einen scheinbar wilden Haufen von Bauern mit Morgensternen, Hellebarden, Steinen, die sie herunterrollen, roh bis dort hinaus, eigentlich gar nicht faßbar für diese Heere. Und wir sehen, wie schließlich der Gipfel in den sogenannten Burgunderkriegen am Ende des fünfzehnten Jahrhunderts erreicht wird, wo der damals mächtigste Herzog, größter Konkurrent für den französischen König, Karl der Kühne, durch dieses lächerliche Heer vernichtend geschlagen wird und dabei sogar das Leben verliert.

Wir sehen also hier gleichsam mit roher Naturgewalt im Sinne des noch nicht zum Bewußtsein gekommenen Elementes des Volksgenius, wie sich da ein Gleichheitsprinzip durchsetzt in einem europäisch markanten Verhältnis. Jetzt sehen wir aber gleich auch die andere Seite, nämlich: Wofür sind die Schweizer in dieser Zeit bekannt? Dafür, daß sie gut kriegen können, daß sie so kämpfen können, daß jeder sich selber aufgibt; daß sie so kämpfen können, daß man gar nicht vorher weiß, was sie tun; denn «einer hebt» den Arm, «und die andern folgen». Den letzten Rest davon finden wir in Thomas Morus' Schrift «Utopia». Da beschreibt er ja einen Zukunftsstaat, und in diesem Zukunftsstaat spielen auch die Schweizer eine gewisse Rolle, allerdings nicht die Rolle, die wir uns heute wünschen, sondern die, die immer noch in einem bestimmten Bereich übriggeblieben ist. Er beschreibt nämlich die Zapoliten; es ist eindeutig, daß die Schweizer gemeint sind (1501):

«So mieten sie [die Utopier] denn überall in der Welt Söldner und schicken sie in den Krieg, besonders aus dem Volk der Zapoliten. Dieses Volk wohnt fünfhundert Meilen östlich von Utopia, ist ungesittet, derb und wild und zieht seine Berge und Wälder, in denen es aufwächst, allen Ländern der Erde vor. Es ist ein zäher, kräftiger Menschenschlag, unempfindlich gegen Hitze, Kälte und Strapazen, unbekannt mit allen Lebensgenüssen, ohne besonderen Eifer für den Ackerbau, auch auf schöne Wohnung und Kleider legen sie wenig Wert, nur für die Viehzucht haben sie Interesse. Großenteils leben sie von Jagd und Raub. Nur zum Kriege geboren, suchen sie eifrig nach Gelegenheit dazu; bietet sich eine, so stürzen sie sich mit Gier darauf, rücken in hellen Scharen aus dem Lande und bieten sich um geringen Sold jedem beliebigen an, der Soldaten sucht. Nur dieses eine Gewerbe verstehen sie: das Leben zu fristen, indem sie den Tod suchen. Wem sie um Sold dienen, für den fechten sie mit Eifer und unerschütterlicher Treue. Jedoch verpflichten sie sich nicht bis zu einem bestimmten Termin, sondern ergreifen nur unter der Bedingung Partei, daß sie bereits am nächsten Tage zu den Feinden übergehen können, wenn ihnen diese höheren Sold bieten, und schon am übernächsten kehren sie zurück, verlockt durch ein wenig mehr Geld.»

Man merkt, das ist nicht so unaktuell, auch heute.

«Selten gibt es Krieg, ohne daß eine große Menge von ihnen auf beiden Seiten im Heere dient.»

Ein gut eidgenössischer Kompromiß!

«Und somit kommt es alle Tage vor, daß Blutsverwandte, die heute noch als Söldner derselben Partei die besten Kameraden waren, morgen schon, auseinandergerissen zu den Truppen feindlicher Parteien, als Gegner aufeinander stoßen und, Feindschaft im Herzen, ihrer Herkunft vergessend, uneingedenk ihrer Freundschaft, sich gegenseitig niedermetzeln, durch keinen andern Grund zur gegenseitigen Vernichtung angetrieben, als weil sie von verschiedenen Fürsten für eine Handvoll elenden Geldes gemietet sind.»[3] Und so geht das noch eine halbe Seite weiter. Es ist das Gegenbild des Volkes, das sich von dem Aufblick zu einem Höheren weg – und zu dem geldgierigen, materialistischen Raubrittertum hingewandt hat. So ist es zu der Verrohung gekommen, wie man sie in solchen Erscheinungen wie dem «Saubannerzug» erlebt, wo sich Innerschweizer, vor allem Urner, zusammengerottet haben und eine alte Schuld, eine Brandschatzung, in Genf einfordern wollen, auf dem Weg aber schon alles unsicher machen. Luzern schließt sofort die Stadttore, in Bern müssen sie sie aufnehmen, verköstigen und sind froh, daß sie weiterziehen, und so ziehen sie durch das Land. Das ist nur ein Beispiel unter vielen, wo man sagen kann: Es geschieht eine völlige Verkehrung des ursprünglichen Impulses, sobald man von diesem Aufblick zum Ewigen herunterfällt.

Und genau in diese Zeit hinein fällt nun eine Art Neugeburt der ganzen Schweiz. Wie war das möglich? Zunächst einmal kann man dieses Negative noch weiterführen. Der Burgunderkrieg hat die Eidgenossen geldgierig, zerstritten, roh und ungebildet gemacht. Es werden Geschichten erzählt, daß Kinder mit Diamanten aus dem Schatz von Karl dem Kühnen gespielt hätten, weil die gar nicht wußten, wie wertvoll so etwas ist.

Es gab schon einige Städte im Bund, wobei man sagen muß, daß er so locker war, daß immer mit einem neu hinzukommenden Gebilde ein neuer Vertrag geschlossen wurde. Es gibt also den ersten Bundesbrief, dann kommt der nächste Ort dazu, dann wieder ein Ort, und jeder neue Ort bekommt einen eigenen Brief, so daß man sagen kann: Alle sind mit allen durch Verträge verbunden, aber mehr nicht. Es gibt keine Gemeinsamkeit außer diesen einzelnen Verträgen, die ganz verschieden sind.

Jetzt droht alles auseinanderzubrechen: Krieg, Selbstzerfleischung, Stadt gegen Land. Es geht um die Aufnahme von Freiburg und Solothurn. Und nun kommt etwas, was man nicht anders bezeichnen kann als ein gütiges Schicksal für die Weiterentwicklung und als ein weiteres Beispiel für dieses Zusammenwirken der beiden Qualitäten, die ich geschildert habe: die des einen, des einzelnen, und die der andern, die folgen. Beim «Saubannerzug» haben wir nur die andern gleichsam, da ist keine Inspiration, da ist nur Draufgängertum. Nun ist es die Gestalt von Niklaus von der Flüe, vom Bruder Klaus, eine Gestalt, die nicht ohne die Schweiz verstanden werden kann. Er gehört zu diesem Land, er gehört in dieses Gebiet.

Es ist derjenige, der dann in dieser Situation die Hand hebt, der also die göttliche Inspiration hat. Er ist fünfzig Jahre alt, ist Bauer in einem Gebiet, das wirklich zum Innersten der Schweiz gehört. Bei Sachseln am Sarnersee in der Nähe des Brünigpasses ist er Bauer. Er heiratet, hat zehn Kinder – fünf Mädchen, fünf Knaben –, die zieht er groß. Es ist also ein wirklich typisches Schweizerleben. Er wird natürlich in die Gemeinde berufen, er ist Hauptmann, Richter, das höchste Amt des Landammanns lehnt er ab. Er hat schon seit frühen Jahren immer wieder Visionen, Erlebnisse übersinnlicher Art. Er kommt zu dem Entschluß, Abschied von seiner Familie zu nehmen, Einsiedler zu werden. Zunächst einmal will er ins Elsaß gehen. Durch mystische Erlebnisse kommt er kurz vor Basel wieder zur Umkehr und sucht sich dann in dem Heimatgebiet eine Stelle. Er wird dort von seinen Nachbarn in Dornen aufgefunden, und die bauen ihm dann schließlich eine Wohnung, eine Klause, wo er bleibt. Und diese Klause, das ist das Erstaunliche, ist nicht einmal hundert Meter von seinem Wohnhaus entfernt. Er nimmt aber so Abschied von seiner Frau und seinen Kindern, wie wenn er sterben würde.

Jetzt ist er Eremit. Er verzichtet auf die Nahrung. Das macht ihn berühmt. Das wird auch von einem Abgesandten des Bischofs von Konstanz geprüft, der ihn fragt: «Was ist das wichtigste, das höchste Gut?» Er sagt: «Der Gehorsam.» Darauf die Antwort: «In dem Fall befehle ich dir jetzt, dieses Stück Brot zu essen!» Dann bittet er schließlich, ob er nicht wenigstens nur einen Teil dieses Stück Brotes essen müsse, und bringt es mit Mühe herunter, wodurch der Betreffende natürlich überzeugt ist, daß er wirklich nicht essen kann. Bruder Klaus selber hat nie über seine Nahrungslosigkeit gesprochen, aber das hat seine Ausstrahlung ausgemacht, so daß er eine Wirkung hat – weit über seine Heimat hinaus. Gesandte aus aller Welt besuchen ihn. Er kann nicht lesen und schreiben, er ist völlig ungebildet – von daher gesehen. Und das Merkwürdige: Er ist überhaupt nicht zum Priester geweiht, hat also kein äußeres Amt; das gehört auch dazu. Er ist eine Art Trevrizent-Gestalt, ein Laienpriester. Und dieser Laienpriester wird in dieser Situation, wo es darum geht: Kann die Schweiz weiter existieren oder nicht, aufgerufen. Das wird so geschildert: Ein Pfarrer, der mit ihm befreundet ist, Heimo am Grund, springt voll Verzweiflung in der Nacht zu ihm von der Stanser Versammlung, wo alles zerstritten und zerschlagen ist; die Tagsatzungsleute wollen schon aufbrechen. Er kommt dann am nächsten Morgen schwitzend zurück, findet die Tagsatzungsabgeordneten in den Wirtschaften, wo er sie herausholt und unter Tränen bittet, noch einmal zusammenzukommen, er habe ihnen etwas vom Bruder Klaus zu sagen, und innerhalb einer Stunde ist ein neuer Vertrag geleistet. Bruder Klaus hat als Bedingung Heimo am Grund gesagt, es dürfe nicht in die Öffentlichkeit dringen, was er ihnen geraten habe. Das ist vielleicht auch interessant bei dieser Geschichte. Jedenfalls kann man sagen: Einigende Wirkung strahlte durch dieses Ereignis von Bruder Klaus aus.

Und nun wiederum das Motiv in einem kleinen Satz in einem Brief an die Berner, den er diktiert hat: «Gehorsam ist die größte Ehre, die es im Himmel und auf Erden gibt», und jetzt geht es weiter: «weshalb ihr trachten müßt, einander gehorsam zu sein.» Man denkt zunächst: also daß ihr den Oberen gehorsam seid; doch im Gegenteil: Das ist die Bedingung einer wirklich aus dem Individuellen gegründeten Gemeinschaft von Gleichberechtigten, daß man sich gegenseitig anerkennen kann. Das ist das Grundmotiv jeder modernen Gemeinschaft: nicht das Obrigkeitsprinzip, sondern Anerkennung des anderen. Es ist nicht erstaunlich, daß Walter Muschg in seinem Buch «Die Mystik in der Schweiz» von Bruder Klaus sagt: «Er ist ein geistlicher Tell»,[4] weil er die gleiche Qualität auf der geistigen Ebene entwickelt wie Tell, der Sage nach, auf der physischen. Es sind drei Qualitäten: einen anzuerkennen, auch ohne Amt; das ist das Freiheitsmotiv; das Solidaritätsprinzip ist das, was mit dem Eidgenössischen zusammenhängt, mit der Dreiheit in dem Bild des Rütli; ein Drittes ist der Aufblick zum Höheren, auch wieder ein Motiv, das bis in die Satzung hineingeht. Der Bundesbrief von 1291 beginnt: «In Gottes Namen, Amen.» Die Bundesverfassung beginnt: «Im Namen des Allmächtigen, Amen.» Also das Unterstellen unter eine höhere Macht wird deutlich.

Jetzt können wir die Frage stellen: Wo sind denn die tiefsten Quellen? Wo ist gleichsam die tiefste, archäologische Schicht, aber geistig gesprochen archäologisch, dieser Qualität? Da muß man sagen: Diese Qualität ist polar; das, was der eine leisten muß, ist die Veredelung, die Selbsterziehung zu dem, daß er Gefäß für die Inspiration werden kann. Entwicklung zur Freiheit, könnte man sagen, ist Veredelung. Das zweite ist Hingabebereitschaft, Opfergesinnung. Und beides ist nur möglich, wenn man mit einer geistigen Welt rechnet, wenn man damit rechnet, daß es ein Höheres gibt; also nicht ein privates, nicht ein materielles Interesse, sondern Hingabe für etwas Geistiges und Entwicklung zu etwas Geistigem.

Diese tiefere Schicht kann man finden, wenn man in die Christianisierungszeit zurückgeht, wenn man erforscht, was sich in diesen Tälern, sich durchdringend, durchmischend, in der Zeit zwischen dem vierten und dem achten oder neunten Jahrhundert abgespielt hat. Wir haben zwei Strömungen. Die südliche Strömung ist verbunden mit der Opfertat, als nämlich eine römische Legion aus Ägypten nach der Schweiz, Gallien damals, geschickt wurde. Hier wurde diese schon zum Christentum übergetretene thebaische Legion vor die Frage gestellt, alte Götter anzubeten. Sie weigerte sich, da wurde zuerst jeder zehnte geköpft; als das nichts brachte, noch einmal jeder zehnte, die berühmte «Dezimierung», und als das wiederum nichts nutzte, wurden alle – eine mythische Zahl natürlich – 6666 thebaischen Legionäre geköpft.

Nun ist aber mit dieser Legende verbunden, daß einige davon, Verwandte oder Entflohene, über die Alpen zogen. Da haben wir dann die Sagen in Solothurn etwa, von Victor und Ursus, die ebenfalls geköpft werden; welch ein tiefes Bild: Der Kopf wird abgeschlagen, aber das Herz weiß noch, wo es die Beine hinbringen muß; es kommt also das Bild: Der Kopf wird getragen, und sie gehen im Zug weiter. Das gleiche Bild in Zürich: Felix und Regula, dann in Zurzach mit Verena – also man könnte sagen, das Durchdringen des ganzen Alpenraumes mit diesem Opferblutgeschehen als Imprägnierung.

Die andere Strömung kommt aus dem Iro-Schottischen, ist also eine nordische Strömung und ist konzentriert in der Gestalt des Gallus. Man sieht ein ganz anderes Motiv, nämlich das Veredelungsmotiv, um die Roheit zu überwinden, das Selbsterziehungsmotiv, auch das Zähmungsmotiv. Alle die Sagen um Gallus, den Schüler von Columban, dem Mitgenossen, stehen ja im Zusammenhang mit dem Urbarmachen der Wildnis, mit dem Zähmen des Bären, mit dem Kultivieren der Unkultur. Und da sieht man viele Beispiele von Menschen, wie etwa Beatus, die dann in Höhlen gehen, wo auch Drachenkämpfe eine Rolle spielen, wo das Michaels-Motiv auftaucht. Das Durchmischen dieser beiden Strömungen in den Tälern und Höhen der Schweiz ist nachweisbar. Hier haben wir im Grunde genommen diese Urgesten der Gemeinschaftsbildung, einer modernen Gemeinschaftsbildung, die natürlich erst im Zeitalter der Selbstbestimmung des Menschen Wirklichkeit werden kann, nämlich die Qualität des Wir, des Folgenkönnens, der Hingabefähigkeit, der Opferbereitschaft, und auf der anderen Seite die Qualität des Ich als eines sich selbst Erziehenden, Werdenden.

Man könnte sagen, wenn man das jetzt die geistige Schweiz nennt und das alles zusammen als eine Aufgabe sieht, die ganz besonders in diesem äthergeographischen und geistigen Raum geschehen kann, was nach Rudolf Steiner die Erfüllung des «ethischen Individualismus»[5] ist, daß damit auch die Entstehung einer neuen Rechtsquelle als Konsequenz verbunden ist.

Was ist das Grundprinzip des «ethischen Individualismus»? Handeln aus der Geistesgegenwart! Man weiß noch nicht vorher, wie es herauskommt, man weiß auch noch nicht, wo der Geistesfunke einschlägt. Das, was Ichhaftigkeit als Gefäß ist, ist das Göttliche, das im Ich als Geistesgegenwart zur Erscheinung kommt. Als zweites eben Handeln aus dem Ich heraus, und als drittes, wie es Rudolf Steiner in «Die Philosophie der Freiheit» schildert, «aus Liebe zu dem Objekte», aus «Liebe zur Tat»[6], das heißt in dem Zusammenfühlen, in dem Zusammenstimmen auch der ganzen Umgebung; nicht auf Grund von Einzelgängertum, Materialismus oder einem Sonderinteresse, sondern um das zu erfüllen, was als geistige Notwendigkeit eingesehen wird.

In einer sehr schönen Art können wir dies auch bei Friedrich Häusler formuliert finden in «Die Geburt der Eidgenossenschaft»:
«Danach ist die Rechtsquelle der Mensch, der eine Intuition hat, die vom andern, oder den andern, eingesehen wird.»

Es ist sehr einfach ausgedrückt, aber es steckt außerordentlich viel darin, nämlich nicht vorgegeben, sondern aus der Individualität des einzelnen, da ist die Quelle:

«Was so als Rechtsverpflichtung entsteht, ist nicht im Zeitmaß, aber der Qualität nach ewig, weil es aus dem ewigen Teil des Menschen stammt. Die Institutionen entstehen und vergehen, wandeln sich mit den auftretenden Notwendigkeiten.»[7]

Aber diese Rechtsquelle aus dem Individuum, die hat den Ewigkeitscharakter, weil es das Recht ist, «das mit uns geboren» wird, und nicht das, was Plage ist, weil es sich von Generation zu Generation vererbt, wie es in Goethes «Faust» heißt[8]; nicht das vorgeschriebene Recht, sondern das Recht, das erlebt wird aus der Wahrnehmung des Individuellen heraus. Das ist auch etwas, was nun zu dem hinführt, daß Rudolf Steiner den Schweizern eine große Knacknuß aufgibt, nämlich daß er sagt: Alles habt ihr Schweizer. Nur das, worauf ihr am meisten stolz seid, nämlich die Demokratie, die habt ihr eigentlich nicht.

Und jetzt komme ich an den Anfang zurück: Was regiert die Schweiz? Wer regiert die Schweiz? Sind es nicht Wirtschaftsfaktoren, Sonderinteressen, pragmatische Beschlüsse aus dem Gegebenen heraus? Es ist auch so: Immer wenn jemand Neues an ein Amt kommt, dann braucht er sich an sehr viele Abmachungen, die der Vorgänger gemacht hat, nicht zu halten. Das ist tatsächlich in der Schweiz in einem erschreckenden Maße der Fall, daß man sich nicht einfach daran zu halten braucht.

So sieht man auf der einen Seite vieles wirtschaftlich bestimmt und auf der anderen Seite ein Geistesleben, das aber wiederum nicht irgendwie im demokratischen Sinn geordnet ist. Und nun sagt Steiner: «Daher handelt es sich darum, daß man hier ganz besonders tief einschärft» – das sagt er den zukünftigen Rednern für Dreigliederung, die in der Schweiz wirken sollen –, «daß das Recht etwas ist, was man nicht definieren kann, so wie man Rot oder Blau nicht definieren kann, daß das Recht etwas ist, was in seiner Selbständigkeit erlebt werden muß, und was erlebt werden muß, wenn sich als Mensch bewußt wird jeder mündig gewordene Mensch. Es wird sich also darum handeln, zu versuchen, für schweizerische Mittel gerade dieses menschliche Empfindungs- und Gefühlsverhältnis im Rechtsleben herauszuarbeiten, daß im einzelnen Menschen die Gleichheit leben müsse, wenn

Rechtsleben da sein soll. Gerade die Schweiz ist nämlich dazu berufen, und ich möchte sagen: Die Engel der ganzen Welt schauen auf die Schweiz, ob hier das Richtige geschieht – gerade die Schweiz ist dazu berufen, da sie, ich möchte sagen, völlig jungfräulich ist in bezug auf den Rechtsstaat, nur einen geistigen, nur einen Wirtschaftsstaat hat, einen Rechtsstaat zu schaffen unter Freigebung des geistigen und des Wirtschaftslebens.»[9]

Mit anderen Worten, Rudolf Steiner hat eine ganz große Erwartung in bezug auf die Verwirklichung des Dreigliederungsimpulses gerade in der Schweiz gehabt. So etwas wie Dezentralisierung, Föderalismus, Solidarität, so etwas wie die Anerkennung dessen, was der andere leistet, und nicht, was für ein Amt er hat, das sind ja Qualitäten, die alle sich dann in bester Weise entwickeln können, wenn man eben ein freies Geistesleben sich entwickeln läßt, ein Wirtschaftsleben, das nicht verbunden ist mit einem staatlichen Leben, damit sich dann das herausbilden kann, was von Mensch zu Mensch wirkt, damit sich dann überhaupt etwas von dem bilden kann, was aus der Anerkennung von Mensch zu Mensch folgen kann.

Dazu ist aber notwendig, daß man einsieht, daß das nun längst nicht mehr eine Qualität einer physischen Schweiz darstellt; daß man sieht, daß gleichsam aus den Gründen der geistigen Konfiguration innerhalb der Schweiz für den europäischen Organismus, ja für den Weltorganismus, Dispositionen da sind, die ergriffen werden können durch jedes urteilsfähige und sich entwickeln wollende Ich. Das heißt, der ethische Individualismus hat mit dem Nationalen oder mit dem Lokalen überhaupt nichts zu tun. Wir sind hier in einer Sphäre, wo wir sagen können, es ist eine Hülle, es ist das, was ein Genius der Menschheit in Mitteleuropa geschenkt hat, an einer ganz bestimmten Stelle von Mitteleuropa, aus dem heraus dann jeder individuell diese Qualitäten entwickeln kann. Und wenn wir die Frage stellen: «was ist der Beitrag der geistigen Schweiz an Europa?», dann kann man sagen, es ist der ethische Individualismus – im letzten Grunde. Er ist, um es konkreter zu fassen, nur zu realisieren, wenn die Bewohner in der Schweiz das, was das Gegenbild dieser drei Qualitäten ist, was gleichsam der Schattenwurf ist, Materialismus, Gewinnstreben, Sonderinteressen und alles das, was in den Tresor der Welt, in den sinnlichen Wohlstand, in das Einzelgängertum und in die Verwilderung hinein führt, wenn sie das überwinden und ein Bild entsteht, daß aus der Schweiz, aus diesem von den Mächten gnädig bewahrten Land eben Ideen, praktische Ideen kommen. Auch darauf hat Rudolf Steiner immer wieder gewartet und hingewiesen.

Und ich möchte mit einem Zitat von einer Nichtanthroposophin abschließen, die das von einer ganz anderen Seite wunderbar zum Ausdruck bringt, nämlich von Jeanne Hersch, Professorin für Philosophie in Genf:

«Das Schicksal der Schweiz scheint mir an die Qualität der individuellen Freiheit, zu der ihre Bürger fähig sein werden, gebunden. Als Demokratie, die die Menschenrechte schützt, wird sie nicht überleben können, wenn der Freiraum, den sie für den Willen jedes Bürgers offenhält, einfach leer bliebe, oder wenn er nur dem Streben nach Gewinn diente.»

Freiheit für Profit oder Freiheit nur «wovon» und nicht «wozu».

«Die Schweiz wird überleben und mit den andern Ländern wirksam zusammenarbeiten können, wenn die Bürger selbst genug Substanz in sich haben, um dem demokratischen Leerraum einen menschlichen Sinn zu geben.»[10]

Und so kann man sagen: Das ist die Überwindung jedes Nationalismus, das ist zugleich die Sprache des neuen Bewußtseins, das aus einem befreiten Geistesleben und einem vom Staat losgelösten Wirtschaftsleben die Erfüllung des modernen Menschen findet.

ANMERKUNGEN

1 Hans Tschäni, Wer regiert die Schweiz?, München 1987.
2 Ignaz Paul Vital Troxler, Vorlesungen über Philosophie an der Universität Bern 1835. Dritter Vortrag.
3 Thomas Morus, Utopia, übersetzt von Gerhard Ritter, Darmstadt 1964, S. 92 f.
4 Walter Muschg, Die Mystik in der Schweiz, Frauenfeld 1935, S. 395.
5 Rudolf Steiner, Die Philosophie der Freiheit, GA 4, 1987. IX. Die Idee der Freiheit.
6 Ebenda.
7 Friedrich Häusler, Die Geburt der Eidgenossenschaft, Bern 1972.

8 Goethe, Faust I, Studierzimmer II, Mephistopheles.
9 Rudolf Steiner, Anthroposophie, soziale Dreigliederung und Redekunst, GA 339, 1984, Vortrag vom 14. Oktober 1921 in Dornach.
10 Jörg Gutzwiller (Hrsg.), Kleines Land – was nun?, Basel 1988, S. 110.

Stefan Leber

DIE ENTFALTUNG DES
GEISTIG-KULTURELLEN LEBENS
ZWISCHEN TRADITION UND
STAATLICH-WIRTSCHAFTLICHEN
ZWÄNGEN

Wenn wir uns dem Geistes-, Rechts- und Wirtschaftsleben zuwenden, dann muß man sich bewußt sein, daß es sich hierbei wesentlich um Zeitvorgänge handelt, die es zu betrachten gilt. Raum und Zeit sind die beiden Qualitäten, die das Irdische bestimmen. Wenn wir die geistige Welt verlassen – sie läßt sich gleichsetzen mit der Ewigkeit –, dann begeben wir uns in die Zeitlichkeit, in das Räumliche, um andere Erfahrungen zu machen, als sie die Ewigkeit vermittelt. Was trifft der Mensch auf der Erde an, was begegnet ihm da? Der Kampf auf Erden geht immer darum: Wie kann etwas Ewiges in das Zeitliche und Räumliche hereinwirken? Wenn wir uns also nur mit dem Geistesleben im engeren Sinn beschäftigen, dann wollen wir uns zunächst vergegenwärtigen, was Geistes- und Kulturleben heißen kann.

Der Mensch, der uns in seiner Raumerscheinung, in seiner Leiblichkeit gegenübersteht, sagt, wenn man ihm aufs Hühnerauge tritt: Du hast mich getreten. Wenn ich dem anderen die Hand drücke und zugleich den Druck seiner Hand erlebe, dann ist eine *wesenhafte Begegnung* mit anwesend, nicht bloß der physische Druck. Wenn ich dem anderen in die Augen schaue, ihn anblicke, sehe ich in dem Blick das Wesen des anderen mit; nur – es ist nicht der andere selbst. Der Leib offenbart sich dreifach: in seiner Kopfgestalt, in seiner Rumpfgestalt und in seiner Gliedmaßengestalt. Und jetzt ist die Frage: Wird dadurch, daß die Leiblichkeit dreifach verschieden ist, auch etwas gesellschaftlich Verschiedenes konstituiert? Gibt es da einen Zusammenhang?

Freilich ist der Leib nicht nur Leib, sondern er ist von Lebensprozessen, aber auch von Empfindungsvorgängen durchzogen. Es finden im Leib Erkenntnisvorgänge und Handlungen statt. Vom

Menschen her gesehen, haben wir drei große, unterschiedliche Eigenschaften: Die eine Qualität besteht darin, daß der Mensch sich als Lernender in der Weltbegegnung fortdauernd verwandelt. In der «Theosophie»[1] Rudolf Steiners ist zu lesen, wo eigentlich das Ewige des Menschen auszumachen sei. Dann führt er folgenden Gedanken aus: Es gibt im Leben Ereignisse, bei denen ich bemerken kann, daß der Mensch, wenn er zum ersten Mal damit konfrontiert wird, dieses Ereignis nur unzulänglich bewältigt. Dann läßt sich bemerken: Wenn er wiederholt davorsteht, bewältigt er das Ereignis immer besser. Er geht mit dem Eindruck innerlich um und handelt nach und nach besser, fähiger in der Welt. Das heißt: er lernt. Dann läßt sich aber auch beobachten, wie Menschen zum ersten Mal einem Ereignis gegenüberstehen und so handeln, als ob sie den Vorgang schon immer gehandhabt hätten. Rudolf Steiner nennt als Beispiel in diesem Falle Mozart. Er hört ein Musikstück von zwanzig Minuten Dauer, achtstimmig, schreibt es nieder. Danach kommen Musikphilologen, vergleichen das mit dem Chorsatz und stellen fest: acht Fehler. Wo hat Mozart diese Fähigkeit her? Er hat sie nicht aus dem Jetzt. Er hat zwar die Notenschrift und so weiter hier auf Erden gelernt, aber die Fähigkeit, ein Musikwerk wie räumlich sich innerlich zu vergegenwärtigen, verdankt er großer Übung – in früheren Erdenleben. Der Kern des Menschen, insofern er geistiger Natur ist und nach außen im Raum-Zeitlichen wirkt, offenbart sich in Fähigkeiten. *Es sind die Fähigkeiten, die das geistige und kulturelle Leben bestimmen.* Was aus diesen Fähigkeiten des einzelnen Menschen erfließt, aus einfachen oder hochkomplexen, das konstituiert in der Gesellschaft das geistige Leben.

Nun gibt es aber einen «zweiten Menschen» in uns, der anders ist; er lebt sich nicht in Fähigkeiten aus, sondern im Austausch mit anderen. Zum Beispiel gibt es da Menschen, die hören einen Vortrag, in dem vielleicht bedeutende Gedanken entwickelt sind. Das anschließende Gespräch einiger Zuhörer indessen bezieht sich nicht auf den Inhalt, sondern etwa darauf, daß der Redner eine Silbe eigentümlich aussprach. Nehmen wir ein harmloses Beispiel: Es wäre ein Schwabe, der da spräche, und der sagt: «Geischd». Das kann Anlaß dafür sein, daß man als Anderssprechender pikiert ist, sich mit anderen austauscht und auf dieser Ebene sich viel zu sagen hat. Das Ganze lebt sich nur im Seelischen aus.

Nun gibt es allerdings in diesem Seelischen recht unterschiedliche Stockwerke – feine, aber auch Kellergeschosse mit Schimmel, Moder und anderem. Und weil auch manches Unschöne in jeder Menschenseele wohnt: Neid, Eifersucht, Haß, Verdruß, Ärger, Ehrgeiz, Geltungssucht, spielt das immer mit herein in die Äußerungen. Es spielt auch das herein, was von Heinz Zimmermann hinsichtlich der Schweiz geschildert wurde, einerseits dieses Rohe, andererseits die Fähigkeit, im richtigen Moment empfänglich für einen neuen Einschlag zu sein. Beides ist im Haus der Seele vorhanden. Daraus resultiert – gesellschaftlich gesehen – das Rechtsleben. Wenn das Abgründige dominant wird, dann muß das Rechtsleben eingreifen, um Ordnung herzustellen.

Nun gibt es noch tiefer im Menschen, aufgrund der Leiblichkeit und der darin stattfindenden Lebensprozesse, den dritten Menschen, der sich in Bedürfnissen darlebt. Nur ganz elementar: In der Sowjetunion gab es Zeiten, wo Vorträge von sechs Stunden Dauer und mehr gehalten wurden. Da regte sich dann im Saal niemand mehr, und es gab immer einstimmige Abstimmungsergebnisse. Nun kann man sich vorstellen, daß sich dabei nach sechs Stunden auch irgendwelche Lebensprozesse meldeten, bei manchen schon früher. Man merkt, daß aus der Leiblichkeit und ihrer Konstitution im Verbund mit den Lebensprozessen etwas aufsteigt, was man das Bedürfniswesen nennen kann. Bedürfnisse werden in aller Regel nur dadurch befriedigt, daß ihnen etwas aus der Welt zukommt. Was ihnen zukommen muß, sind im allgemeinen keine geistigen Angebote, sondern: wenn ich Hunger habe, muß ich Brot essen. Das Brot muß geschaffen werden. So konstituiert sich das wirtschaftliche Leben aufgrund der menschlichen Bedürfnisnatur, also des Stoffwechsels.

Natürlich kann ich hinsichtlich aller drei genannten Gebiete sagen: Bedürfnisse habe ich auch im Seelischen, ich habe zudem geistige Bedürfnisse, nämlich nach Erkenntnis zu streben. Es ist immer eine Frage der Perspektive. Schaue ich auf geistige Bedürfnisse hin, dann hängt das mit der geistigen Wesenheit des Menschen zusammen, nicht mit seiner leiblichen. Eben stellte ich dar: Bedürfnisse hängen mit dem Leib zusammen. Das erscheint im Dreigliederungsgedanken oft als eine gewisse Problematik, daß man immer fragen muß: Von welcher Perspektive her sieht man auf die Sache?

Zunächst sind Bedürfnisse solche des Leibes, sie führen in die Warenproduktion und den Konsum. Dasselbe gilt für Fähigkeiten: Fähigkeiten, die etwas erzeugen, hervorbringen, brauchen ihrerseits wieder Bedürfnisse. Was nützte es mir, wenn ich einen Vortrag halten wollte und nur leere Stühle da wären? Ich brauche also den anderen als Geistwesen, das dafür empfänglich ist. Das ist ein geistiger Prozeß. Nun gibt es – wie erwähnt – auch im Seelischen Bedürfnisse. Ich könnte da neun Stufen schildern, unter je einer anderen Perspektive.

Schauen wir nun allein auf das geistige Leben in der Gesellschaft hin. Da können wir feststellen, daß es zunächst einen Zusammenhang gibt, den man einfach vorfindet. Folgendes Beispiel soll das illustrieren. Wenn wir als Europäer in ein anderes Land kommen, männlichen Geschlechts sind und an einen Aufzug herantreten, an dem eine Dame steht, dann werden wir ihr die Tür aufhalten und bitten, daß sie zuerst in den Fahrstuhl eintritt. Wenn wir so etwas beispielsweise fünfzehntausend Kilometer von hier entfernt in einer großen japanischen Millionenstadt tun, dann bringen wir die Dame in Verlegenheit. Das ist ein Affront, der gerade noch verziehen wird, weil man aufgrund des Äußeren den Europäer oder Amerikaner erkennt. In Japan ist es nämlich selbstverständlich, daß zuerst der Mann in den Fahrstuhl eintritt, und falls der voll sein sollte, dann haben die Damen zu warten und nicht die Herren. Man trifft da auf etwas gar nicht Ausgesprochenes, aber im Kontrast kann man immer bemerken, daß es vorhanden ist. Es sind die Gewohnheiten, Sitten und Gebräuche. Wo kommen sie her? Sie sind etwas wie das innere Knochengerüst in der Gesellschaft, das den Menschen Halt verleiht und Sicherheit gibt.

Man kann meinen, das hänge irgendwie mit dem Rechtsleben zusammen, also mit der Ordnung. Aber das ist nur der eine Teil. Der andere Teil rührt daher, daß sich ein ganzer Kosmos an Wertvorstellungen, an Überlegungen über die Stellung des Menschen im Kosmos, über die Stellung von Mann und Frau in diesem Kosmos zugleich mit ausspricht. Im einzelnen ist es vielleicht gar nicht mehr aufhellbar, wie das entstanden ist. Überall in der Gesellschaft gibt es so etwas – und das macht nun das kulturelle Leben aus -, daß da bestimmte Grundüberzeugungen vorhanden sind und von Generation zu Generation weitergegeben werden.

Indem man in eine Kultur hineingeboren wird, wächst man in ihrem Feld auf und verbindet sich mit diesem Wertsystem. Darin zeigt sich auch in der Gesellschaft die Kultur, das heißt ihre gewachsene Form. Nun läßt sich die Frage stellen: Woher kommt denn dieses Wertsystem? Wie hat es sich gebildet? Da möchte ich eine kurze historische Betrachtung anstellen. Ich wähle ein Beispiel von der Tunguska, einem Fluß in Mittelsibirien. An diesem Fluß leben die Golden. Da hat sich nun in diesem Jahrhundert folgendes ereignet, was durch die ganze Geschichte hindurch zu geschehen pflegte, daß nämlich eines Tages ein junger Mann von einem krampfartigen Zustand befallen wurde. Er schlug um sich und lag dann wie leblos drei Tage da. Und nun wußte der ganze Stamm: Er wird es sein, der uns in Zukunft führt. Als er wieder zu sich kam, schilderte er, wie er das Erlebnis hatte, in einen Baum versetzt zu sein, und zwar relativ in der Höhe; wie er sah, ging es unendlich viele Stockwerke weiter aufwärts, eine ganze Welt breitete sich über ihm aus. Als er hinunterschaute, sah er, daß der Baum endlos nach unten weiterging. In unendlicher Ferne war das Wurzelwerk zu ahnen. Und da hing er nun in diesem Baum und wußte: Du wirst zwischen dem vermitteln müssen, was oben und was unten an dem Baum ist. Und er wehrte sich innerlich gegen diese Aufgabe. Er fühlte sich dem nicht gewachsen. Er wollte nicht. Aber die Macht, die ihn dorthin versetzte, war mächtiger als sein eigener Wille. Und als er das nun erzählt hatte, wurde er als Schamane eingekleidet. Fortan war er Führer des Volkes, wann immer sich ein Problem ergab. Wenn zum Beispiel eine Krankheit sich ausbreitete, irgendeine Epidemie auftrat, dann mußte er sich in den vorigen Zustand versetzen. Nun gehörte mit zu diesem Ritual, daß ihm von seinem Vorgänger mitgeteilt wurde, wie er sich in den Zustand zu versetzen hatte, der ihn einstens naturhaft und ungewollt überfallen hatte. Aus diesem Zustand heraus kann er sich dann die Inspiration holen, die die Antwort auf die Frage ist, die sein Volk und dessen Nöte betrifft. Das ist ein merkwürdiger Einweihungsvorgang! Und es läßt sich sogar nachweisen: immer kurz vor dem Tod des vorhergehenden Schamanen, so daß dieser stets in der Lage war, seine Weisheit an den Nachfolger weiterzugeben, wird – unvorhersehbar, wer es sein wird – einer ergriffen und von diesem kataleptischen Zustand geschüttelt. So geht die Sukzession dann durch die Zeiten weiter, und der Nachfolger erfährt immer von dem manchmal gerade noch hauchend Sprechenden, wie er in diesen Zustand kommt, in dem er sich mit der Wesenheit, die den Stamm, das Volk führt, in Verbindung bringen kann. Wir können annehmen, daß das ein Urzustand der Menschheit ist, der sich in dekadenter Form bis in die heutige Zeit bewahrt hat und in der Gegenwart wieder eine Renaissance erlebt.

Wie war das in Ägypten? In Ägypten kommt es an der Wende vom vierten zum dritten Jahrtausend vor Christus zur Einigung des Reiches: von Nord- und Südägypten unter einem Pharao. Und kaum daß diese Reichseinigung geschah, läßt sich eine eigentümliche Gattung von Literatur feststellen, nämlich die sogenannten Weisheitslehren. Was steht in diesen Weisheitslehren? Da steht sinngemäß etwa folgendes: Mach immer das, was schon immer getan wurde. Dann wird den Jüngeren empfohlen: Widersprich nie einem Älteren! Da wird zum Beispiel gesagt: Wenn du am Tisch mit Großen speisest, laß immer dem Vornehmen den Vortritt! Greife nie vor einem Höherstehenden zur Platte und nimm dir Essen! Das sind also ganz elementare Lebensanweisungen. Oder im Lehrbuch der Chirurgie – Frank Teichmann hat das in seiner «Kultur der Empfindungsseele»[2] veröffentlicht – gibt es zum Beispiel Ärzte, die für Köpfe zuständig sind, für Kopfverletzungen. Da wird ein Katalog von vierzig Anweisungen dem Arzt zur Verfügung gestellt, und es wird gesagt: Wenn zu dir ein Kranker kommt, untersuche, ob die Kopfhaut nur geschürft oder ob sie geplatzt ist. Dann wird das Erscheinungsbild der Kopfverletzungen immer weiter und weiter geführt, und der Arzt muß einfach alles durchgehen und genau die Symptome anschauen. Dann kommt die letzte Stufe: Wenn die Kopfhaut geplatzt, der Knochen gespalten ist und das Gehirn heraushängt, dann lautet die Anweisung: es ist nichts mehr zu machen – bete! Das sind sehr genaue und eindeutige Angaben, die beschreiben, was der Betreffende zu tun hat. Es sind also in diesem Lehrbuch alle Formen der Kopfverletzungen, die überhaupt vorkommen können, abgehandelt, und ebenso gibt es immer eine Anweisung, was jeweils zu tun ist.

Wie stellt sich diese Form des geistigen Lebens dar? Wir fragen nicht, wie die Resultate angewandt werden, sondern: Woher kommt die Anweisung? Wer gibt sie? Das ist das Spannende. Wer kodifiziert gleichsam die Fähigkeit und die verarbeitete Erfahrung? Man kann feststellen, in Ägypten ist der Vorgang genau kanalisiert. Von einem Pharao im Mittleren Reich wird berichtet, wie er mit seinem Gefolge ausreitet, und unterwegs kommen sie, nachdem sie in einem Seengebiet gejagt haben, in Gegenden wüstenhafter Art. Alle dürstet, aber sie haben kein Wasser bei sich. So etwas kann auf der Erde passieren, daß Ungeplantes, Unvorhergesehenes eintritt. Jetzt ist das Problem groß. Da nützt keine Weisheitslehre, in die alle Erfahrungen der Vergangenheit eingegangen sind, weil das Problem dort nicht vorgesehen ist. Jetzt braucht man einen gänzlich neuen Einfall: Wie kommt man an Wasser? Dann erst wird das Problem gelöst. Der Pharao läßt sich nieder, schläft, träumt, erwacht und sagt: Hier grabt! Nach kurzer Arbeit stößt man auf eine Quelle. Die ganze Mannschaft hat zu trinken. Woher kommt, so fragen wir, eigentlich die Innovation, die Erneuerung oder die Verarbeitung der Erfahrungen? Das ist in Ägypten sowohl kanalisiert als auch personalisiert auf *ein* Amt, auf *einen* Menschen hin – den Pharao. Nur er kann Wandlungen einleiten, nur er in seinem Amt kann Antworten auf neue Fragestellungen geben, die aus der Welt kommen, niemand anders, allenfalls die ihm ganz Nahestehenden, die hohen Priester. Alle übrigen werden angehalten, sich auf das Vermittelte und Überlieferte, gleichsam auf den Traditionsstrom zu verlassen und sich an diesen zu halten.

Worin besteht das geistige Leben? Es besteht einerseits aus Pflege und Tradition des Gewonnenen, aus Weitergabe des Überlieferten, andererseits aber auch aus der Impulsierung neuer Antworten auf neu auftauchende Fragen und Probleme. Im alten Ägypten kann nur der auf neue Herausforderungen antworten, der das höchste Amt innehat, der zugleich nicht nur oberster Herrscher, sondern auch oberster Priester ist. Er hat den «Kanal der Eingebung» offenzuhalten, er kann und muß die nötigen Inspirationen empfangen, er hat durchlässig zu werden für das, was dem Volk als Ganzem nottut. Er stellt gleichsam einen Schnittpunkt für das Amt und den Inspirationskanal dar. Daß dieser Zusammenklang funktionierte, zeigt die Dauer der ägyptischen Kultur von nahezu dreitausend Jahren, wo doch – mit zwei Unterbrechungen – der Kanal zum Reich der Inspiration immer erhalten blieb. Gleiches kann von unserer Zeit nicht gesagt werden.

Ein kleines Einsprengsel: Der junge Rudolf Steiner erregte sich einmal, als in Stuttgart ein Theaterintendant benannt wurde. Der württembergische König hatte einen Juristen – von Putlitz – zum Generalintendanten der dortigen Bühnen ernannt, und der junge, intellektuelle, zeitkritische Rudolf Steiner fand das skandalös, daß jemand ohne nachweisbaren Kunstsinn dieses Amt übertragen bekommt.[3] Was hatte der neue Generalintendant bisher nachgewiesen? Er war ein hervorragender Verwaltungsjurist. Rudolf Steiner moniert mit außerordentlicher Schärfe, daß keine Leistung auf dem Gebiet, das der Ernannte nun verwalten solle, vorliege. Doch im Amt mausert sich dieser Jurist zu einem bedeutenden Intendanten. Später äußert Rudolf Steiner zwar nicht über ihn, aber über einen ähnlichen Vorgang in Wien: Wem Gott ein Amt gibt, dem gibt er den Verstand. Da läßt sich fragen: Kommt der Verstand tatsächlich durch das Amt? Da kann es noch heute erstaunliche Entwicklungen geben, daß jemand ein Amt übernimmt, für das er zunächst keine Voraussetzungen zu haben scheint, aber er befähigt sich in der Tätigkeit so, daß er mit dem Amt wächst. Möglicherweise gibt es ein bißchen Ägyptertum noch heute. Doch es lassen sich zahlreiche Beispiele dafür anführen, daß es heute immer seltener als in Altägypten funktioniert.

Wie sieht es in Griechenland aus? Da kennt man bestimmte Orte, die für Rätselfragen des Daseins Antworten bereitzuhalten hatten. Man opfert dort den höheren Mächten, die die Zukunft und das Unbekannte wissen, man schließt gewissermaßen einen Vertrag mit den Göttern, die menschliche Gaben dargebracht erhalten, damit sie Einblick in das Dunkle, Künftige gewähren. Tritt eine zentrale Frage auf, so kann ein Bote zum Orakel gesandt werden. Stets ist man gewiß: es kommt auch eine Antwort, sei es aus Delphi, Dodona oder anderen Orakelstätten. Delphi hat einen eigentümlichen, besonderen Charakter. Aus ganz Griechenland kommen die Boten dorthin, fragen, und Delphi antwortet, aber immer so, daß man den Spruch nur dann verstehen kann, wenn man selbst über ihn nachdenkt. Dodona dagegen antwortet immer klar, verständlich: Wenn da jemand die Frage hinschickt: «Soll ich XY heiraten?», dann bekommt er eine eindeutige Antwort: ja oder nein. Delphi antwortet nie mit ja oder nein, sondern immer kompliziert. «Verbirgst du dich hinter hölzernen Mauern, wirst du überleben.» Dann rätselt die Bevölkerung über diese Aussage auf der Agora. Einer sagt: «Ja, die Perser zünden diese doch an.» Ein anderer, Themistokles, weiß aber: «Das sind Schiffe, die der Gott meint, das will Apollo.» So werden dann Schiffe gebaut, und Athen überlebt in der Seeschlacht von Salamis. Also, der delphische Apoll verlangt immer eine eigene Denkanstrengung.

Im Mittelalter kommt ein bedeutender Umschwung. Er ist nur dann zu erfassen, wenn wir erstens verstehen, was sich in Europa an gewaltiger Revolution vollzogen hat. Es handelt sich um eine europäische Leistung, die nachfolgend die ganze Welt ergreift. Zweitens müssen wir verstehen, was in diesem Fall «geistiges Leben» heißt.

Es gibt einen Kulturstrom, der sich durch den Einschlag des Christentums zunächst anderthalb Jahrtausende entfaltet. Da bilden sich bestimmte Formen des Kultus aus, es entstehen bestimmte Lehrauffassungen. Die Kirche hat sogar ein Instrument, mit dessen Hilfe Lehren, die etwas absonderlich sind, ausgemerzt werden: Indem nämlich die Bischöfe zusammenkommen und gemeinsam in Konzilien beratschlagen, inwiefern in der Lehre noch Übereinstimmung gegeben ist; was davon abweicht, wird als Ketzerei angesehen, verurteilt und ausgemerzt. Auf diese Weise hat sich durch anderthalb Jahrtausende eine gewisse einheitliche, wenn auch nicht spannungsfreie Glaubensauffassung entwickelt. Eigentümlicherweise aber treten zu einer gewissen Zeit verschiedene in Europa lebende Männer auf, die die bisherige Entwicklung daraufhin abfragen: Wie stimmt denn das alles, was an Lehren, Tradition und Verstehensweisen vorhanden ist, mit dem Ursprung des Christentums überein? Sie fragen: Wie geht das, was dort dargestellt wird, mit der Lebenspraxis ihrer Zeit zusammen? Sie reflektieren gewissermaßen die Tradition und befragen sie.

Ich mache das an einer Person deutlich – aber es ließen sich natürlich auch andere nennen –, an Martin Luther. Der reflektiert und kommt schließlich in seinen fünfundneunzig «Thesen» zum Ergebnis, wo sich überall Widersprüche auftun zwischen der Quelle, dem Geglaubten und dem Gelebten. Am 30. Oktober des Jahres 1517 veröffentlicht er diese «Thesen», indem er sie an Gelehrte verschickt. Der Mythos sagt, er hätte sie an die Kirchentür in Wittenberg angenagelt. Subtile historische Forschung hat ausgemacht, Luther hat keinen Hammer, sondern nur die Post benutzt und diese «Thesen» zur Diskussion an Gelehrte der Theologie versandt. Das hatte aber dennoch Folgen. Denn dadurch wird ein sich durch anderthalb Jahrtausende auslebender Traditionsstrom radikal in Frage gestellt. Luther wird im Jahr 1521 nach Worms vor den Reichstag geladen, um sich zu rechtfertigen. Und da kommt es nun zu diesen bezeichnenden Sätzen: «Hier stehe ich. Ich kann nicht anders. Gott helfe mir.» Was setzt er gegen die Tradition? Sich selbst mit seiner eigenen Einsicht. Er hat keine Instanz über sich, er kann sich auf keine Offenbarungsquelle berufen, er kann nur sagen: «Ich kann nicht anders.» Aus seinem Forschen hat sich ihm ergeben: «Sola scriptura!» Nur die Schrift kann Quelle für den einzelnen Gläubigen sein, nicht die Tradition und nicht die Exegese, wie sie sich ausgebildet hat: «Hier stehe ich.» Luther beruft sich auf eigene Einsicht, nicht auf die Kraft des Volkes, auf irgend etwas Dunkles, von unten Kommendes, sondern auf das Licht von oben, das in ihn eingefallen ist. Das ist entscheidend: nicht die Verbindung nach unten, sondern nach oben. Nur der einzelne als Individuum, als unverwechselbare Gestalt kommt zu dieser Einsicht.

Die Folge dieses persönlichen Aufbegehrens eines einzelnen und vieler anderer führt zu einer gewaltigen Erschütterung Europas, wobei die Bevölkerung in blutigen Kriegen nicht nur dezimiert, sondern zumindest in deutschen Landen zu drei Vierteln vernichtet wurde: im Dreißigjährigen Krieg. Der Streit und Kampf geht um die Frage: Gelten dieser Traditionsstrom und die Exegese dieser Tradition durch eine Amtskirche, wodurch die Menschen zuverlässig vereinigt werden, oder darf sich der einzelne auf die eigene Einsicht berufen? Das wurde dann im Augsburger Religionsfrieden geschlichtet, der besagt, jeder Landesherr kann seine Konfession frei wählen, und dann folgt ihm die untertänige Bevölkerung. So wurde zunächst der Frieden hergestellt. Wenn der Landesherr katholisch war, war es in Ordnung wie bisher; wurde er dagegen evangelisch, so wurden auch alle Untertanen evangelisch. Es hat dann weitere zweihundert Jahre gebraucht, bis die Konfession zur individuellen Entscheidung des einzelnen Menschen wurde, wovon erst in diesem Jahrhundert radikal Gebrauch gemacht wurde.

Die *innerste Überzeugung*, die ein Mensch haben kann, der Glaube an ein Höchstes, ist seit dem sechzehnten Jahrhundert zunehmend Angelegenheit des einzelnen geworden. Er allein muß entscheiden. Kaum ist dieser Konflikt einigermaßen behoben, erhebt sich schon ein nächster: Anfang des siebzehnten Jahrhunderts gibt es in Tübingen eine namentlich bekannte Gruppe von Theologen, die reflektiert: Was hat eigentlich die Reformation gebracht? Sie sagten sich bei dieser Frage: Es waren nur «Retuschen am Glauben». Aber was hat die Reformation wirklich gebracht? Doch im Grunde nicht viel, denn das Leben ist weitgehend unverändert geblieben, es hat sich dadurch weder die Herrschaft noch die Lebensform geändert. Darauf allerdings käme es doch an. Es ist noch die Zeit vor dem Dreißigjährigen Krieg. Aus diesem Kreis von Theologen erscheint 1604 als Handschrift ein kleiner Aufruf, der «Fama Fraternitatis» heißt. Seine Überschrift lautet: «Aufruf zu einer Generalreformation», also nicht «Reformation», sondern «General-», das heißt zu einer allgemeinen «Reformation der gantzen waiten Welt». Schon in diesem Titel steckt ein ganzes Programm drin. In dem Aufruf wird die Bruderschaft des Rosenkreuzes vorgestellt. Es wird deutlich darauf aufmerksam gemacht, was notwendig ist, um zu dieser «Generalreformation» zu kommen; vorrangige Aufgabe ist es, allen Menschen die Mühsal und Qual der harten körperlichen Arbeit zu erleichtern und die gesamte Bevölkerung an der Wohlfahrt teilhaben zu lassen, nicht nur die Reichen. Danach wird angedeutet, wie das technisch zu verwirklichen ist, also in die Praxis umgesetzt werden kann. Es kann allein dadurch geschehen, daß alles Wissen der Welt gesammelt und ganz in den Dienst der Erleichterung der Arbeit und der Förderung der Wohlfahrt gestellt wird. Wenn nämlich das Wissen organisiert wird, lassen sich daraus Erfindungen gewinnen, die Arbeit erleichtern und die Wohlfahrt erhöhen. Das also wollen die Rosenkreuzer der damaligen Zeit. Der Autor, Johann Valentin Andrae, entwirft später eine Schrift «Christianopolis». Das ist die Fortsetzung der «Utopia» von Thomas Morus. In dieser Christenstadt finden wir ein wohlgeordnetes Gemeinwesen, gepflegt, mit wirtschaftlicher Wohlversorgung, die Quartiere geometrisch geordnet, kurzum etwas, was heute durchaus in den modernen Städten vorhanden ist, nur in chaotischer Ausgabe. «Christianopolis» ist eine Vision der Zukunft. Hinzu kommt freilich eine christliche Sozialverfassung.

Von nun an beginnt an vielen Orten Europas gleichzeitig die Suche danach, wie diese Wissenschaft auszubilden ist, um die

Arbeit zu erleichtern und die Wohlfahrt zu erhöhen. Die Zukunft hat gewissermaßen praktischen Nutzen zu stiften. Vier Hindernisse für die Entfaltung der damaligen Wissenschaft müssen erkannt und weggeräumt werden. Und diese Hindernisse werden systematisch angegangen. Die damalige Wissenschaft war von Aristoteles besetzt. Er war der Auffassung, daß die Intelligenzen, die in den Planeten wirken, in der gesamten Sternenwelt, auch in allen Erscheinungen der Natur wirksam sind: Mikrokosmos und Makrokosmos klingen zusammen. Wie kann ich als Mensch handelnd in die Natur eingreifen, wenn ich mir immer gleichzeitig bewußt sein muß: Da wirkt Makrokosmisches. Ich greife dann gleichsam in das Werk Gottes ein. Darf ich das denn überhaupt? Nur ein Beispiel: Darf ich einen Leichnam sezieren – eine Frage in dieser Zeit –, das Ebenbild Gottes, darf ich da hineinschneiden?

Man kann bemerken, wie die Menschen damals von den Gedanken der «Fama Fraternitatis» elektrisiert waren und sofort erkannten: Wenn ich tätig werden will bei der Sammlung des Wissens, dann muß einer, der das geistige Denken und das forscherische Handeln behindert, beseitigt werden. Aristoteles muß radikal bekämpft werden. Und nun gibt es riesige Attacken gegen diesen Aristotelismus in der Naturwissenschaft: durch Baco von Verulam, René Descartes und andere. Sie sind nicht an einen Ort gebunden, sondern als ein gesamteuropäisches Phänomen zu begreifen. Galilei sagt: Das Unreine in der Beobachtung, das den Blick auf das Gesetz verstellt, muß weg, zum Beispiel beim Fall; da hindert die Luft, daß ich zum wahren Phänomen komme. Also muß ich sie zur Seite schaffen, um das reine Phänomen, den «freien Fall», zu bekommen.

Nun kommt der nächste Schritt, um ein weiteres Hindernis zu beseitigen. Baco von Verulam entdeckt, daß jeder Mensch voll von Traditionen ist. Baco nennt sie Gespensterbilder der Vergangenheit, «idola». Er beschreibt die «idola fori», die «idola des Marktes»: «Jeder sagt doch...» Aber darf ein Forscher sich von diesem «Jeder sagt doch...» irgendwie beeinflussen lassen? Muß diese Wendung nicht wegfallen? Die öffentliche Meinung bildet ein solches Hindernis, wo anstatt zu fragen, bloß gemeint wird. Also muß ich einerseits die «idola fori», die Vorurteile, zur Seite schaffen. Auf der anderen Seite kommt das Wertsystem alter Gebote, zum Beispiel das der Kirche, die sagt: Das Leben ist heilig.

60

Wie soll ich mit Leben hantieren, wenn ich unter Geboten stehe? Diese ganze Gebotswelt muß weg. Die Wertfreiheit muß errungen werden, man darf sich nicht durch Vorurteile beeinflussen lassen.

Das allergrößte Hindernis wird erst spät angegangen, nicht im siebzehnten Jahrhundert, nämlich daß man denkt, irgendeine Schöpfermacht ist in der Welt tätig. Gott muß also aus der Forschung heraus! 1634 ergeht das Verbot der Kirche gegen Galilei, er darf nicht mehr seine Gedanken über die Planetenbewegung veröffentlichen. Seine Forschung über die planetarischen Verhältnisse, die jetzt schon weitgehend rein mechanisch gedeutet werden, wird verboten. Aber mit Galilei ist zu Beginn des siebzehnten Jahrhunderts eine Entwicklung in Gang gekommen: Die Tatsachen sprechen nachweislich gegen das Verbot. Die Forderung nach Freiheit der Forschung wird unaufhaltbar, die Kirche muß trotz ihrer Macht und Autorität letztlich zurückweichen.

Erst dadurch, daß sich in der Beseitigung der genannten Hindernisse die moderne Wissenschaft entfalten kann, entsteht der Raum des Machbaren, des Manipulierbaren. Wir erleben jetzt, am Ende des zwanzigsten Jahrhunderts, daß sich all diese Faktoren, die in dieser reduktionistischen Wissenschaft ausgegrenzt wurden, heute zurückmelden. Das Unreine meldet sich zurück in Form der Naturkatastrophen, die Wertfreiheit meldet sich zurück in Form der Sinnentleertheit, die die Menschen an dieser Wissenschaft erleben. Die «Vorurteile» melden sich zurück, so daß der Mensch wieder als Forschender etwas erleben möchte, er möchte teilhaben an der Forschung. Gott meldet sich dadurch zurück, daß die Menschen spüren: Es gibt eine in der Welt wirkende Macht, etwas Höheres, Sinnstiftendes. Das gibt es tatsächlich. Und wenn ich das vergesse, dann verliere ich jegliche Moral. Das meldet sich zurück als ein vierfacher Aufruf.

Was ist nun die großartige Leistung dieses Ansatzes, der freilich unvollkommen und der Revision bedürftig ist, der neu ergriffen werden muß? Es ist zum ersten Mal in der Menschheit der Gedanke aufgekommen: Nicht nur die Freiheit des Glaubens ist notwendig, sondern auch die Freiheit wissenschaftlichen Forschens und wissenschaftlicher Lehre. Und gerade dadurch, daß die Kirche die Freiheit verbot, daß sie Galilei untersagte zu schreiben, verlor sie den Kampf.

In der gleichen Zeit, von der wir sprachen, gab es in Italien einen Denker, sehr klug und schreibgewandt, der als erster Mensch den verschiedenen Fürsten seine Feder anbot. Er unterbreitet wie eine moderne Marketingfirma Angebote, so an Karl V. Karl wußte, warum er dafür bezahlte. Pietro Aretinos (1492–1556) Feder war stärker als das Schwert. Er ist einer der ersten, die die Macht des gesprochenen und geschriebenen Wortes handhaben, der sich von anderen, die das gleiche tun, durch das Fehlen einer direkten Verantwortlichkeit für sein Tun unterscheidet. Damit ist das Fehlen von Kenntnissen aus erster Hand verbunden, die nur tatsächliche Erfahrung geben kann. Wir haben hier den ersten «frei schwebenden Intellektuellen vor uns»[4]. Diese frei schwebende Intelligenz ist nicht mehr eingebunden. Sie wird mit freigesetzt durch die geschilderten gewaltigen Umwandlungen. Diese bestehen darin, daß durch die Glaubensfreiheit der einzelne selbst der Kanal sein kann, durch den Inspiration, Innovation, Neuerungen empfangen werden. Heinz Zimmermann hat das johanneisch angedeutet: Der Geist weht, wo er will – das gilt heutzutage generell.

Nun sagte im neunzehnten Jahrhundert ein Schwabe, Julius Robert Mayer: Von nichts kommt nichts. Das gilt heute ebenfalls. Wenn keine Bemühung stattfindet, kommt auch keine Inspiration. Soll der Einschlag des Geistes erfolgen, so ist vorab der Schweiß des Edlen notwendig, denn nur dann kann etwas geschehen. Es ist also ein Doppelverhältnis: Nur wenn eine Vorleistung erbracht wird, *kann* auch der Einfall kommen; wenn keine Leistung da ist, kommt nimmermehr der Einfall. Doch es kann durchaus eine Vorleistung erbracht werden, und der Einfall bleibt trotzdem aus – eine merkwürdige Dialektik!

Rudolf Steiner tritt 1919 mit der Forderung «Freiheit für das Geistesleben»[5] auf. Im «Grundgesetz» der Bundesrepublik Deutschland heißt es: «Jeder hat das Recht, seine Meinung in Wort, Schrift und Bild frei zu äußern und zu verbreiten und sich aus allgemein zugänglichen Quellen ungehindert zu unterrichten.» Kann man es noch freier formulieren? Weiter heißt es: «Kunst und Wissenschaft, Forschung und Lehre sind frei.»[6] Freier geht es eigentlich nicht mehr. Es herrscht rechtlich absolute Freiheit, sogar verfassungsmäßig gesichert, völlige Autonomie für die einzelnen. Wenn man deshalb heute vom freien Geistesleben spricht, versteht einen im Grunde niemand. Denn es ist ja alles da, wir haben ein radikal freies Geistesleben, heißt es. Anders sieht das allerdings der Autor eines Buches, das ich hier zitieren möchte. Es heißt «Gaia» und stammt von einem Amerikaner beziehungsweise gebürtigen Engländer, James Lovelock[7]. Er ist ausgebildeter Mediziner und Weltraumforscher bei der Nasa. Lovelock hat einen für jeden Anthroposophen großartigen Gedanken: Die Erde als Ganzes ist ein Lebewesen. Man hat bisher die Erde immer nach Reichen gegliedert, und diese Reiche standen beziehungslos nebeneinander. Die Erde als ganzer Körper mit seinen Hüllen ist ein eigenes Lebewesen wie der menschliche Leib auch. Schwierig an dem ganzen Buch ist nun der Gedanke: Dieses Lebewesen braucht eigentlich den Menschen nicht. Wenn der Mensch in Zukunft beispielsweise an den Abgasen und den Giftstoffen zugrunde geht, was macht es, die Erde überlebt in jedem Fall. Das ist die methodische Begrenztheit dieses Buches. Worauf es mir ankommt, steht gleich in der Einleitung: «Man mag den akademischen Wissenschaftler als Pendant des selbständigen Künstlers begreifen. Tatsächlich aber sind fast alle Wissenschaftler bei großen Organisationen wie Regierungsämtern, Universitäten oder multinationalen Unternehmen angestellt. Nur selten haben sie die Freiheit, ihre persönliche Sicht darzustellen. Sie mögen sich für frei halten, aber in Wirklichkeit sind sie fast alle Angestellte.» In Deutschland müßte man zumeist sagen: Beamte. Weiter heißt es: «Die Freiheit ihres Denkens haben sie eingetauscht gegen gute Arbeitsbedingungen, ein festes Einkommen, Besitz- und Rentenanspruch.» Also jedes Risiko, daß der Geist einmal nicht weht, ist ausgetauscht gegen diese satten Einkommensbedingungen. «Auch sind sie einer Armee von bürokratischen Kräften ausgeliefert, angefangen von den Vermögensberatern bis zu den Krankenkassen und Versicherungen. Wissenschaftler sind darüber hinaus den Standesregeln ihrer jeweiligen Disziplin unterworfen. Ein Physiker würde eine Chemietätigkeit als Zumutung empfinden, und für einen Biologen wäre die Physik ein Ding der Unmöglichkeit.»

Lovelock ist der Meinung, daß die Wissenschaft der Zukunft, die eine Katastrophe im Umkreis vermeiden will, nur dadurch gerettet werden kann, daß der einzelne Forscher sich in anderen Disziplinen heimisch macht. Das heißt, daß er interdisziplinär, fachübergreifend in Ganzheiten denken lernt. Und gerade die heutige Konstitution der Wissenschaft verhindert das. Lovelock sagt dann weiter: «Zu allem Überfluß ist die ‹Reinheit› der Wissenschaft in den letzten Jahren immer mehr unter die Kontrolle eines selbsteingesetzten Schiedsgerichtes, so eine Art Wissenschaftsrat, geraten. Diese gutgemeinte, aber engstirnige Gouvernementen-Institution sorgt dafür, daß die Wissenschaftler nach den konventionellen Denkschemata arbeiten und sich nicht durch Neugierde oder Eingebung leiten lassen. Ihrer Freiheit verlustig, laufen sie Gefahr, in blasierte Vornehmheit zu verfallen oder wie Theologen des Mittelalters zu dogmatischen Kreaturen zu verkümmern.»[8]

Da drückt sich genau das aus, was Rudolf Steiner mit dem Begriff «freies Geistesleben» im Blick hat. Mühselig ist dieses Neue errungen, daß der einzelne als Forscher mit seinem Erkenntnisringen faustisch dasteht, daß er jede Überlieferung brechen kann und das ganz Neue, noch nicht Dagewesene zu denken vermag.

Doch inzwischen hat sich dieses Neue etabliert. Ein amerikanischer Wissenschaftssoziologe nannte es das «mittelalterliche Paradigma», aus dem das «Paradigma der Moderne»[9] wurde. Das Alte wurde durch das Paradigma der Rationalität abgelöst. Nur ist dieses «Paradigma der Moderne» eben auch eine – bei aller Großartigkeit – sehr begrenzte Angelegenheit und keineswegs die volle Wahrheit. Wenn das Paradigma jetzt nicht neuerlich aufgebrochen wird, wenn nicht neue Paradigmen hinzutreten, steht die Gefahr vor der Tür oder ist schon durch die Tür eingedrungen, daß die Menschheit existentiell bedroht ist und nicht überleben kann. Was nottut, ist ein völlig neues Paradigma. Und jetzt verhindert gerade der Slogan «Freiheit von Forschung und Lehre», daß dieses altgewordene Paradigma sich selbst reflektiert. Die Kraft der Einrichtungen, die Kraft der Institutionen verhindert das. Es wurde einmal gefragt: Herrscht etwa an der Freien Universität Herdecke mehr Freiheit als an irgendeiner anderen Universität? Von den Arbeits- und Finanzbedingungen her mag dies in der Tat fraglich sein.

Das primäre Problem des heutigen Geisteslebens besteht darin: Wie können wissenschaftliche Ansätze miteinander in Wettstreit treten, wie kann Konkurrenz verschiedener Sichtweisen entstehen und dadurch ein neuer Erkenntnisgewinn? Das ist die Frage, die sich stellt. Und was ist dazu notwendig? Daß die Institutionen frei sind, sich selbst zu verwalten. Was aber heißt Selbstverwaltung? Wenn man auf ein Kind hinschaut, dann sieht man, es verwaltet sich noch nicht selbst. Ein Säugling, wenn er Hunger oder die Windeln voll hat, schreit und wartet, daß man etwas mit ihm tut. Irgendwann, älter geworden, bestimmt das Kind oder der Jugendliche sich dann selbst. Man kann heute nicht mehr genau angeben, wann das eintritt, weil es sich immer mehr verzögert. Die Kinder sind zwar schon selbständig in ihrer Lebensführung, sind vielleicht sogar verheiratet, aber im Einkommen sind sie immer noch von den Eltern abhängig. So zwischen dreißig und fünfunddreißig endet die Postadoleszenz, wie dieses moderne Phänomen genannt wird. Dann erst beginnt wirklich die eigene Lebensführung. Man muß sich selbst mit dem Leben voll auseinandersetzen und mit ihm fertig werden.

Rudolf Steiner wurde in Tübingen vorgehalten, als er den Gedanken der Selbstverwaltung einer Gruppe von Professoren der dortigen Universität vorstellte: «Ja, Herr Steiner, was glauben Sie, was zwischen den Professoren losbricht, wenn kein ordnendes Ministerium die regelnde Hand zwischen uns hält? Mord und Totschlag!»[10] Dies dürfte der Grund sein, weshalb man keine Partner findet bei denen, die der Selbstverwaltungsgedanke in erster Linie interessieren müßte. Sie kennen sich. Aber kennen sie den Geist oder nur die Seele? Zunächst nur die Seele, da ist das Abgründige zu Hause, und das läßt Furcht entstehen. Was geschieht, wenn in den Institutionen des Geisteslebens Selbstverwaltung herrscht? Die Mittelvergabe würde angeblich zu Zerfleischungskämpfen darwinscher Art führen. Daher möchte die Universität gar keine Selbstverwaltung haben, sondern ewig im Säuglingsstadium bleiben. Und sie bildet nun unsere geistige Elite heute, die das Kulturleben bestimmt. Von Selbstverwaltung herrscht dort tatsächlich keine Spur.

Rudolf Steiner ist allerdings noch radikaler, er verlangt freies Geistesleben auch für die Schule. Ich zitiere den maßgeblichen «Kommentar zum Grundgesetz» von Maunz-Dürig, das große Kommentarwerk zu den Grundrechten: «Gestaltung des Unterrichts und Wertung der Schülerleistung sind Domäne eines jeden Lehrers. Ein Schulwesen ohne einen solchen ursprünglichen Bei-

65

trag des einzelnen Lehrers ist undenkbar. Die Vorstellung des Lehrers als Unterrichtsmaschine würde dem längst überwundenen Bild vom Richter als Subsumtionsautomaten nicht nachstehen. Mögen auch die Schulbehörden Pläne herausgeben, Weisungen erteilen, und mag der Schulleiter noch so umfassende Befugnisse zur Regelung des Unterrichts besitzen, das konkrete Unterrichtsgeschehen gestaltet allein der Lehrer.» Dennoch, die Freiheit der Lehre wird ihm aber von der Rechtslehre und Rechtsprechung nicht zuerkannt. Das ist dem akademischen Lehrer vorbehalten. «Man sieht darin eine Gewähr der überkommenen, besonderen Rechtsstellung des Hochschullehrers.»[11]

Nun ist der Kommentator trotzdem nicht ganz glücklich: Ja, der eine hat Freiheit, der andere nicht. Gibt es nicht doch Kriterien, wie man das inhaltlich begründen kann? Er schreibt dazu: «In zwei Punkten unterscheidet sich die Situation des Hochschullehrers von der der anderen Lehrer, und zwar im Ausbildungsstand der Lehrenden und Lernenden.» Die einen sind «doctores» und «professores», und die anderen haben nur einen einfachen Studienabschluß. Die Schüler, die vor dem Hochschullehrer sitzen, haben Abitur, und die, die vor dem Lehrer sitzen, haben noch kein Abitur. Das ist ein deutlicher Unterschied. «Angesichts dieser Verschiedenheit kann man nach dem Vorstellungsbild des Verfassunggebers eine rechtliche Erstreckung der Lehrfreiheit gemäß Artikel 5, Absatz 3, Satz 1 auf alle Lehrer nicht bejahen.»[12]

Also die Schule hat keine volle Lehrfreiheit, und daraus folgt, sie hat auch keine Selbstverwaltung. Dagegen geht Rudolf Steiner 1919 an und sagt: Wie soll denn der lebendige Geist wirken, wenn der einzelne sein Tun nicht bestimmen kann? Für die Waldorfschule, die er begründet, führt Rudolf Steiner die Selbstverwaltung ein. Was ist jetzt die Folge? Es gibt sehr viel bei jeder Waldorfschule, was nicht klappt: Es gibt häufig endlose Konferenzen, aber auch gelegentlich Kräche; der sagt das, der jenes über den oder die, also eine ungeheure Dynamik entfaltet sich im Umkreis. Wo eine Waldorfschule ist, wo Selbstverwaltung besteht, profitiert auch die Post durch die Telefongebühren. Was aber heißt das nun? Das ist ein Ausdruck dafür, daß die Menschen das, was sie noch nie geübt haben, beginnen zu üben. Wie kommt man miteinander zurecht, wenn keine Amtshierarchie da ist, kein Traditionsstrom, sondern wenn man das alles erst ausprobieren muß?

Und was hat man dann als erstes? Die Quittung dafür, daß man den anderen Menschen total vor und um sich hat, nämlich auch in seinen Unfähigkeiten, Unmöglichkeiten, in seinem – wie es Rudolf Steiner nannte – «Persönlichkeitsgeist».[13] Es ist, wie wenn da eine Schwelle überschritten wird. Aber wenn sie überschritten wird, gibt es eben auch das einzigartig Begnadende, daß die Inspiration tatsächlich gelegentlich einbricht, zumindest einbrechen kann, durch Kanäle, die man vorher nicht vermutet hat. Und dann gibt es eben, wenn auch vielleicht selten, recht erfüllte Konferenzen, wo man wirklich mit Begeisterung hin- und gestärkt herausgeht. Man muß sehen: so, wie im fünfzehnten Jahrhundert sich etwas völlig Neues vorbereitet hat, ist es auch mit dem Gedanken des freien Geisteslebens: es ist nicht nur die allgemeine, formale Freiheit gemeint, sondern die Realisierung der Freiheit in den Einrichtungen selbst. In seinen vier Wänden kann ja seit allen Zeiten der Mensch denken, was er will. Aber frei zu sein und im Verkehr mit anderen sich auszutauschen, dabei geschieht etwas, was die Menschheit so – in Vorformen nur gelegentlich – institutionell bisher noch nie geübt hat. Eine Klostergemeinschaft hatte immer einen Abt, der im Zweifelsfall sagte, wo es langging. Der entfällt jetzt. Selbstverständlich gibt es auch heute noch Scheinäbte. Aber ein Ringen beginnt. Wozu denn diese Mühe, könnte man mit den Tübinger Professoren vor dreiundsiebzig Jahren fragen. Damit komme ich zu einer ganz existentiellen Grundfrage der Menschheit. Wenn das nicht in der Schule bereits geübt wird, kann es sich nicht in der Wissenschaft fortsetzen. Dann wird diese so bleiben, wie es zum Beispiel die Biographie Rudolf Steiners vorexerziert hat. Er hat außerhalb der formalen Institutionen des Geisteslebens seine Lehre entwickeln müssen, er konnte nur in außeruniversitären Zusammenhängen lehren, gewissermaßen privat. Kann es sich in Zukunft die Gesellschaft leisten, die größten Geister ins Private zurückzustoßen? Kann es sich die Menschheit in Zukunft leisten, ein Paradigma dieser Art weiterzuentwickeln und den notwendigen, den überfälligen Wechsel des Paradigmas zu versäumen? Wenn das geschieht, werden wir in Zukunft eine völlig «wertfreie Wissenschaft» haben, wie wir sie schon in diesem Jahrhundert ausgebildet hatten, die keinerlei moralische Qualitäten kennt und die dann sagt: Die Normen, die Moralität müssen die Politiker haben – ausgerechnet diese? wird man sich fragen. Das heißt, dann wird der Zustand einer Schizophrenie in der Gesellschaft fortleben, so daß der Forscher auf der einen Seite wertneutral ist und auf der anderen Seite im Privatleben ein völlig anderes Leben führt. In Zukunft ist notwendig, daß da wieder eine Deckung hergestellt wird. Diese Deckung zwischen moralischer Intention, forscherischem Erkennen und dem anwendungsorientierten Handeln kann sich nur im Ringen um ein freies Geistesleben ausbilden, wo Einrichtungen im Wettbewerb stehen und sich gegenseitig zeigen, wie Ansätze möglich sind. Im kritischen Dialog kann sich die Einheit ausbilden, die Übereinstimmung von Werthaftem, Erkennen, Forschen und Handeln, die die Menschheit im nächsten Jahrhundert dringend braucht.

ANMERKUNGEN

1 Rudolf Steiner, Theosophie, GA 9, 1987, Kap. Wiederverkörperung des Geistes und Schicksal.
2 Frank Teichmann, Die Kultur der Empfindungsseele. Ägypten – Texte und Bilder. Stuttgart 1990.
3 Rudolf Steiner, Gesammelte Aufsätze zur Literatur, GA 32, 1971, S. 161 ff.
4 J. A. Schumpeter, Kapitalismus, Sozialismus und Demokratie, München 1950, S. 237 f.
5 Rudolf Steiner, Die Kernpunkte der sozialen Frage, GA 23, 1976, Kapitel III: Kapitalismus und soziale Ideen.
6 Artikel 5, 1 und 5, 3.
7 James Lovelock, Das Gaia-Prinzip – Die Biographie unseres Planeten, Zürich und München 1991.
8 Ebenda, S. 15.
9 Thomas S. Kuhn, Die Struktur wissenschaftlicher Revolutionen, Frankfurt 1978.
10 Emil Leinhas, Aus der Arbeit mit Rudolf Steiner, Basel 1950.
11 Maunz-Dürig und andere, Kommentar zum Grundgesetz, München 1987, S. 44 f.
12 Ebenda, S. 46.
13 Rudolf Steiner, Allgemeine Menschenkunde, GA 293, Vortrag vom 21. August 1919.

Michaela Glöckler

GEISTERKENNTNIS UND GESUNDHEIT

Es ist charakteristisch für die zweite Hälfte unseres Jahrhunderts, daß sogenannte Selbsthilfegruppen für verschiedene chronische Krankheiten entstanden sind. Grund dafür war die Erfahrung, daß die Ärzte zwar für die Akutbehandlung zureichend ausgebildet sind, nicht jedoch für die Betreuung der chronischen Erkrankungen. Diese geschieht heute vielfach in der Selbsthilfegruppe, wo gelernt wird, die eigenen Probleme zu besprechen, selbst mehr Initiative zu ergreifen und eine Perspektive für sich zu finden, um mit der Krankheit sinnbringend zu leben. Am 14. September 1991 haben die Anonymen Alkoholiker in Deutschland ihr dreißigjähriges Bestehen gefeiert. Inzwischen gibt es zweitausendzweihundert derartige Selbsthilfegruppen allein in den alten Bundesländern. In ihrer Präambel heißt es: «Anonyme Alkoholiker sind eine Gemeinschaft von Männern und Frauen, die miteinander ihre Erfahrung, Kraft und Hoffnung teilen, um ihr gemeinsames Problem zu lösen und anderen zur Genesung vom Alkoholismus zu verhelfen.»

Durch Bewußtmachen des eigenen Problems hofft man, von der Suchterkrankung, dem Alkoholismus, frei zu werden. Ähnlich haben sich Diabetiker, Multiple-Sklerose- und Rheumakranke und auch AIDS-Kranke zusammengeschlossen, um einander zu helfen, mit der Erkrankung besser fertig zu werden. Dieser Trend begann in Amerika und gewinnt auch in Europa immer mehr an Boden.

Ein anderes Beispiel: In der Psychologie und Lebensberatung – sei es nun die analytische oder tiefenpsychologische Schule oder verschiedene transpersonale Techniken – ist ebenfalls ein Trend in den beratenden Gesprächen festzustellen, den Klienten darauf hinzuweisen, daß die Hauptwurzel seines Übels darin liegt, daß er sich falsche Vorstellungen, falsche Ideen über sich selber macht. Ein bekanntes Buch, das diesen Sachverhalt aus einer reifen Erfahrung beschreibt, ist das von Wolfgang Schmidt-Bauer mit dem Titel «Alles oder Nichts. Von der Destruktivität der Ideale».

Es wird darin an mehreren Beispielen die destruktive Potenz des Geisteslebens beschrieben, der Ideen, der Selbstwertentwürfe, die den Menschen in Unzufriedenheit, in Deprimiertheit, in Verzweiflung, ja bis in den Selbstmord treiben können, weil das Ideal, der eigene Selbstwertentwurf, den er sich persönlich gebildet hat, mit der eigenen Wirklichkeit nicht übereinstimmt und ihn dadurch in einen unerträglichen Zwiespalt bringt, ihn seelisch und körperlich krank macht. Es wird heute zunehmend der destruktive Charakter des Geisteslebens entlarvt, dem es nicht gelingt, mit dem eigenen Entwurf von Selbstwert und Identität zu leben. Ähnlich ist es mit dem Bild von der Welt.

Ungezählte Menschen haben heute ein Bild von der Welt, das so resignierend ist und voller Gefahren, daß sie mit diesem Bild der Welt in ihrer Seele nicht mehr leben können. Das Signum unserer Epoche ist, daß die Ideenbildung heute beim einzelnen Menschen angekommen ist und nicht mehr über Autoritäten und Landesväter gehen kann, sondern den Umweg über das Einzelindividuum machen muß. Das zeigt sich phänomenologisch in der ungeheuren seelischen Not der Gegenwart, wo ein orientierungslos gewordenes Geistesleben, das einerseits die Menschen befreit hat und sie andererseits aber auch in die totale Verunsicherung geführt hat, zu einer führenden Ursache für Krankheitszustände geworden ist.

Auch für so schwere Erkrankungen wie die Krebserkrankung wurde infolge großer Studien und an Hand vieler Einzelfälle erkannt, daß es entscheidend für Prognose und erfolgrcichen Verlauf der Therapie ist, daß der Betreffende es schafft, sein Lebensproblem, seine Wertvorstellungen, seine eigene Entwicklung so in die Hand zu bekommen, daß er positiv an sich selbst und seiner Lebensbewältigung arbeiten kann. Ich möchte die Grundeinsicht auf diesem Arbeitsfeld der Psychoneuroimmunologie und der Psychoonkologie, in einem Satz zusammenfassen. Er findet sich in der Zusammenstellung von Hans Becker, «Psychoonkologie», die 1986 herausgekommen ist. Da steht: «Nicht die Summe aller Traumen» (das sind Verletzungen und schwere Probleme, die man durchmacht), «sondern die Art der Verarbeitung unterscheidet die Gruppen voneinander.»[1] Mit «Gruppen» meint er diejenigen, die einen schlechten Verlauf haben, und jene, die einen relativ guten Verlauf haben. Diejenigen, die an ihrem Problem, an ihrem Trauma arbeiten können, gleichgültig wie schwer es ist, haben eine bessere Prognose als die, die nicht daran arbeiten können. So wird gegenwärtig weltweit in der Medizin daran gearbeitet, die psychosomatischen Zusammenhänge zu erfassen und damit einen gewichtigen Beitrag zu leisten zur Frage nach dem Zusammenhang von Geistesleben und Gesundheit. Ich möchte zu dieser Thematik nun einige Gesichtspunkte beitragen in Anknüpfung an Goethe und Rudolf Steiner. Manfred Schmidt-Brabant hat Goethe als den Repräsentanten unserer Epoche dargestellt. Schaut man Goethe im Hinblick auf Geisterkenntnis und Gesundheit an, so ist er auch hier wirklich der Repräsentant. Nicht nur, daß der Hauptheld seines Lebensdramas Arzt war, der Doktor Faust, und er sich sozusagen mit dieser ärztlichen Figur ein Leben lang identifiziert hat, nicht nur, daß er in seinen Werken unendlich viele Bemerkungen über Gesundheit gemacht hat, ja sogar die wundervolle Lehre einer Über-Gesundheit entwickelt, sondern er selbst war sein ganzes Leben hindurch immer und immer wieder krank. Es ist erschütternd zu bemerken, wenn man sich in die Welt von Goethes Werken hineinbegibt, die Satz für Satz Gesundheit atmen und die man nur jedem abends vor dem Schlafengehen als Lektüre empfehlen kann, um mit gesundenden Gedanken in die Nacht zu gehen, daß dieses Lebenswerk einem täglichen Kampf mit den Problemen der eigenen Konstitution abgerungen ist. Und Goethe war so ehrlich, das in seinen Tagebüchern zuzugeben. Manchmal empfindet er sogar das Ausbrechen einer schweren körperlichen Erkrankung wie eine Erlösung von seinen seelischen Hypochondrie-Zuständen. Umgekehrt äußert er sich nach einer schweren körperlichen Erkrankung immer wieder begeistert über diese großartige Erfahrung, was Gesundheit ist und wie er sich selber wie neugeboren erlebt. Er macht immer wieder die Erfahrung, wie er wesentlichste Lebenseinsichten und Weisheiten gerade diesem Ringen um Gesundheit verdankt. Er stand im Laufe seines Lebens sechsmal vor dem Tode, bis dann die siebte Krise wirklich den Tod brachte. Ich möchte an einigen Stationen deutlich machen, wie Geisterkenntnis und Gesundheit bei dieser repräsentativen Gestalt zusammenhängen. Sein ganzes biographisches Werk überschreibt Goethe mit einem griechischen Satz: «O μὴ δαρεὶς ἄνϑρωπος οὐ παιδευεται. Das wird in der Schule meistens so übersetzt: «Der nicht geschundene Mensch wird auch nicht gebildet.» Wenn man aber das Wort δαρεις im Lexikon nachschlägt, so klingt es noch viel gräßlicher; es heißt dort nämlich «abhäuten» und «schinden» im Sinne von «die Haut abziehen; gerben, prügeln, schlagen». Freier übersetzt kann man sagen: «Der nicht gegerbte, geprügelte, gemarterte Mensch wird auch nicht gebildet beziehungsweise erzogen.» παιδενωμαι ist das Wort für Pädagogik, Erziehung. Dieses Motto liegt seiner ganzen Biographie zugrunde. In «Dichtung und Wahrheit» beginnt er mit den berühmten Sätzen, daß er durch die Ungeschicklichkeit der Hebamme zunächst für tot gehalten wurde. Heute würde man hier von Sauerstoffmangel und der Gefahr einer frühkindlichen Hirnschädigung sprechen. Es brauchte Minuten, bis er überhaupt anfing zu atmen. Goethe schreibt es seinem ausgesprochen guten Geburtshoroskop zu, daß er diese schwierige Ausgangslage überwinden konnte, und er zählt die Planeten auf, die da gewaltet haben.

Seine Kindheit ist gekennzeichnet durch eine schwere Kinderkrankheit nach der anderen: Masern, Windpocken, Pocken und hypochondrische Zustände während der Pubertät. Dann beginnt sein Ringen, sich abzuhärten, körperlich tüchtig zu werden und sich Exerzitien zu unterwerfen. Während der Studentenzeit in Straßburg ist er noch so geräuschempfindlich, daß er – um sich abzuhärten – öfter neben marschierenden Blaskapellen einhergeht und sich übt, den Krach auszuhalten. Er besteigt das Straßburger Münster, um sich seinen Schwindel und seine Ängstlichkeit abzugewöhnen. Er ringt mit seiner körperlichen Konstitution.

Dann folgt mit neunzehn Jahren der bekannte Blutsturz, wo sich die Ärzte nicht einig sind, ob es ein Streßulkus, durch ungesunde Studentenlebensweise, mit einer schweren Magenblutung war oder eine Lungenblutung; denn man vermißt in den vielen Briefen und Notizen aus jener Zeit den ständigen quälenden Husten, der eigentlich zu einer tuberkulösen Lungenblutung gehören würde. Es besteht jedoch kein Zweifel, daß er sowohl Probleme mit der Lunge als auch mit dem Magen hatte. Bezeichnenderweise schreibt er am Ende dieser sehr langen Krankheitsperiode: «Diese Krankheit war nötig, um das Ganze zu retten.»[2] Er empfand deutlich, daß er ohne diese Krankheit Schaden an seiner Entwicklung, an seiner Erdenaufgabe genommen hätte.

Dann tritt ein nächstes Todeserlebnis im Alter von zweiundfünfzig Jahren ein. Schiller schreibt besorgt, die Ärzte hätten ihn schon nahezu aufgegeben. Charlotte von Stein beschreibt den Zustand ganz konkret:

«Es ist ein Krampfhusten und zugleich die Blattrose. Er kann in kein Bett und muß immer in einer stehenden Stellung erhalten werden, sonst muß er ersticken. Der Hals ist verschwollen und dick und voller Blasen inwendig. Sein linkes Auge ist ihm wie eine große Nuß herausgetreten, und läuft Blut und Materie heraus. Oft phantasiert er...» – er hat also hohes Fieber –, «man fürchtet vor einer Entzündung im Gehirn. Man ließ ihn stark zur Ader und gab ihm Senffußbäder.»[3]

Die schwere Krankheit, die Goethe hier durchmacht, war mit ziemlicher Sicherheit eine bakterielle Infektion, die von einem vereiterten Zahn ausging. Goethe hatte sehr schlechte Zähne, die schon im Alter von sechzig Jahren vorne nahezu ausgefallen waren. Die damit verbundenen Zustände haben ihm gerade im Alter zwischen fünfzig und sechzig Jahren sehr zu schaffen gemacht und haben auch immer wieder innere, seelische Depressionen ausgelöst. In diese Zeit (1805) fällt auch der Tod Schillers, was für ihn ein schwerer Schicksalsschlag war.

Goethe hat im Alter von vierundsiebzig Jahren zwei Herzinfarkte gehabt, die ihn ebenfalls in die Nähe des Todes brachten. Aus dieser Zeit liegen eindrucksvolle ärztliche Berichte vor. Auch litt Goethe die ganze zweite Lebenshälfte hindurch an Nierensteinen, weshalb er immer wieder Karlsbad aufsuchte, wobei er dann auf naturwissenschaftliche Art beschreibt, wie schon das Hinfahren im rüttelnden Wagen oft bereits die halbe Kur gewesen sei, weil die Steine auf diese Weise manchmal schon abgingen, bevor er Karlsbad erreichte. Seine Krankheiten wurden jedoch auch mit verursacht durch seine nicht gerade hygienische Ernährungsweise, die ihm selbst seine besten Freunde und Freundinnen nicht abgewöhnen konnten. Er aß zuviel Fleisch, zu viele Süßigkeiten und genoß Wein. Deswegen hatte er gichtige Beschwerden, Gelenkprobleme. Einmal schreibt er verzweifelt: «Weder die Haut noch meine Gelenke wollen mir mehr gehorchen.»[4] Er erlebte den Kampf mit dem eigenen Körper immer wieder hautnah, auch wenn man davon in seinen Werken nicht viel bemerkt. Ich selbst wurde erst auf das Ausmaß all dieser Zustände aufmerksam, als ich das ausgezeichnete Buch «Der heilkundige Dichter» von

Frank Nager, dem Internisten an der Züricher Universitätsklinik gelesen hatte[5], der mit internistischem Sachverstand alle Selbstzeugnisse Goethes und alle Aussagen von Freunden, die im Laufe seiner Krankheiten zur Darstellung gekommen sind, gesammelt und interpretiert hat. Da wurde mir diese lückenlose Krankengeschichte erst deutlich. Dieses Buch ist liebevoll und mit größter Verehrung für Goethe geschrieben. Keine Zeile darin ist peinlich zu lesen.

Goethe ist Repräsentant der Bewußtseinsseelenzeit, einer Zeit, wo der einzelne Mensch mehr und mehr dazu aufgerufen ist, sich das Bewußtsein vom eigenen Weg und von der eigenen spirituellen Existenz zu erringen (vergleiche dazu: Rudolf Steiner, Theosophie. Einführung in übersinnliche Welterkenntnis und Menschenbestimmung, GA 9, sowie den Vortrag Rudolf Steiners vom 10. Oktober 1916 in Zürich, in GA 168). Und die damit verbundene Einsamkeit der Bewußtseinsseele kann man an Goethe exemplarisch erleben. Er hatte bis auf Schiller keinen wirklichen Gesprächspartner, der ihm in seinem persönlichen Schicksalsringen hätte weiterhelfen können. Letztlich mußte er immer selbst den Durchbruch zu sich selber finden.

Goethe hat nichts in seinem Leben als sinnlos erlebt. Jede Krankheitserscheinung, jede mißglückte oder geglückte menschliche Erfahrung nahm er dankbar auf und blieb offen, wo sein Verständnis nicht hinreichte. Das Ergebnis ist ein Geistesleben, das durch und durch gesund ist, durch und durch gesundend wirkt, so daß man sagen kann, Goethe hat sich während seines ganzen Lebens fortdauernd durch geistige Arbeit selbst geheilt, durch das Ringen um Verständnis seines Schicksals und des Schicksals der Welt. Bei seinem ersten Herzinfarkt schreibt er: «Es lastet der Krankheitsstoff von drei Jahrtausenden auf mir.» Danach kann er schreiben, daß man eigentlich dreitausend Jahre überblicken können muß, um seine eigene Zeitepoche richtig zu verstehen.

Das ist einer der Repräsentanten, der das Geistesleben, die Geisterkenntnis dadurch stetig entwickelte und pflegte, daß er sein Schicksal und die Lebensverhältnisse als die große Herausforderung und Schule für die Geisterkenntnis angenommen hat.

Einen zweiten Menschen möchte ich nennen, der dieser großen Geistgestalt Goethes ebenbürtig ist, der aber mit einem

ganz anderen Auftrag in die Epoche der Bewußtseinsseele eingetreten ist: Es ist Rudolf Steiner. Er war eigentlich immer gesund.
Und als er zum Ende seines Lebens die Zeit des Krankenlagers
erlebte, schrieb er einen Brief an die Mitglieder, der von Marie
Steiner am 24. Dezember 1924 verlesen wurde. Er schreibt über
diese Krankheit bezeichnende Worte:
«Meine physische Kraft ist zusammengebrochen während
der Herbst-Veranstaltungen. Sie hätte wohl gehalten trotz der vielen Kurse; aber nur dann, wenn über das Abhalten der Kurse hinaus, die wohl berechnet waren für diese Kraft, keine anderen Anstrengungen gekommen wären. Nun da – in durchaus begreiflicher
Weise – Anstrengungen kamen, die über die des Kurshaltens hin-
ausgingen, war es zu viel nach all dem, was mir dieses verflossene
Jahr hindurch oblag. So bin ich denn nun darauf angewiesen, mit
Hilfe der beispiellos opferwilligen Pflege der Freundin Dr. I. Weg-
man wieder physische Kraft zu sammeln. (Dr. Noll ist Dr. Weg-
mans treuer Helfer.) Das alles muß als ein Schicksal (Karma) hin-
genommen werden. Viele Worte darüber zu machen, wie schmerz-
lich das physische Getrenntsein von den Wirkensstätten am Goetheanum mir ist, wäre sentimental. Hoffen möchte ich nur, daß
all das keine Kräfte unserer lieben Freunde erlahmen läßt, sondern
sie stählt und wirksamer macht.»[6] Er bezeichnet seine Krankheit
als Karma und möchte, daß sie so genommen wird.

Jörgen Smit hat in einer unserer Sektionstagungen für Ärzte
und Pharmazeuten einen Vortrag über Rudolf Steiner und das Karma der Anthroposophischen Gesellschaft gehalten. Es war ihm da
ein großes Anliegen zu zeigen, wie Rudolf Steiner eine Individualität war, die auf dem Wege zu ihrer Geistesschau und zur Verwirklichung der ihr gemäßen Menschheitsimpulse einen Weg gegangen ist, der Stufe für Stufe der Schulungsweg eines Menschen
war, der ganz nach der Gesetzmäßigkeit des Karma lebt. Als er
zunächst die Aufgabe von Karl Julius Schröer in der Edition der
Goetheschen «Naturwissenschaftlichen Schriften» übernimmt,
ist das ein erster Schritt, eine völlig freie Tat, die Schicksalsaufga-
be eines anderen, die auf ihn zukommt, an dessen Stelle auf sich
zu nehmen. Durch diese freie Tat weiß er, was Freiheit ist und
kann alsdann «Die Philosophie der Freiheit» schreiben. Nach der
Gesetzmäßigkeit des Karma zu leben, heißt, rein aus der Kraft der
Freiheit zu leben und alles, was das Schicksal bringt, aus Freiheit

anzunehmen und es aus dieser inneren Kraft heraus in die Verwandlung zu bringen. Ähnlich ist es ja dann mit der Theosophischen Gesellschaft, die eine nichtchristliche Geistesströmung ist. Marie Steiner stellte die entscheidende Frage, ob nicht ein solches Geistesstreben im christlichen Sinne auch im Abendland gefunden werden könne. Wiederum wird das Schicksal angenommen und die ganze Strömung in das Christliche hinübergeleitet und, soweit das möglich ist, verwandelt.

Und dann kommt der dritte große Schritt, das Übernehmen der Verantwortung für das Werden der auf der Weihnachtstagung neu gegründeten Anthroposophischen Gesellschaft und der Freien Hochschule. Das Annehmen der Schicksale seiner Schüler, das tägliche Ringen in Vorträgen, in persönlichen Gesprächen, um zu verwandeln, auf den Weg der Schülerschaft zu bringen, was an Unbewältigtem, an Konflikt- und Problemstoff da ist – es ist seine Lebensaufgabe, überall Mondenhaftes in Sonnenhaftes umzuwandeln.

Wenn wir Goethe und Rudolf Steiner in bezug auf ihr Geistesringen, ihre Lebensarbeit und deren Bewältigung anschauen, so begegnen wir hier den beiden Grundvoraussetzungen jeder Geisterkenntnis im individuellen Menschenleben: dem Weg der Einweihung durch das Leben (Goethe) und dem Weg der bewußten Geistesschulung (Rudolf Steiner). Diese beiden Wege beschreibt Steiner ineinander verwoben in seinem Buch «Wie erlangt man Erkenntnisse der höheren Welten?»[7] Was dort an Bedingungen für das Erlangen höherer Erkenntnisse geschildert wird, ist gleichbedeutend mit den Bedingungen zur Erlangung einer höheren Gesundheit, zur Erlangung von Gesundheit schlechthin.

In dem Vortrag vom 6. Januar 1920[8], der den Anstoß gab, den ersten Medizinerkurs am Goetheanum zu halten, führt Rudolf Steiner aus, daß, wer sein Buch «Wie erlangt man Erkenntnisse der höheren Welten?» liest, verstehen wird, warum der menschliche Organismus dreigegliedert ist. Es ist die Stelle, wo er ganz offen ausspricht – was man natürlich aus vielen anderen Zusammenhängen seines Werkes auch entnehmen kann –, daß er seiner Geistesschulung die genaue, intime Kenntnis des menschlichen Organismus verdankt. Hätte er nicht in völlig leibfreiem Zustand die getrennten Wesenheiten von Denken, Fühlen und Wollen erlebt, beherrscht, mit ihnen gearbeitet, wäre es ihm nie möglich gewesen, die physischen Träger, die in so inniger Durchdringung und Wechselwirkung in dem menschlichen Organismus tätig sind, in ihrer Differenziertheit zu erkennen. Geistesforschung, Geisterkenntnis ist die Voraussetzung zur Gesundheitserkenntnis.

Und so belehrt er dann im «Jungmedizinerkurs»[9] die Ärzte, indem er Schritt für Schritt die Etappen der Geistesschulung an die Erkenntnis der menschlichen Organisation anknüpft und sagt, daß das gewöhnliche Denken nur dazu hinreicht, die festen Konturen, die mineralischen Gesetzmäßigkeiten des physischen Leibes zu verstehen. Um das Muskelsystem und den ganzen flüssigen Menschen zu verstehen, ist bereits das in innere Regsamkeit versetzte imaginative Denken notwendig. Und es braucht die Inspiration, um die inneren Impulse für die verschiedenen Organbildungen und den damit verbundenen Luftorganismus zu verstehen. Die Tätigkeit der Organe im Wärmebilden und Wärmeverarbeiten jedoch ist nur der Intuition zugänglich. Die Ärzte frugen sich nun, wie sie denn heilen sollten, wenn der Mensch nur auf der höchsten Einweihungsstufe zu verstehen ist. Denn sie sollten doch gerade vom Wärmeorganismus aus heilen! Und dann kamen die entscheidenden Worte, die mit dem medizinischen Schulungsweg zusammenhängen: Nicht nur das Geisteswissen, das man sich selbst durch Schulung erwirbt, sondern auch das Geisteswissen, das der Geistesforscher bereits errungen hat, befähigt den Therapeuten – wenn dieses Wissen gepflegt wird, wenn es vom Nicht-Eingeweihten in das gewöhnliche Bewußtsein aufgenommen wird –, den Menschen im Sinne dieser Erkenntnis in Gesundheit und Krankheit zu durchschauen und die richtigen Intuitionen für die Therapie zu bekommen. Allerdings bedarf es der Voraussetzung, daß diese Kenntnisse in Liebe und mit innerem seelischem Mut gepflegt werden. Dort, wo Momente der Lieblosigkeit oder Ängstlichkeit auftreten, verstummen die Intuitionen. Es ist ein Schulungsweg zu einer immensen Verstärkung der Liebeskraft und des Mutes! Rudolf Steiner geht noch weiter und schildert anhand der Pockenkrankheit[10], daß, wenn ein Arzt in diesem Sinne Therapeut ist, er für sich keine Medikamente mehr braucht. Selbst wenn er sie nähme, würden sie bei ihm nicht wirken, denn die wirkliche Erkenntnis, um was es sich wesenhaft bei dieser Krankheit handelt, stärkt denjenigen, der erkennt, so daß er nicht anfällig ist, diese Krankheit zu bekommen. Erkenntnis der Krankheit bedeutet Gesundheit. Hat man im Seelisch-Geistigen das Krankheitswesen an seinem richtigen Ort erkannt, wo die Auseinandersetzung in Freiheit stattfindet zwischen Zerstörung und Aufbau im Erkenntnisringen, dann besteht keine Gefahr, daß Ungelöstes, nicht Erkanntes in den Leib heruntersinkt und dort – wie Goethe es nennt – als «Geist der Unordnung» wirkt. Etwas, was an einen anderen Ort gehört, was erkannt werden muß, wirkt kränkend. Goethe hat das erkannt. Ursache jedweder Krankheit ist ein bestimmter «Geist der Unordnung», etwas Geistiges, das nicht geordnet ist. Diese Erkenntnis ist die Basis der anthroposophischen Medizin, die anspruchsvoll ist, weil sie die Schulung in der geschilderten Art zur Voraussetzung hat. Wenn man die Schilderungen Rudolf Steiners entgegennimmt, ist man tief berührt von der lückenlosen Identität von Geisterkenntnis und Gesundheit, wie vom gewöhnlichen Denken bis zur Intuition jeder Gedanke, jede Einsicht, jede Wegmarke des Schulungsweges einer ganz bestimmten physiologischen Kapazität des Organismus entspricht. Wenn man nun «Wie erlangt man Erkenntnisse der höheren Welten?» als Schulungsbuch für diese Fähigkeiten unter medizinischen Gesichtspunkten liest, erkennt man, daß dort eine Gesundheitslehre entworfen wird. Jede Problematik, jede Schwierigkeit, die Krankheit werden könnte, wird gleichsam in der Schulung vorweggenommen.

In unserer gegenwärtigen Epoche der Bewußtseinsseele, kann der Mensch nicht mehr gesund bleiben, wenn er nicht sein Leben zur Schulung benützt. Das Leben selber wird uns krank machen, wenn wir dem nicht ständig mit innerem Gesundungsringen prophylaktisch entgegenkommen.[11] Diese Tatsache lebt uns Rudolf Steiner durch sein Leben und durch seinen Schulungsweg vor und gibt damit Hinweise, wie Geisterkenntnis und Gesundheit miteinander zu verbinden sind. Doch woher kommen die Widerstände? Was stellt sich dem Schulungsweg, dem eigenen Ringen immer wieder entgegen? Was stellt sich einer befriedigenden Sozialordnung in Europa entgegen? Es ist der Egoismus. Und genauso wie siebzig Prozent der esoterischen Literatur – Manfred Schmidt-Brabant hat darauf hingewiesen – bereits im Dienste des Gesundheitsegoismus stehen, so könnte man meinen, daß auch

«Wie erlangt man Erkenntnisse der höheren Welten?» aus egoistischen Motiven benutzt werden könne, um sich «gesund zu üben». Die Lektüre belehrt uns eines anderen.

Es zieht sich durch das ganze Buch wie ein roter Faden hin, daß die Schulung, die hier dargestellt ist, eine Schulung zur Selbstlosigkeit ist, und daß sie entweder zum Guten führt oder erfolglos bleibt. Dauerhafte wirkliche Gesundheit ist durch Egoismus nicht zu erlangen. Die beiden Kapitel, die die Bedingungen für die Geisterkenntnis beschreiben, sind demnach gleichbedeutend mit den Bedingungen für Gesundheit.

Das beginnt schon im ersten Kapitel, wo sinngemäß gesagt wird: Erkenne an, daß nicht in deinem Wachleben, wo du stolz auf alles bist, was du schon erreicht hast, sondern in deinem Unbewußten Fähigkeiten schlummern, die es zu entwickeln gilt. Schon dieser erste Hinweis verlangt, in Bescheidenheit das anzuerkennen, was man sich selber gar nicht erarbeitet hat, was durch Gnade in der Tiefe schlummert, und was es zu entwickeln gilt. Es gilt also, auf eine Welt in sich hinzublicken, die gerade dem Bewußtsein entzogen ist, worauf man gar nicht stolz sein kann.

Und dann beschreibt Rudolf Steiner die zweite der Bedingungen im ersten Kapitel. Es ist die Seelenverfassung des Eingeweihten, der nichts höher achtet als die Freiheit des anderen. Auch hier hat der Egoismus keinen Platz. Man spricht nur, wenn man gefragt wird, wird aber nichts mitteilen, wenn der andere nicht reif dafür ist. Zunächst müssen wir in uns selbst etwas anerkennen, einen verborgenen Bereich. Am Ziel dieses Weges offenbart der Eingeweihte eine menschliche Haltung strengster Selbstlosigkeit und höchsten Respektes vor der Freiheit des anderen.

Und als drittes wird nun der Ausgangspunkt jeder Gesundheit und jeder Geisterkenntnis geschildert. Es ist das gesunde Gefühlsleben. Wie der Körper sich von Stoffen ernährt, so ernährt sich die Seele durch Gefühle der «Devotion», der Ehrfurcht vor «Wahrheit und Erkenntnis».[12] Und wie die Sonne die Welt erhellt, so wird die Seele durch diese Gefühle erhellt und erhalten. Und damit beginnt ein gesundes Seelenleben als Voraussetzung für einen gesunden Leib und eine gesunde Geistentwicklung. Denn ohne Liebe, ohne Verehrung für dasjenige, was man erkennen möchte, ist wirkliche Erkenntnis nicht möglich.

Diese drei ersten Bedingungen eröffnen die Schulung zur Selbstlosigkeit. An die Schilderung dieser Eingangsbedingungen schließt sich die Beschreibung des Einweihungsweges an. Danach kommt noch einmal ein Kapitel mit der Überschrift «Die Bedingungen zur Geheimschulung». Und diese Bedingungen sind jetzt siebenfach gegliedert. Die Selbstlosigkeit muß den ganzen Menschen durchdringen. An diesen Bedingungen muß gearbeitet werden. Die Voraussetzungen für die Gesundheit und für die Geisterkenntnis müssen hergestellt werden. Sie sind durchaus nicht von selbst im Leben da. Das Leben als solches kränkt. Die erste Bedingung lautet deswegen, daß man «sein Augenmerk darauf» richten soll, «die körperliche und geistige Gesundheit zu fördern».[13]

Wie wird jetzt hier empfohlen, die Gesundheit zu pflegen, so daß es zugleich eine Schulung in Selbstlosigkeit für den physischen Leib ist? Denn davon wird gesprochen. An erster Stelle heißt es: Jeder muß «selbst auf sich achten».[14]

Ist das überhaupt möglich? Wie macht man das? Kann man in der Fülle des Arbeits- und Alltagslebens immer auf sich selbst achten? Zudem heißt es dann ja weiter: «Die Pflicht» steht «höher... als die [eigene] Gesundheit.»[15] «Der Genuß darf... nie» «höher stehen als die Gesundheit», aber er darf immer «Mittel für die Gesundheit... sein». Man muß also lernen, mit dem Genießen so umzugehen, daß es die Gesundheit fördert, daß es Kraft gibt. Diese Kraft wird eingesetzt, um «die Pflicht höher zu stellen als... die Gesundheit».[16] Es geht also um das richtige Verhältnis von Pflicht und Genuß, worauf es bei der Gesundheit des Leibes ankommt. Hier geht es nicht um die Tugend des Verzichtens an sich, sondern um ein Lebensprinzip, die Gesundheit nicht als Selbstzweck, sondern nur als Mittel zur Arbeit anzusehen und so auch den Genuß.

Die zweite in dem genannten Kapitel geschilderte Bedingung deutet auf die Gesundung für den Ätherleib, indem es heißt: Lerne, dich «als ein Glied des ganzen Lebens zu fühlen».[17] Das wollen wir jetzt nicht nur im Hinblick auf die individuelle Gesundheit anschauen, sondern auch im Hinblick auf Europa und sein Werden. Es geht hier ja darum, eine neue Identität zu finden. Was heißt es denn, Europäer zu werden? Es heißt, daß man beginnt, sich für die Eigenarten und Fähigkeiten der verschiedenen Völker zu interessieren und sich selbst als Angehöriger seines Volkstums, als ein Glied des Ganzen zu fühlen. Die Aufgabe sich als ein Glied des Ganzen zu fühlen, reicht weit über das persönliche Schicksalsumfeld hinaus bis hin zu einem sich als Angehöriger der ganzen Menschheit Fühlen. Es ist die Einsicht und die Bereitschaft, mitverantwortlich für alles zu sein, was geschieht, und seine Mitverantwortung an Fehlurteilen und Katastrophen anzuerkennen. Wer nicht verstehen kann, wieso es möglich war, daß bestimmte Katastrophen wie zum Beispiel Kriege geschehen konnten, der hat die zweite Bedingung der Geheimschulung nicht erfüllt, er fühlt sich noch nicht als ein Teil dieses großen Weltganzen, er distanziert sich durch sein Unverständnis. Auch im Kleinen gilt dies. Rudolf Steiner führt das Beispiel an vom Lehrer, der mit seinem Schüler Probleme hat und sich klarmachen muß, daß auch seine eigenen damit verbunden sind und nicht nur die des Kindes. Der ätherische Leib als Sozialleib, als Leib wechselseitiger Verschuldung wird hier in seinen Lebensbedingungen ins Bewußtsein gehoben.

Dann die dritte Bedingung: Denken und Fühlen haben ebenso Realitätscharakter wie die Handlung. Hier ist man bei der Pflege des Astralischen angelangt. Unendliche praktische Konsequenzen hat es, wenn man beginnt, so auf Gedanken und Gefühle zu achten, wie man auf seine Handlungen achtet. Auf das äußere Verhalten wird im allgemeinen Wert gelegt. Aber wie verhalten wir uns, welche Haltung haben wir als Denkende und Fühlende? Dies ist genauso wichtig wie das äußere Verhalten in Bewegung, Tat, Mimik.

Die vierte Bedingung: Hier sind wir im Zentrum angelangt, beim Ich. Hier gilt es, sich unabhängig zu machen vom äußeren Erfolg, von der Anerkennung, weil der Wert des eigenen Wesens im Innern liegt und die Verantwortlichkeit in diesem Inneren beschlossen liegt. Es ist die geistige «Waage» auszubilden, offen zu sein für alles, was in der Welt ist, aber eisern fest zu dem zu stehen, was man als richtig und als für sich selbst wesentlich erkannt hat. Hier schwindet der Egoismus des Alltags. Der Anspruch auf Anerkennung, die Selbstwertvorstellungen fallen aus dieser Seelenschicht durch die Arbeit an der vierten Bedingung weg.

Und dann ist der Weg frei, um die höheren, inneren Qualitäten auszubilden: Die Geistselbstigkeit, die Lebensgeist- und die

Geistesmenschen-Entwicklung. Auch hierfür gibt es Bedingungen. Sie seien kurz angedeutet. Pflege des Geistselbstes (so heißt der vom Ich umgearbeitete Astralleib): Was ist das Ergebnis? Das Ergebnis ist, daß man immer mehr lernt, alles, was man tut, wofür man sich denkend, fühlend und wollend einsetzt, aus reiner Liebe zur Welt zu tun. Die Manas-Kultur (Geistselbstkultur) ist eine Tatkultur aus Liebe.

Pflege des Lebensgeistes: Wir dürfen daran arbeiten zu erkennen, daß es nichts in der Welt gibt, was nicht irgendwie auch an uns gearbeitet hat, dem wir nicht etwas zu verdanken haben. Die Dankbarkeit ist die Grundlage dieser Lebensgeistqualität. Dankbarkeit knüpft die Verbindung zu dem allgemeinen Weltenleben, zu dem gesamten Weltprozeß.

Und dann kann als letztes gelernt werden, das ganze Leben, den ganzen Menschen im Sinne dieser Bedingungen aufzufassen. Man versuche, das einmal unter dem Gesichtspunkt zu betrachten: Was ist daraus an Bedingungen für Geisterkenntnis und Gesundheit abzulesen? Es ist ein schrittweises Bewußtmachen aller möglichen Quellen des Egoismus, von den elementaren Genüssen des Lebens bis in die höchsten Höhen der Lebens- und Geistesverwirklichung hinein. Überall wird deutlich, daß eine kleine Undankbarkeit, ein Mangel an Interesse ausreichen, um Krankheits- oder Irrtumsmöglichkeiten zuzulassen. Wir werden darauf aufmerksam gemacht, daß ohne das Arbeiten an der Erfüllung dieser Bedingungen der Weg nicht gegangen werden kann, aber auch keine dauerhafte Gesundheit zu erringen ist. Es sind dies Existenzbedingungen sowohl für den inneren Schulungsweg und die Gesundheit als auch zugleich Existenzbedingungen für ein werdendes Europa, für einen neuen Kultureinschlag.

Rudolf Steiner hat immer wieder betont, daß, wenn der «ethische Individualismus»[18], und das ist ja nur ein anderes Wort für das, was ich als Schulungselement beschrieben habe, nicht kommt, Zwang und Chaos als Möglichkeiten der Sozialgestaltung kommen werden. Das heißt, daß eine neue Kultur den Weg über diese individuelle Menschenarbeit nehmen muß, die der einzelne an sich selbst vornehmen muß, sonst kann sich ein wirklicher Kulturfortschritt nicht ergeben. Unsere mitteleuropäische Bewußtseinsseelenkultur, in deren Entwicklung wir uns befinden und deren Erfüllung wir noch nicht erreicht haben, diese fünfte

Kulturepoche braucht den Durchgang durch die Individualität. Und wenn das nicht gelingt, dann kann diese Kultur nicht gelingen. So rückt Rudolf Steiner auch diese Bewußtseinsseelenentwicklung eng in die Sphäre von Gesundheit und Krankheit, weil dieses Durchgehen durch die eigene Individualität ja nur im Kampf gegen den eigenen Egoismus, gegen das Dunkle in der Seele – worauf Stefan Leber hingewiesen hat – erreicht werden kann. Und so stellt Rudolf Steiner uns im Gang der abendländischen Entwicklung die Christus-Wesenheit in ganz besonderer Form für unsere Epoche als Vorbild hin. Für die Bewußtseinsseelenzeit muß Christus als Heiland immer mehr für uns bewußt werden. Denn das ist die Zeit der größten Kränkung, der Kulmination des Egoismus, wo wir die Geisterkenntnis so lenken müssen, daß sie zu dem Christus in der Weise hinführen kann, daß Christus sich in seiner Eigenschaft, in seiner Fähigkeit als Heiland jeder einzelnen Menschenseele offenbaren kann.

Im Vortrag «Erbsünde und Gnade» vom 3. Mai 1911 kommt Rudolf Steiner auf den Umgang mit den Idealen zu sprechen, und damit komme ich zum Ausgangspunkt zurück: Wie kann der Mensch der heutigen Zeit die Ideale so entwickeln, daß sie einen persönlichen Charakter haben? Einleitend habe ich auf den destruktiven Charakter der Ideale hingeblickt, den sie immer haben, wenn man kein persönliches Verhältnis zu ihnen hat, wenn sie wie moralische Forderungen dastehen, denen man sich nicht erlebend gegenüberstellen kann. Also ist die Frage: Wie werden die Ideale persönlich, so daß sie einen nicht krank machen? «Dazu gibt es nur ein Mittel. Da muß der Mensch in den geistigen Höhen eine Persönlichkeit anziehen können, die innerlich persönlich ist, wie die Persönlichkeit unten im Fleische ist. Und was ist das für eine Persönlichkeit, die der Mensch anziehen muß, wenn er hinaufsteigen will in das Geistige? Das ist der Christus... Sehen Sie, das ist die Bedeutsamkeit des Christus-Impulses. Ohne den Christus-Impuls käme die Menschheit zu abstrakten Idealen, zu allerlei Idealen von moralischen Mächten und dergleichen, zu dem, was heute viele Historiker unter den sogenannten geschichtlichen Ideen beschreiben, die nicht leben und nicht sterben können, weil sie eben keine schöpferische Macht haben. Wenn man von Ideen in der Geschichte spricht, so sollte man sich bewußt werden, daß das tote, abstrakte Begriffe sind, die nun wirklich nicht die Geschichtsepochen beherrschen können. Herrschen kann nur das Leben. Und das, wozu der Mensch sich entwickeln soll, ist die Entwickelung zu einer höheren Persönlichkeit. Dies ist die Christus-Persönlichkeit, welche der Mensch anzieht, welche der Mensch in sich aufnimmt.»[19]

Und so zeigt sich als Grundlage dieses Schulungsweges, den Rudolf Steiner weist, der Weg zu Christus. «Jede Idee, die dir nicht zum Ideal wird, ertötet in deiner Seele eine Kraft...»[20] Eine Idee, die man zum Ideal erhebt, wird wesensverbindlich. Sie ist ein Gedanke, der wesenhaft wird. Und dadurch wird der Gedanke der Schulung und Entwicklung anziehend für Christus, da er die Wahrheit ist – das heißt das Wesen, von dem diese wesentlichen Menschenideale lebendig als wirkende Kräfte ausgehen. Es ist der konsequente Schulungsweg des Selbst, durch eigenes Ringen Gedanke für Gedanke zur Wesentlichkeit, zum Ideellen hinzukommen und dieses zur Wirksamkeit zu bringen. Es ist dies der persönliche Weg zu Christus, der als Grundbedingung für die Geisterkenntnis gewiesen wird und damit zugleich Grundbedingung für die Gesundheit ist.

Schon am Beispiel von Goethe, aber noch deutlicher am Schicksal Rudolf Steiners konnten wir sehen, wie Geisterkenntnis und Gesundheit nicht vom tätigen Ergreifen und Ernstnehmen des Karma zu trennen sind. Und so finden wir auch in den Karmavorträgen die Urquelle geschildert, wo im vorgeburtlichen Leben Geisterkenntnis und Gesundheit sich als inneres Schicksal eines Menschen auf der Erde veranlagen. Dort schildert Rudolf Steiner zwei ganz grundsätzliche Urimpulse für die Gesundheit, die im Lauf der Inkarnationen errungen werden können. Voraussetzung für die Gesundheit der Seele ist Interesse am anderen Menschen. Eine gesunde Seele erwirbt sich der Mensch, der sich für andere Menschen wirklich interessiert. Einen gesunden Leib erwirbt sich der Mensch, der sich für jede Einzelheit der Umwelt interessiert. Interesse für Menschen und für die Welt sind die Grundimpulse der geistigen Entwicklung und damit auch der Gesundheit.

Hierarchisch geordnet wird dieses innere Arbeiten an der Krankheits- und Geistsucher-Disposition für ein Erdenleben im Vorgeburtlichen, im Bereich der zweiten Hierarchie: der Geister der Form, der Geister der Bewegung und der Geister der Weisheit.[21] Diese Wesenheiten sind für Gesundheit und Krankheit in einem Leben verantwortlich, wie es mit dem inneren Ringen, mit der inneren Wegsuche der Individualität zusammenhängt.

Diese zweite Hierarchie hat nun eine besondere Beziehung zu dem mittleren Menschen, zu dem Herzensmenschen. In «Wie erlangt man Erkenntnisse der höheren Welten?» sagt Rudolf Steiner vom Herzen, daß es der physische Ausdruck des höheren Ich ist und daß nur, wenn der Mensch sich in seinem ganzen Verhalten durch das Herz offenbart – nicht durch den Kopf –, dann könnten das Geistige und das Sinnliche im Menschen sich wirklich begegnen, dann könnte sich das Geistige durch den Menschen im Sinnlichen offenbaren. Das Herz offenbart sich als der Ort des Karma, der inneren Gewissensbildung, der inneren Geistsuche, aber auch als der Ort, wo die Krankheit am frühesten gefühlt wird.

Und so wäre der ganze Impuls «Geisterkenntnis und Gesundheit» im Hinblick auf ein werdendes Europa ein Impuls – im wahrsten Sinne des Wortes –, Herzlichkeit in die Kultur hereinzubringen in alle Einzelheiten des Erkenntnis-, Gefühls- und Willenslebens.

Ich möchte meine Darstellung mit einem Zitat aus dem Buch von Eduard Schewardnadse «Die Zukunft gehört der Freiheit» abschließen, weil man den Eindruck haben kann, daß hier ein Europäer aus einem sicher empfundenen Bewußtsein dieses eben genannten Zusammenhangs heraus spricht.

«Kann man ein edles Ziel mit niederträchtigen, unwürdigen Mitteln erreichen? Kann man, nach Wahrheit strebend, ihr zuliebe lügen oder Gerechtigkeit mit ungerechten Methoden herbeiführen wollen? Diese Fragen sind alt wie die Welt, und der Streit um sie dauert auch schon eine Ewigkeit. Es sieht so aus, als würde sich auch stets die gleiche Antwort durchsetzen, nämlich, wenn es notwendig ist, dann ist es auch zulässig. Doch weshalb bleibt denn dann über Jahrhunderte hinweg die Figur des einsamen Helden lebendig, der der Idee des gerechten Weges zum Tempel die Treue hält? Das Leben liefert auf Schritt und Tritt Beweise, daß es nicht möglich ist, diesen Weg zu gehen. Doch er geht trotzdem weiter. Ich bin kein Heiliger und kein Held, doch ich stehe nicht alleine da, ich stehe nicht mehr alleine da. Es ist eine Zeit gekommen, da sich immer mehr Menschen in unserem Land davon überzeugen, daß nur jener Weg zum Tempel führt, der seiner würdig ist, und sobald sie sich davon überzeugt haben, fangen sie an,

sich in ihrem Leben und Handeln davon leiten zu lassen. So wird eine unkonventionelle Denkweise, die Selbstlosigkeit und Aufopferungsbereitschaft erfordert, zur allgemeinen Norm des menschlichen Lebens. Über kurz oder lang wird die Politik diesem Umstand Rechnung tragen müssen.«[22]
Mögen diese Worte auch durch unser aller Mithilfe immer mehr Wirklichkeit werden.

ANMERKUNGEN

1 Hans Becker, Psychoonkologie: Krebserkrankungen aus psychosomatisch-psychoanalytischer Sicht unter besonderer Berücksichtigung des Mammakarzinoms, Berlin 1986.
2 Frank Nager, Der heilkundige Dichter – Goethe und die Medizin, Zürich und München 1991.
3 Ebenda.
4 Ebenda.
5 Ebenda.
6 Rudolf Steiner, Die Konstitution der Allgemeinen Anthroposophischen Gesellschaft und der Freien Hochschule für Geisteswissenschaft. Der Wiederaufbau des Goetheanum, GA 260 a, 1987, Brief vom 24. Dezember 1924.
7 Ders., Wie erlangt man Erkenntnisse der höheren Welten? GA 10, 1982.
8 Ders., Vom Einheitsstaat zum dreigliedrigen sozialen Organismus, GA 234, 1983, Vortrag vom 6. Januar 1920 in Basel.
9 Ders., Meditative Betrachtungen und Anleitungen zur Vertiefung der Heilkunst. GA 316, 1987, Vortrag vom 7. Januar 1924 in Dornach.
10 Ders., Geisteswissenschaft und Medizin, GA 312, 1985, Vortrag vom 27. März 1920 in Dornach.
11 Ders., Die soziale Grundforderung unserer Zeit – in geänderter Zeitlage, GA 186, 1990, Vortrag vom 1. Dezember 1918 in Dornach.
12 Siehe Anmerkung 7. Bedingungen.
13 Ebenda. Die Bedingungen zur Geheimschulung.
14 Ebenda.
15 Ebenda. Ebenso die folgenden Zitate.
16 Ebenda.
17 Ebenda.
18 Ders., Die Philosophie der Freiheit, GA 4, 1987. Kapitel IX: Die Idee der Freiheit.
19 Ders., Die Mission der neuen Geistesoffenbarung, GA 127, 1989, Vortrag vom 3. Mai 1911 in München.

86

20 Siehe Anmerkung 12.
21 Ders., Esoterische Betrachtung karmischer Zusammenhänge. Erster Band, GA 235, 1984, Vortrag vom 2. März 1924 in Dornach.
22 Eduard Schewardnadse, Die Zukunft gehört der Freiheit, Hamburg 1991, S. 344 f.

Gerald Häfner

DER VERFASSUNGSPROZESS ALS IDENTITÄTSFINDUNG

*Zeitgemäße Rechtsordnungen als Voraussetzung für eine Gesundung des sozialen Organismus**

Im Mittelpunkt dieser Betrachtungen soll das mittlere Glied im sozialen Organismus, das Rechtsleben stehen. Wir werden uns aber hiermit nicht nur allgemein und betrachtend auseinandersetzen, sondern uns auch mit aktuellen Entwicklungen wie der Verfassunggebung in Deutschland und vielen anderen Ländern Mittel- und Osteuropas und vor allem mit der Frage beschäftigen, ob und inwieweit wir selbst für diese Vorgänge mit Verantwortung tragen und wie wir darauf Einfluß nehmen können. Was aber ist das Rechtsleben?

Rechtsleben und «Rechtssterben». Das gewordene Recht

Wenn man sich vor Augen führt, was einem dabei zunächst einfällt oder auch welche Art von Bildern in einem aufsteigen, wenn man an das Rechtsleben denkt, dann könnte man eigentlich sehr schnell den Eindruck haben, schon der Name sei eigentlich ein Unding, ein Paradoxon fast, denn es will uns so gar nichts Lebendiges beim Rechtsleben einfallen. Ganz anders ist es beim Geistesleben, der Kultur, da kommt man leicht ins Schwärmen, oder beim Wirtschaftsleben, da stellt man sich – wenn auch nicht ganz zutreffend – leicht etwas ganz Handfestes, Materielles, Sinnenfälliges vor. Beim Rechtsleben mag man vielleicht an Paragraphen denken, an Bibliotheken und Archive mit Gesetzesbüchern, kilometerlangen, verstaubten Akten, zwischen denen als das vielleicht einzig Lebendige gelegentlich Mäuse herumhuschen; man

---

* Vom Autor umgearbeitete und wesentlich erweiterte Fassung des Vortrags.

denkt an Gerichtsgebäude und an die Richter, Rechts- und Staatsanwälte in ihren meist schwarzen, altertümlichen Roben. Ich selbst habe mehrere Richter und Anwälte als Freunde, die sonst ganz leger herumlaufen, aber dann plötzlich vor dem Gerichtssaal in ihre Robe schlüpfen und sofort wie aus einer anderen Zeit erscheinen. Perücken tragen sie hier heute meistens ja nicht mehr, aber in einigen Ländern gibt es auch das noch. Man denkt eher an so etwas wie Verwesung, an Staubiges, an Tod – als an Leben. Diese Bilder vor Augen müßte man eigentlich eher von einem Rechtssterben als von einem Rechtsleben sprechen, jedenfalls träfe das die Empfindung deutlicher.

Mit dieser Seite des Rechts, mit dem toten Recht, mit dem gewordenen Recht sind wir alle alltäglich konfrontiert: mit den Gesetzen, Vorschriften, Verboten, Kontrollen, Sanktionen: damit müssen wir in unserem täglichen Leben umgehen – und auch deshalb ist das Recht vielleicht nicht sehr sympathisch. Ja selbst in einigen anthroposophischen Vorträgen und Büchern, etwa über die Dreigliederung, hat man manchmal den Eindruck, über das Rechtsleben spräche der Autor besonders ungern. Beim Geistesleben kann man die Waldorfschulen anführen und kann sagen, da haben wir doch schon etwas; beim Wirtschaftsleben kann man über die Assoziationen sprechen, auch wenn noch immer eine große Frage ist, was das assoziative Wirtschaften eigentlich meint. Jedenfalls: da hat man eine halbwegs deutliche Idee, über die sich reden läßt. Beim Rechtsleben jedoch scheint es schwierig zu sein. Ich habe, als ich noch jung und sehr frech war, einmal nach der Lektüre eines bestimmten Büchleins dieses in die Ecke gelegt und gesagt: Zusammenfassend und auf einen sehr vereinfachten Nenner gebracht, könnte man eigentlich nur sagen: Freiheit im Geistesleben, Brüderlichkeit im Wirtschaftsleben und Schwierigkeit im Rechtsleben.

In der Tat, das Rechtsleben ist schwierig. Man bekommt es am schwersten zu fassen. Das hängt vielleicht gerade damit zusammen, daß das, was zunächst vor dem Bewußtsein erscheint, immer schon das Tote ist: die Gesetze, die Vorschriften und so weiter. Und das ist natürlich nicht das Rechtsleben; genausowenig übrigens wie die Waren, Fahrzeuge und Maschinen, die man sieht, das Wirtschaftsleben sind oder wie die Schulhäuser, Kirchengebäude, Bücher oder Kunstgalerien das Geistesleben sind.

Sie sind Hervorbringungen des Geisteslebens, des Wirtschaftslebens und des Rechtslebens, aber sie sind nicht dieses selbst. Was das Rechtsleben selbst ist, ist viel schwerer zu greifen, aber es scheint mir außerordentlich wichtig, dies zu versuchen.

Die Bedeutung des Rechtslebens für das Geistes- und Wirtschaftsleben

Rechtsordnungen prägen unser aller Leben. Sie schaffen die Strukturen und setzen den Rahmen für unser individuelles und soziales Leben in einem viel stärkeren Maße, als uns das bewußt ist. Das gilt gerade auch für die beiden anderen Gebilde des sozialen Organismus, das Geistesleben und das Wirtschaftsleben.

Ob zum Beispiel eine freie Schule in diesem oder einem anderen Land zulässig ist oder nicht, ist eine Frage, die zunächst einmal von den dortigen Verfassungsbestimmungen und Gesetzen, also von den Rechtsordnungen entschieden wird. Und ich behaupte, die Möglichkeit, wirklich freie Schulen zu schaffen, haben wir in den meisten Ländern längst nicht erkämpft. Auch die «Freien Schulen» sind also noch längst nicht frei genug. Bis heute ist es bei den Waldorfschulen so, daß der Staat allzuviel hineinredet, sei es über die Finanzierung, die Anerkennung der Ausbildung der Lehrer, das Prüfungswesen, die Anerkennung von Abschlüssen und die von den beiden letzten ausgehenden indirekten inhaltlichen und methodischen Zwänge oder über eine falsch verstandene Schulaufsicht. Das heißt: ein wirklich freies Schulwesen, wie es Rudolf Steiner über die Gründung der Waldorfschule hinaus intendierte, das sich aus sich selbst heraus organisiert und verwaltet, kennen wir noch nicht, das müssen wir erst erkämpfen.

Aber auch die Frage, ob wir, entsprechend unseren individuellen und karmischen Fähigkeiten, Vorsätzen und Anliegen, in der Arbeit tätig werden können oder nicht, hängt wesentlich vom Rechtsleben der Gesellschaft ab. Vielen geht es so, daß sie mit dem manchmal deutlicheren, manchmal diffuseren Gefühl auf die Erde kommen, bestimmte Impulse in sich zu tragen, sie aber in der äußeren Wirklichkeit überhaupt nicht verwirklichen können, weil zum Beispiel die Einrichtungen dafür gar nicht vorhanden sind. Und weil die rechtlichen Formen, in denen Arbeit in dieser Gesellschaft verrichtet wird, diesem individuellen Ansatz, sich selbst und seine karmischen Aufgaben in der Arbeit für die Gemeinschaft zu entdecken und zu verwirklichen, oft kraß entgegenstehen.

Und auch der soziale Aspekt der Arbeit, daß nämlich Arbeit auf die Bedürfnisse anderer Menschen hin orientiert ist, wird ebenso wie der karmische Aspekt allzusehr von dem verdrängt und überlagert, was die Menschen aufgrund der heutigen Rechtsverhältnisse an Egoistischem, Entfremdetem und Zerstörerischem mit der Arbeit verbinden.

Und auch ob wir mit unserem Produzieren und Konsumieren die Erde und deren Regenerationsfähigkeit pflegen und erhalten oder ob wir sie, und damit die Grundlagen unseres eigenen Lebens und des Lebens zukünftiger Generationen, irreversibel schädigen, hängt mit vom Rechtsleben ab, vor allem von den Gesetzen, die heute für das Wirtschaftsleben gelten. Oft genug ist es nämlich gar nicht vorrangig böser Wille, der zu Schäden oder zur Zerstörung der Natur führt, sondern vielfach sind es die Bedingungen der Rechtsordnung, der Geldordnung und der Konkurrenz, aus denen viele Unternehmer glauben, nicht ausbrechen zu können, und in denen sie sich gezwungen sehen, zu Lasten der Umwelt oder auch der Menschen zu produzieren und Kapitalrendite, Mehrwert und Profit über Fragen der Qualität, der Nachhaltigkeit und der Pflege der Erde zu setzen.

Zwänge und Mythen. Die «vergessene Schicht»

Diese Beispiele machen deutlich, wie wir täglich – es mag uns bewußt sein oder nicht – gleichsam mit den Rechtsordnungen zusammenstoßen. Sie wirken bei fast allem, was wir tun, vom Straßenverkehr angefangen bis hin zu unserer Arbeit, wie eine vergessene Wirksamkeit in unser Tun mit hinein. Und weil es mir unerläßlich scheint, überall dort, wo uns nicht bewußte Wirksamkeiten in unsere Handlungen mit hineinfließen, diese ins Licht des Bewußtseins zu rücken, deshalb ist es mir wichtig, auf diese Sphäre ein besonderes Augenmerk zu lenken. Noch wichtiger aber als das Erkennen ist, in einem zweiten Schritt diese erkannten Wirksamkeiten nach geistgemäßen und menschengemäßen Gesichtspunkten umzuformen.

Wie ein Kind zunächst einmal die Welt so vorfindet, wie sie ist, und sie einfach so, wie sie ist, für richtig und für gut hält, so geht es uns auch mit den Rechtsordnungen. Ein Beispiel dafür ist das Geld, mit dem wir ja alle ständig umgehen. Ich kann mich selber noch gut erinnern, wie ich versucht habe, zu verstehen, was Geld ist und wie es «funktioniert». Bestimmte Sachen habe ich damals nie wirklich verstanden, zum Beispiel was eine Aktie ist. Wenn mein Vater beim Frühstück die Aktienkurse viel interessanter fand als uns und dann manchmal zum Telefon ging, um zu kaufen oder zu verkaufen, blieb das für mich immer ein fast mysteriöses Geschehen. Als Kind lernt man zum Beispiel, daß man für Geld praktisch alles «kaufen» kann. Dann lernt man, daß man das Geld auch «sparen» kann. Man legt es auf die Bank, und dort wird es dann mehr. Wie geht das? Da hat man mir dann erklärt, daß das Geld «arbeitet». Später sah ich einmal eine Anzeige, in der war damals Berti Vogts abgebildet, ein Fußballer, der es heute in Deutschland sogar bis zum Nationaltrainer gebracht hat. Er war da abgebildet, das Trikot verschwitzt und verschmiert vom harten Einsatz, für den er ja seinerzeit berühmt war als «Terrier der Nation», und unter dem Bild stand: «Berti Vogts: Mein Geld muß genauso hart arbeiten wie ich.» Und ich habe mich immer gefragt: Wie macht das Geld das? Der größte Teil des Geldes übrigens wird heute überhaupt nicht mehr sichtbar, geistert lediglich in irgendwelchen Computern herum und «arbeitet» trotzdem, wirft zum Beispiel Zinsen ab und ermöglicht so einigen seiner Besitzer ein (finanziell) sorgenfreies Leben.

Das sind schon mysteriöse Vorgänge, die sich da im Vergessenen, im Verborgenen abspielen. Und man nimmt das alles einfach als gegeben hin, lernt, daß das eben so ist, daß das Geld Zinsen abwirft und so weiter. Viel zu selten fragen wir: Ist das richtig so? Muß das so sein? Oder könnte, besser: müßte das nicht vielleicht ganz anders organisiert sein?

Das ist vielleicht schon das Wichtigste, daß wir diese Beweglichkeit in uns selbst erzeugen, uns angesichts all dieser vorgefundenen Rechtsordnungen zu fragen: Warum ist das so? Wer hat sich das ausgedacht? Es gab einmal einen Werbespruch bei der «Frankfurter Allgemeinen Zeitung»: «Dahinter steckt immer ein kluger Kopf.» Bei den Rechtsordnungen ist das auch so, es steckt immer irgend jemand dahinter, der sich das ausgedacht hat. Was zum

Beispiel Karl Marx und Friedrich Engels in der Theorie ausgedacht, erarbeitet haben, darunter haben Millionen von Menschen
über viele, viele Jahrzehnte hin leiden müssen. So werden Ideen
oder Ideologien zur Wirklichkeit. Und so sind die Verhältnisse, in
denen wir heute in West und Ost leben, Stein gewordene und
Gesetz gewordene Gedanken und Ideologien.

Von den Auswirkungen unsachgemäßer Rechtsbegriffe.
Geld und Boden

Fragen wir uns zum Beispiel: Was ist das Geld? Es ist für sich gar
nichts, es hat seinen Wert nur durch eine Rechtsvereinbarung. Es
berechtigt dadurch etwa zum Bezug von Waren.
Was aber ist eine Ware? Und ist es richtig, die menschliche
Arbeitskraft ebenso wie Grund und Boden als eine käufliche, han-
delbare Ware zu betrachten, genau wie die vom Menschen durch
die Arbeit erst hergestellten Waren? Schließlich ist die Arbeitskraft nicht etwas, was der Mensch wie ein Objekt oder Produkt
herstellen kann, sondern die Arbeitskraft ist ja letztlich sozusagen der Mensch selber. Die Arbeitskraft ist untrennbar mit dem
Menschen selbst verbunden. Wenn also die Arbeitskraft zur Ware
wird, wird unwillkürlich der Mensch selbst zur Ware degradiert.
Das können wir nicht hinnehmen, es ist nicht richtig, weder sach-
noch menschengemäß. Ähnlich verhält es sich beim Grund und
Boden, der ja auch nicht von Menschen produziert werden kann,
sondern der vorgefunden und uns anvertraut ist zum treuhände-
rischen, pflegenden Umgang. Doch unser im wesentlichen vom
römischen Recht inspiriertes Recht erklärt Arbeitskraft wie Boden faktisch zur Ware und läßt den Boden aufgrund von Geld- oder
Erbschaftsströmen gänzlich in das Eigentum bestimmter Menschen übergehen.
Schon der Begriff Privatrecht kommt ja vom lateinischen
«privare», zu deutsch: «wegnehmen, berauben». Man nimmt sich
etwas vom Ganzen, reklamiert es für sich und betrachtet es als
sein Eigentum bis dahin, daß man dann damit handelt, daß man
es wieder verkauft oder daß man spekuliert. Im Gegensatz zu einer echten Ware ist der Boden bei steigender Nachfrage nicht beliebig vermehrbar. Und eben weil er nicht beliebig vermehrbar ist,

steigen der Einsatz und der Gewinn ins Unermeßliche, und Grundstücksspekulation und Bodenpreise schießen ins Kraut. Von einer Ware dagegen gilt, daß sie bei steigender Nachfrage im Grundsatz auch in wesentlich größerer Anzahl hergestellt wird, wodurch der Preis in der Regel sogar sinkt.

Die aus den falschen Rechtsbegriffen in bezug auf den Umgang mit Grund und Boden resultierenden Probleme haben schlimme soziale Folgen. In vielen Gegenden ist es heute fast unmöglich geworden, eine Wohnung zu finden und diese zu bezahlen. Das ist übrigens mit ein Grund für viele unnötige Verkehrsströme in unserer Gesellschaft. Denn viele wohnen heute notgedrungen weit außerhalb der Stadt und pendeln täglich zum Arbeiten in die City. Alle direkt und indirekt aus der Bodenspekulation resultierenden ökologischen und sozialen Folgen sind somit letztlich Auswirkungen von bestimmten Rechtsverhältnissen, die einmal so vereinbart wurden und inzwischen zutiefst fragwürdig geworden sind.

Recht gibt es nur unter Menschen. Ein Phänomen der Mitte

Obwohl wir es eigentlich wissen müßten, gehen wir im Alltag immer wieder davon aus, Rechtsordnungen seien gott- oder naturgegeben. Doch das sind sie nicht. Sie wurden von Menschen gemacht.

Das Rechtsleben hat einzig mit dem Verhältnis von Mensch zu Mensch zu tun. Deshalb können wir auch nur unter Menschen von einem Rechtsleben sprechen. Im Tierreich wäre es ganz sinnlos, von Recht zu sprechen. Wenn ein Fuchs ein Rebhuhn fängt, dann würden wir nicht aufschreien und sagen: das ist aber Unrecht! Wir würden keinen Bußgeldbescheid ausfertigen und keinen Prozeß anstrengen. Recht in diesem Sinne gibt es im Tierreich nicht; da gibt es Instinkte, Triebe, da gibt es wechselseitige Abhängigkeiten und Zusammenhänge. Recht aber ist nur möglich, wo Verantwortung, Vernunft, Besinnung, Überdenken des eigenen Tuns und auch der Rücktritt von einer geplanten oder gewollten Tat möglich sind.

Pflanzen und Tiere kennen kein Recht, Götter und Engel

brauchen kein Recht. Recht ist also eine ausgesprochen und ausschließlich menschliche Angelegenheit.

Wenn nur das Auge des Gesetzes oft auch so menschlich wäre! Denn selbst das beste Recht darf nicht abstrakt angewendet werden. Die Anwendung des Rechtes bedarf nicht nur der Rechtskenntnis, sondern auch des Rechtsempfindens. Speziell wenn es um das Strafrecht geht, verlangt sie darüber hinaus neben einem hohen Maß an Weisheit, Großmut und Unabhängigkeit einen tiefen Einblick in die Natur, die Seele und das Schicksal des Menschen. Die Rechtsprechung sieht Rudolf Steiner deshalb ganz zu Recht nicht als eine Aufgabe des Rechtslebens, des staatlich-politischen Lebens einer Gesellschaft an, sondern als Aufgabe des Geisteslebens.

Anders ist es bei der Gesetzgebung. Und anders ist es bei der Polizei. Daß aber auch hier manchmal gesetzlicher Auftrag, Dienstanweisung und unmittelbar-menschliches Empfinden, das Gefühl des Menschen, einander entgegenstehen, will ich an folgendem kleinen Beispiel zeigen. Es ereignete sich in einem Land, in dem das Gefühl eine große Rolle spielt, in Österreich. Ein Polizist, der einem Streifenwagen entstiegen war, wollte von mir ein Bußgeld kassieren. Ich wiederum mochte das Bußgeld nicht zahlen, weil ich es als ungerechtfertigt empfand. Der Polizist kam in ein Dilemma. Einerseits wollte er mir eigentlich recht geben, war auch kein Unmensch, andererseits stand direkt hinter ihm der Streifenwagen, aus dem ihn der Kollege aufmerksam beobachtete. Es entspann sich ein längeres Gespräch, innerhalb dessen er nachhaltig auf den hinten wartenden Kollegen hinwies und mir erklärte, er würde, wenn es nur nach ihm ginge, ja gerne auf das Bußgeld verzichten, der Kollege aber würde dafür sicher kein Verständnis haben. Inzwischen tat mir der ebenso freundliche wie hilflose Beamte selber leid – und ich wollte eigentlich zahlen. Da überraschte er mich plötzlich mit dem verblüffenden, vermutlich nur in Österreich möglichen Vorschlag: «Woast was? Dea ma so!» Dann zückte er Block und Stift und tat mit diensteifriger Miene, aber einem Lächeln um die Augen und ohne die Kugelschreibermine herauszudrücken, so, als würde er einen Bußgeldbescheid ausschreiben. Den «fertigen» Bescheid riß er sorgfältig aus dem Block und gab ihn mir. Ich habe daraufhin natürlich mit demselben Ernst in meine Tasche gegriffen, die Geldbörse herausgeholt und so getan, als würde ich eine Strafe bezahlen. Der Polizist ließ die imaginäre Buße sorgfältig in seiner Tasche verschwinden, verabschiedete sich und ging dann wieder zurück zum Polizeiwagen. Ein Rechtsakt also: «Dea ma so!»

Während das Geistesleben mit den Fähigkeiten und das Wirtschaftsleben mit den Bedürfnissen der Menschen zu tun hat und umgekehrt, geht es im Rechtsleben im Kern um das, «was sich aus rein menschlichen Untergründen heraus auf das Verhältnis des Menschen zum Menschen bezieht»[1]. Zwischen dem Reich des Untersinnlichen, des Mineralischen, Pflanzlichen und Tierischen und dem Reich des Übersinnlichen, dem Geisterreich, gibt es hier also ein eigenes, mittleres Reich, das nur wir Menschen schaffen. Es bildet gewissermaßen eine Mitte zwischen den Sphären der physisch-mineralischen und der geistigen Welt. Und es stellt die Mitte dar zwischen den Gliedern des sozialen Organismus, dem Geistesleben und dem Wirtschaftsleben. Beide erfahren aus dieser Mitte heraus ihre rechtliche Gestaltung. Und schließlich hängt das Rechtsleben eng mit der Mitte in uns zusammen, mit dem mittleren Glied des Menschen. Das ist – nebenbei bemerkt – auch ein Grund, warum es so schwierig ist, über das Rechtsleben und über das Recht zu sprechen.

Obwohl man im Jurastudium sehr viel an Wissen und Methodik lernt, hat das Rechtsleben im Kern eigentlich gar nicht so viel mit Wissen oder mit Logik und Abstraktion zu tun, sondern es hängt, seinem Quellort und Wesen nach, mit dem Empfinden des Menschen zusammen, mit dem Fühlen, mit dem Herzen, also mit unserem mittleren Seelenglied. Deshalb sprechen wir auch vom Rechtsempfinden als dem Ursprung jeder «Recht-schaffenheit». Dieses Rechtsempfinden erwacht meistens – am Empfinden des Unrechts. Erst daß wir etwas als Unrecht oder als ungerecht empfinden, läßt in uns in aller Regel das Rechtsempfinden wach werden und zeigt uns, daß wir, wie jeder Mensch, mehr oder weniger entwickelt oder abgestumpft, über ein solches verfügen. Rechtsempfinden, Rechtsbewußtsein und vor allem die Rechtsordnung, die Gestaltung des Rechts, haben im Laufe der Menschheitsgeschichte eine lange Entwicklung durchlaufen.

Die Verantwortung jedes einzelnen. Von der Theokratie
zur Demokratie

In frühen Zeiten waren die Menschen ganz an göttliche Offenbarungen hingegeben und eigentlich nur wie träumend in dieser Welt. Damals kam auch das Gesetz noch weniger von den Menschen, sondern von den Göttern. Von der Vertreibung aus dem Paradies, dem ersten Gesetzesübertritt folgend, bis hin zur Sintflut oder den Zehn Geboten, die ja noch auf den Mosaischen Gesetzestafeln geoffenbart wurden, läßt sich das verfolgen. Ganz anders ist dies dann im Neuen Bund und nach dem Ereignis von Golgatha. Denn seit Golgatha ist die Menschheit ganz im Erdenbewußtsein aufgewacht. Die alte Offenbarungsweisheit ist verdämmert, die Mysterien sind geschlossen.

Damit ändert sich das Bild des Menschen und der Gesellschaft radikal. War es früher noch – wie in der ägyptischen Kulturepoche – der Pharao, der Eingeweihte, der durch Mysterien Gegangene, der als geistlicher und weltlicher Führer zugleich fungierte und der über Recht und Gesetze entschied, so setzt sich etwa seit dem Ereignis von Golgatha, das jedem einzelnen Menschen einen Weg zur Wahrheit weist, immer mehr der Gedanke durch, daß nun die Menschen selbst das Recht finden müssen und daß sie es nur miteinander finden können, nicht einer für sich, auch nicht einer für alle, sondern nur gemeinsam, im Gespräch. Und so entsteht um diese Zeit, beginnend in Griechenland, die Idee der Demokratie. In ihrem Zentrum liegt die Erkenntnis, daß alle Menschen gleich sind, obwohl das doch eigentlich jeder Erfahrung widerspricht.

Wir erfahren alltäglich, wie verschieden wir in unserer Erscheinung sind, in unserem Äußeren, in unseren Denkweisen, in unserer Bildung, unserem Geschmack, unseren Vorlieben und Abneigungen und so weiter. Vor dem Recht sind alle Menschen gleich, das gilt auch beim Zustandebringen des Rechtes. Das Licht, auf das die Spitzen der Pyramiden wiesen, die Weisheit, die über den Pharao der Gesellschaft vermittelt wurde, treten heute nicht mehr zwangsläufig an der Spitze der Gesellschaft auf, sie sind nicht mehr einem Führer oder Politiker vorbehalten, sondern sie können in jedem Menschen auftreten, besser: aufgefunden werden. Jeder Mensch hat die Möglichkeit, das Licht oder die

Weisheit in seinem Bewußtsein anzuzünden in seinem Alltag. Und was richtig ist im Politischen, im Sozialen, das können überhaupt nicht mehr einzelne Menschen verfügen, sondern das können nur noch die beteiligten Menschen gemeinsam herausfinden.

Konsequent weitergedacht, sind diejenigen Menschen, die politische Verantwortung tragen, heute das Gegenteil von früher: Sie sind nicht mehr Führer, nicht mehr Fürsten, sondern Diener des Volkes, «Minister». Auch wenn wir dabei oft andere Assoziationen haben aufgrund der immer noch von Macht, Unmoral und der weitgehenden Abwesenheit von Demokratie geprägten politischen Ordnung: Das lateinische Wort «ministrare» heißt ja «dienen».

Tatsächlich bemühen sich viele Politiker und sogar Minister wirklich, so gut sie es eben können, dem Volk zu dienen, und leisten dabei enorm viel aus ihrem Verantwortungsbewußtsein heraus für das Gemeinwesen, immer im Sinne dessen, was sie für das Gemeinwesen für nötig und richtig halten. Und wenn man Menschen in solchen Positionen über Jahre hinweg erlebt und beobachtet, was da teilweise an Kraft aufgewendet wird, dann muß man einfach erkennen, das immer auch dieses dienende Element da ist.

Aber es gibt ebenfalls immer den anderen Aspekt, die andere Seite, die Seite der Macht, des Einzel- oder Gruppenegoismus, des Parteiendenkens, der Clique und Seilschaft und vor allem: der unvollständig ausgebauten Demokratie, die all diese Verzerrungen fördert. Das geht so weit, daß ich behaupten möchte, daß wir eigentlich noch gar nicht in einer wirklichen Demokratie leben. Darauf werde ich später zu sprechen kommen.

Aus der Idee der Demokratie folgt unmittelbar die Erkenntnis, daß wir alle heute gemeinsam verantwortlich sind für das, was in der Welt geschieht; übrigens auch für das, was nicht oder nicht rechtzeitig geschieht. Wir werden verantwortlich durch unser Tun wie durch unser Unterlassen. Es ist ein häufiger und verbreiteter Irrtum, zu glauben, wenn man nichts täte, trüge man auch keine Verantwortung. Die Faulen und Feigen waschen so ihre Hände in Unschuld, während diejenigen, die dann etwas tun oder es jedenfalls versuchen, sich natürlich leicht auch «die Finger verbrennen», wie man so schön sagt, oder «sich die Hände schmutzig machen». Doch Mensch sein, heißt erkennen, heißt handeln. Gerade wer nichts tut, lädt meist viel größere Schuld und Verantwortung auf sich. Er ist mitverantwortlich für das, was ist, so wie es ist. Das ist, glaube ich, eine der Lehren, die die Realität und Erfahrung des Nationalsozialismus beziehungsweise des Dritten Reiches bei denjenigen Menschen, die das mitgemacht haben, und auch bei den nachfolgenden Generationen sehr viel tiefer und ernsthafter hinterlassen hat, als das vorher der Fall war.

Heute sind wir also alle verantwortlich, auch für das, was in der Politik, was in der Welt und unserem Lande in unseren Namen geschieht. Keiner kann sich aus dieser Verantwortung stehlen. Und wenn wir uns jetzt im Lichte dieser Verantwortung zum Beispiel ansehen, in welchen Zustand wir die Erde gebracht haben, dann müssen wir sagen, wir sind unserer Verantwortung nicht sehr gut nachgekommen. Umweltzerstörung, Vergiftung von Boden, Luft und Wasser, Abbau von Rohstoffen, Klimaveränderungen, Zerstörung der Ozonschicht, tödliche Waffenarsenale: Das alles ist zum einen die Folge einer bestimmten, oft gedankenlosen Lebensweise und Folge einer bestimmten Rechtsordnung.

Schon die Verteilung des Reichtums und der Chancen auf der Erde ist für mich ebenso wie der Anteil am Rohstoff- und Energieverbrauch in einer bestimmten Hinsicht eine Frage an unser Rechtsempfinden. Wenn wir uns klarmachen, daß ein Viertel der Menschheit drei Viertel der Rohstoffe und Energien verbraucht und daß in den letzten fünfzig Jahren weltweit schätzungsweise mehr Energie und Rohstoffe verbraucht wurden als in der gesamten Geschichte der Menschheit zuvor; wenn wir uns dann weiter fragen, ob denn die nach uns kommenden Generationen noch die Möglichkeit haben sollen, in ähnlichem Wohlstand zu leben wie wir (und dies natürlich nicht nur in den reichen, westlichen Ländern, sondern vielleicht gerade auch dort, wo die Menschen heute Hunger leiden), dann müßten wir eigentlich sofort anfangen, unseren eigenen Lebensstil verantwortlicher zu gestalten und vor allem für weltweite Rechtsordnungen zu sorgen, die dazu führen, daß die, die mit uns, und die, die nach uns leben, noch etwas von den Schätzen und Reichtümern dieser Erde und vor allem gesunde Luft, sauberes Wasser und einen fruchtbaren, giftfreien Boden vorfinden. Auch das ist eine Rechtsfrage, sogar eine Rechtsfrage gegenüber den noch nicht Geborenen. Wir leben, ohne das mit ihnen vereinbart zu haben, auf Kosten unserer Um- und Mitwelt und der uns folgenden Generationen.

Wenn wir das empfinden können, und ich habe das Gefühl, daß die Menschen immer mehr dahin kommen, in dieser Weise global, menschheitlich, brüderlich zu empfinden, so wäre die Menschheit am Empfinden eines sichtbaren Unrechts für eine völlig neue Rechtsfrage aufgewacht, und damit für eine neue Qualität, die dann auch neue soziale Gestaltungen, zum Beispiel eine völlig neue Weltwirtschaftsordnung, zur Folge haben müßte.

Ökonomisches Gesetz und soziales Hauptgesetz.
Smith und Steiner

Die ökologische Frage ist nicht nur eine Bewußtseinsfrage, sondern auch Folge einer bestimmten Rechtsordnung, die alles auf das Eigentum, auf die Vermehrung dieses Eigentums und auf Profit setzt und die den armen, nicht besitzenden Menschen und erst recht den noch gar nicht lebenden kaum oder gar keine beziehungsweise bestenfalls abstrakte Rechte einräumt. Sie ist Folge einer mit dem Wirtschaften verbundenen Rechtsordnung, die über den Zwang zur Kapitalrendite, zur Verzinsung des geliehenen Kapitals, einen ständigen automatischen Wachstumszwang in das Wirtschaftsleben eingebaut hat, der selbst dann wirkt, wenn ihn keiner will. Sie ist indirekt auch Folge einer Rechtsordnung, die Arbeitskräfte, also Menschen, ebenso wie Grund und Boden, als Ware behandelt und sie so der grenzenlosen Entfremdung und Ausbeutung unterwirft. Sie ist schließlich auch Folge einer Rechtsordnung, die die Gewinne immer wieder privatisiert und die Schäden sowie die Kosten für diese Schäden auf die Allgemeinheit abwälzt. Diese Rechtsordnung, von der jetzt so viel die Rede war, geht auf ein Konzept zurück, das das exakte Gegenbild dessen darstellt, was Rudolf Steiner seinerzeit als Grundbedingung jeder Gemeinschaft, als «das soziale Hauptgesetz» beschrieben hat, nämlich daß «das Heil einer Gesamtheit von zusammenarbeitenden Menschen... um so größer [ist], je weniger der einzelne die Erträgnisse seiner Leistungen für sich beansprucht, das heißt, je mehr er von diesen Erträgnissen an seine Mitarbeiter abgibt, und je mehr seine eigenen Bedürfnisse nicht aus seinen Leistungen, sondern aus den Leistungen der anderen befriedigt werden».[2] Das «ökonomische Gesetz» des Liberalismus, von Adam Smith formuliert, behauptet dagegen, daß der Wohlstand einer Gruppe von Menschen (beziehungsweise der Nation) um so größer ist, je mehr jeder einzelne nur seinen Eigennutzen und gerade nicht die Bedürfnisse der anderen, der Gemeinschaft, im Auge hat.

Blicken wir auf die eigene Erfahrung, so merken wir, daß oberflächlich Smith recht hat, daß die Dinge aber dann schon bald zusammenbrechen, genau wie die Menschen, die unbefriedigt und unglücklich werden. Im tieferen Sinne glückt das Leben und das Arbeiten nur, angefangen von den kleinsten Gemeinschaften bis hin zu den großen Arbeitszusammenhängen, wenn in der von Steiner beschriebenen Weise sozusagen der einzelne in der Gemeinschaft und die Gemeinschaft im einzelnen lebt.

Allerdings ist, so sagte Rudolf Steiner, «das soziale Hauptgesetz» nicht als ein moralischer Appell gedacht, nicht als eine Art «Wort zum Sonntag», das man sonntags und in schönen Gedanken pflegt, während man werktags wieder dagegen handelt, sondern es ist als ein Strukturprinzip gemeint, nach dem konsequent alle sozialen Einrichtungen und der «soziale Organismus» im ganzen einzurichten sind. Das heißt also, daß nach diesem «sozialen Hauptgesetz» auch die Gesetze gemacht und die Verfassungen geschrieben werden müßten. Es braucht nicht zitiert zu werden, sondern die Gesetze und Strukturen sind so zu gestalten, daß das, was im «sozialen Hauptgesetz» beschrieben ist, endlich zur Entfaltung kommen kann. Dagegen ist die Grundlage unseres heutigen wirtschaftlichen Systems, das sich nun nach dem Zusammenbruch der sozialistischen Systeme auch noch weltweit auszubreiten scheint, das genaue Gegenbild, nämlich das ökonomische Gesetz von Adam Smith. Das ist es, was heute weltweit betrieben wird, was natürlich einen irrsinnigen Produktionsprozeß und Handel in Gang setzt, gleichzeitig aber zu Schäden führt, die wir beklagen. Ich habe dabei bislang nur die äußeren Schäden erwähnt, nicht die inneren Schäden, die Schäden in uns, den Menschen selbst.

102

Von der Fortentwicklung des Rechts. Revolution und Evolution

Nun ist die Frage: Woher kommen denn diese Rechtsordnungen, die wir meistens gar nicht durchschauen und die, wenn sie nicht durchschaut werden, uns unbewußt, zum Bösen wirken können? Im «Faust» läßt Goethe den Mephisto sagen: «Es erben sich Gesetz' und Rechte wie eine ew'ge Krankheit fort!» und einige Zeilen weiter heißt es: «Vernunft wird Unsinn, Wohltat Plage; weh dir, daß du ein Enkel bist! Vom Rechte, das mit uns geboren ist, von dem ist, leider! nie die Frage.»

Es gibt also neben dem «vererbten», alten ein neues, «mit uns» geborenes Recht, ein zeitgemäßes Recht, das den jetzt lebenden Menschen entspricht. Ihm begegnen wir tatsächlich viel zu selten. Vielmehr finden wir fast überall das alte, nicht mehr zeitgemäße Recht. Und dabei wird, was einmal vernünftig war, «Unsinn», und was einmal eine Wohltat war, «Plage».

Diese Auswirkungen lassen sich, ist man erst einmal darauf aufmerksam geworden, eigentlich täglich beobachten. Die Rechtsordnung ist so etwas wie das Skelett für den sozialen Organismus, das diesem seine Gestalt verleiht. Zugleich ist sie dadurch eine Art Gefäß für die Gesellschaft, für das soziale Leben der Menschen. Wie jede Hülle muß sie passen und noch genügend Platz und Luft lassen, sonst erstickt oder deformiert sie, was in ihr lebt. Stellen wir uns doch einmal ein kleines Kind vor, nicht älter als zwei oder drei Jahre. Die Eltern kaufen oder nähen eine Hose und ziehen sie dem Kind an. Die Hose paßt wunderbar. Das Kind fühlt sich wohl, kann spielen, strampeln, toben, tun, was es will. Es hat Spaß, es kann sich frei bewegen. Dann aber wird das Kind, wie alle Kinder, größer. Es ist das Wesen menschlicher Gesellschaft, des menschlichen Lebens überhaupt, daß Menschsein immer bedeutet, in ständiger Entwicklung voranzuschreiten. Stillstand, Verhinderung dieser Entwicklung bedeuten zwangsläufig Rückfall, Krankheit, Tod. Wie die Menschen im übertragenen Sinne wachsen, wie sich die praktischen Verhältnisse, die Umgebungsbedingungen, die Menschen und das Bewußtsein der Menschen ändern, so müssen sich natürlich auch die Hüllen anpassen, die sie sich schaffen.

Erinnern wir uns noch einmal an das Kind. Es ist mittlerweile schon dreieinhalb, vielleicht sogar vier Jahre alt und läuft immer noch in derselben Hose herum. Jedem, der sich das nur drastisch genug vorstellt, wird sofort deutlich, daß das nicht gehen kann. Das Kind wird größer, die Hose nicht. Sie fängt an, das Kind zu behindern, zu beschweren und seine Freiheit, seinen Bewegungsdrang einzuschränken. Eines von beiden wird es nicht überleben, entweder, was ich hoffe, das Kleidungsstück oder das Kind.

Natürlich gibt es – gar nicht so selten – die dritte Möglichkeit: Wenn nämlich Stoff und Nähte außerordentlich fest sind, kann es auf längere Zeit zu einer Art Arrangement kommen. Dann halten beide stand. Das Kind allerdings wird dann dauerhaft verkrüppelt. Denken wir nur an die jahrhundertelange Verkrüppelung der Mädchenfüße in China durch zu kleine Schuhe. In der Tat kann eine ganze Gesellschaft – das Beispiel China liegt hier gar nicht so weit weg – auf diese Weise durch Rechtsordnungen deformiert werden, die aufgezwängt und die allen Widerständen zum Trotz nicht mehr verändert wurden.

Dieser Prozeß läßt sich eigentlich ständig beobachten. Man kann die Gesellschaft fast wie das Gras wachsen hören oder sehen, man kann auch das Bewußtsein wachsen sehen, wenn man erst einmal darauf aufmerksam geworden ist. Und zugleich sieht man, wie die Rechtsordnungen fast ständig dieselben bleiben. Das bedeutet, daß uns immer wieder Krusten und Mauern im Wege stehen, die verhindern, daß wir Menschen aufrecht den Weg gehen können, den wir aufgrund unserer vorgeburtlichen Entschlüsse gehen wollen. Das führt zu Frustrationen und Enttäuschungen. Und es führt auch zu sozialen Spannungen, Auseinandersetzungen und Revolutionen.

Leider bringen diese Revolutionen meistens zwar kurzzeitig eine Befreiung, ein Aufatmen, eine Beseitigung des alten Korsetts, aber langfristig nichts wesentlich Besseres. Denn meistens beseitigen sie die alten Hüllen, ohne zugleich neue zu bilden. Dadurch entsteht ein Vakuum, weil nun ja nicht bewußt, aus dem Bewußtsein heraus gestaltet wird, sondern weil es eigentlich nur ein eruptiver, urwüchsiger Ausbruch war, in den hinein sich anderes, nicht Durchschautes ergießen kann, mit allen Gefahren für das Bewußtsein wie für die Gesellschaft. Meistens ist es ein Spiegelbild des Alten, das bald schon in Ermangelung wirklich neuer Gestaltungsideen wieder aufersteht.

Goethe war dieses Problem bewußt, und deshalb war er auch, im Unterschied zu sehr vielen seiner gebildeten und modernen Zeitgenossen, ein Gegner der Französischen Revolution. Zu Eckermann sagte er einmal: «Ich konnte kein Freund der Französischen Revolution sein, denn ihre Greuel empörten mich täglich.» Aber dabei ließ er es nicht bewenden. Er sah noch weiter, tiefer, auf die Ursachen des Ganzen. Hören wir, was er ferner sagte, auch wenn dieses Zitat weitaus unbekannter ist, als das oben genannte: «Ebensowenig aber war ich ein Freund herrischer Willkür. Auch war ich vollkommen überzeugt, daß irgendeine große Revolution nie Schuld des Volkes ist, sondern der Regierung. Die Zeit aber ist in ewigem Fortschreiten begriffen, und die menschlichen Dinge haben alle fünfzig Jahre eine andere Gestalt, so daß eine Einrichtung, die im Jahre 1800 eine Vollkommenheit war, schon im Jahre 1850 vielleicht ein Gebrechen ist.»[3]

Heute veraltet das, was einmal gültig war, sicher sehr viel schneller als zu Goethes Zeit. Wir können aber nicht immer Revolutionen abwarten, bei denen alles zu Bruch geht, um dadurch das Alte zu beseitigen und – möglicherweise – Neues zu schaffen. Wir müssen uns deshalb darum bemühen, friedliche, zeitgemäße, demokratische Wege zur Veränderung der Rechtsordnungen zu finden, Wege des Mitwachsens der Kleidung, geschneidert von den Menschen selbst. Gibt es solche Wege?

Wählen und Abstimmen

Lebendiges, zeitgemäßes Recht, so haben wir festgestellt, ist weder gott- noch naturgegeben. Es kann weder von oben verordnet werden, noch ist es einfach etwas, was in Büchern als Rudiment vergangener Zeiten steht. Lebendiges, zeitgemäßes Recht ist auch nicht das, worauf man sich einmal geeinigt hat, sondern das, was die Menschen jeweils neu als Recht vereinbaren, was dieser Vereinbarung zufolge zwischen ihnen gelten soll, und zwar für alle Menschen als gleiche.

In früheren Zeiten, als die Menschheit weniger ausgeprägt im Einzel- und Tagesbewußtsein angekommen war, wurde das Recht nicht vereinbart, sondern von auserwählten, unbestrittenen Führern gesetzt. Im Zeitalter der Bewußtseinsseele aber hat nur ein solches Recht eine Berechtigung, das aus der Vereinbarung der beteiligten Menschen hervorgeht.

Dies ist die Grundidee der Demokratie und der im «Grundgesetz für die Bundesrepublik Deutschland» niedergelegten Volkssouveränität. Wie ist diese Idee nun heute umgesetzt? In der Praxis können die Menschen in den meisten Ländern nicht selbst entscheiden. Die Volkssouveränität aktualisiert sich und erstirbt sogleich im Wahlakt. Darüber hinaus ist sie in den meisten Ländern noch nicht gekommen. Das heißt: in allen konkreten Sachfragen sind die Bürgerinnen und Bürger zum Zuschauen verurteilt. Sie dürfen nicht selbst entscheiden, sondern nur diejenigen benennen, die dann entscheiden dürfen. Und auch hier sind den Bürgern weitgehend die Hände gebunden, sind ihre Entscheidungsmöglichkeiten eingeschränkt. Denn sie können zumeist nicht bestimmte Menschen, sondern nur Listen – und damit Parteien – wählen. Die Parteien wiederum entscheiden – am Tag der Listenaufstellung –, wer sie im Parlament vertreten soll. So kommt es zu einem ständigen, nicht zu unterschätzenden Konflikt. Wen soll der Abgeordnete denn nun vertreten: seine Wähler oder seine Partei? Wer glaubt, daß beides immer dasselbe ist, irrt. Der Unterschied kann in bestimmten Situationen größer kaum sein. Und vor die Wahl gestellt, entscheidet sich der Abgeordnete fast immer für die Partei. Die ist greifbar, anwesend, handlungsfähig, der Wähler nicht.

Dieses System hat Folgen. Für die politischen Ergebnisse, für die Demokratie selbst und für die Wahrnehmungen, Gedanken und Empfindungen der Bürgerinnen und Bürger.

Dieter Hildebrandt hat über den Vorgang der Wahl einmal gesagt, das Wählen habe so eine merkwürdige Bestattungssprache: Man nimmt einen Wahlschein, macht ein Kreuz, man faltet den Schein, und schließlich steckt man ihn – in eine Urne. Die Urne ist natürlich schwarz. In der Urne entmaterialisiert sich die Wählerstimme, verschwindet, entzieht sich jeder bewußten Verfolgung. Damit ist der Vorgang für den Akteur beendet. Später danken dann die Politiker den Wählern für ihr Vertrauen und orakeln über deren Motive. So hat zum Beispiel der neugewählte deutsche Bundeskanzler 1983 gesagt, er hätte von den Wählern ja nun den Auftrag erhalten, die atomaren Mittelstreckenraketen Pershing 2 und Cruise-Missiles zu stationieren. Ich bin ganz sicher, Tausende, Hunderttausende werden sich in diesem Moment erschrocken gegenseitig angesehen und gefragt haben: Hast du das? Habe ich das etwa?

Das ist das Hauptproblem bei der Wahl: daß unendlich viele Themen miteinander verrührt werden, aber man nicht zu einem einzigen Thema eindeutig und vernünftig Stellung nehmen kann. Man kauft immer die Katze im Sack. Man kann nicht sagen: Diese Partei beziehungsweise diesen Kanzler (was ja auch schon wieder eine andere Frage ist!) finde ich im Grundsatz gut – aber die Atomraketen will ich nicht, in diesem Punkt stimme ich dagegen. Man kann immer nur pauschal das sogenannte kleinere Übel wählen, und ansonsten ist man zum Zuschauen verdammt. Ein Freund von mir hat deshalb einmal gesagt, das sei, wie wenn man ins Kaufhaus gehe, um einen bestimmten Tisch zu kaufen, den man haben möchte – und da erklärt der Verkäufer: Den Tisch können Sie gerne haben, Sie müssen dann allerdings das ganze Kaufhaus mitnehmen.

Damit möchte ich nicht die Wahlen pauschal schlechtmachen. Wahlen soll und muß es geben. Aber man empfindet deutlich, daß es eigentlich dem heutigen Bewußtsein und auch dem Verantwortungsgefühl der Menschen nicht entspricht, wenn sich ihre Beteiligung auf die undifferenzierte und ohnmächtige Art der Stimmabgabe beschränkt. Es gibt den Menschen das fatale, immer häufiger zu beobachtende Gefühl, nicht wirklich gefragt, nicht wirklich beteiligt zu sein. So wachsen Wahlmüdigkeit, Politikmüdigkeit, Parteienmüdigkeit, Resignation und Militanz.

Immer mehr Menschen haben den Eindruck: Man kann ja nichts ändern, die machen doch, was sie wollen. Ich halte das für eine außerordentlich bedenkliche Entwicklung. Schließlich liegt es in der Verantwortung aller Menschen, was in einem jeweiligen Land geschieht und was nicht. Wenn die Menschen keine Möglichkeit sehen, ihrer Verantwortung gerecht zu werden und mitzuwirken, und wenn sie sich deshalb zurückziehen und den Glauben an die Demokratie verlieren, so ist das gefährlich für uns alle.

Fraktionszwang und Parteiendemokratie. Persönliche Erfahrungen im Parlament

Weitere Faktoren tragen zu dieser Stimmung bei. Und auch hier sieht man, wie die Rechtsordnungen ganz einfach veraltet und ungenügend sind und wie sie dazu beitragen, das in ihnen stattfindende politische Leben zu deformieren. Ich habe schon gesagt, daß die Rolle der Parteien und das geltende Wahlrecht dazu führen, daß sich die als Vertreter des Volkes gewählten Abgeordneten eigentlich eher als Vertreter der Parteien denn als Vertreter des Volkes verstehen. Dies hat nicht nur mit der abstrakten, allgemeinen Macht der Parteien und dem allein auf Parteien abgestellten Wahlrecht zu tun. Solche die Parteien stärkenden und die Bürger sowie den einzelnen schwächenden Bestimmungen finden ihre Fortsetzung in den Geschäftsordnungen und der Praxis der Parlamente. Ich will dazu einige Beispiele aus meinen eigenen Erfahrungen als Abgeordneter des Deutschen Bundestages berichten.

Zum Beispiel können sich die Abgeordneten bei den Bundestagsdebatten noch nicht einmal selbst zu Wort melden. In Österreich dagegen, im Bayerischen Landtag und anderswo können sich die Abgeordneten selber melden. Im Bundestag werden sie gemeldet, und zwar von ihren Fraktionsvorsitzenden – meist schon viele Tage vor der Sitzung. Die Entscheidung, wer redet, trifft die Fraktion. Das heißt, wer nicht auf Linie liegt, wer in einer bestimmten Frage abzuweichen gedenkt, der kommt sowieso nicht zu Wort, der wird rechtzeitig mundtot gemacht. Das ist einer der vielen Ansatzpunkte des allseits bekannten «Fraktionszwanges», von dem die großen Parteien ja immer sagen, es gebe ihn gar nicht. Natürlich gibt es kein Gesetz mit dem Titel «Fraktionszwang», das wäre ja sofort verfassungswidrig und müßte vom Verfassungsgericht kassiert werden. In der Wirklichkeit aber gibt es den Fraktionszwang. Allein schon die Tatsache, daß man ihn in jüngster Zeit gemäß interfraktioneller Übereinkunft zweimal in besonderen Situationen, nämlich bei der Entscheidung zum Abtreibungsrecht und bei der Hauptstadtdebatte, aufgehoben hat, beweist ja, daß es ihn geben muß; wie sonst könnte man ihn aufheben?

Als ich gerade ein halbes Jahr im Bundestag war, habe ich mich einmal ziemlich deutlich öffentlich über den Fraktionszwang und seine Folgen geäußert. Da hielten fast alle zusammen, dementierten, daß es so etwas überhaupt gibt. Schließlich wurde mir vom damaligen Präsidenten, Philipp Jenninger, mitgeteilt, meine Erklärung habe das Ansehen des Hauses geschädigt, mir müsse doch eigentlich bekannt sein, daß es nachweislich keinen Fraktionszwang gebe und daß bei allen Abstimmungen alle Abgeordneten grundsätzlich nur ihrem Gewissen folgten. Wir alle konnten täglich immer wieder das Gegenteil beobachten. Und als eines Tages mitgeteilt wurde, daß bei einer bestimmten Abstimmung der Fraktionszwang ausnahmsweise einmal aufgehoben werde, da habe ich mich natürlich schon gewundert.

Die Abgeordneten können sich nicht nur nicht selber melden, sie können eigentlich überhaupt nichts, was zu ihren wesentlichen Abgeordnetenrechten gehört, allein, ohne ihre Fraktion machen. Kaum jemand weiß davon, und kaum jemand spricht darüber. Es ist gut, sich das einmal deutlich zu machen. Das einzige, was man als frei gewählter Abgeordneter allein tun kann, ist, am Mittwoch um 13 Uhr in der Fragestunde eine Frage an die Bundesregierung zu stellen. Diese Frage muß man allerdings schon eine Woche vorher schriftlich eingereicht haben. Wird sie beantwortet, dann darf man stehend die Antwort empfangen und noch eine Zusatzfrage stellen.

Das ist fast alles, was der einzelne Abgeordnete machen kann. Er kann sich auch noch im Ausschuß melden, und er kann vier schriftliche Fragen im Monat an die Regierung stellen, die schriftlich beantwortet werden. Alles andere, die sogenannte «kleine Anfrage», die «große Anfrage», Gesetzentwürfe, Anträge, Entschließungsanträge und so weiter kann der einzelne Abgeordnete praktisch nur mit Billigung seiner Fraktion einreichen. Dadurch ist der Abgeordnete immer gezwungen, nicht frei, als Individuum, nicht seinem Gewissen verantwortlich, sondern gewissermaßen als verlängerter Arm einer Fraktion, einer Gruppe, einer Partei zu agieren, das heißt als Personifikation einer Art Gruppenwesen oder Gruppenseele.

Und wenn Abstimmungen im Bundestag sind, dann kann man bei namentlichen Abstimmungen vorne den parlamentarischen Geschäftsführer sehen, den sogenannten «Stimmführer», der ein Kärtchen hochhält – Rot steht für «nein», Blau für «ja», Weiß für «Enthaltung». Und folgsam ziehen alle dieselbe Karte. Oder man sieht bei normalen Abstimmungen auf ein Zeichen des

Stimmführers die Arme hochgehen, wie von Fäden gezogen. Und es kommt gar nicht selten vor, daß einzelne Abgeordnete gar nicht wissen, worüber sie abgestimmt haben. Es gibt ja regelmäßig einige Dutzend, manchmal sogar einige hundert Abstimmungen am Tag. Man folgt dann einfach der Fraktionsmeinung. Nur bei uns, bei den Grünen war das öfters anders, haben einzelne Abgeordnete ganz unterschiedlich abgestimmt. Schließlich haben wir den Fraktionszwang abgelehnt. Das führte oft zu Heiterkeit, links und vor allem rechts im Hause, und die Kollegen feixten und meinten, wir hätten das «nicht im Griff», wir hätten «keine Disziplin», «keine Ordnung im Laden». Und wenn ich manchmal zum Beispiel einem Abgeordneten von der CDU applaudierte, weil er etwas Gutes gesagt hatte, dann drehten sich etliche Köpfe nach mir um und blickten, als sei ich gerade eingeschlafen und hätte versehentlich an der falschen Stelle geklatscht. Es ist eigentlich nahezu ausgeschlossen, daß man einfach einmal der anderen Seite recht gibt.

Wenn dann wirklich einmal der Fraktionszwang ausgesetzt wird, erlebt der Bundestag regelmäßig eine Sternstunde. Ein Beispiel hierfür war die Hauptstadtdebatte, bei der man sich im Vorfeld auf offene Redezeiten und auf die Möglichkeit für alle Abgeordneten, sich zu melden, geeinigt hatte. Es war wie in einer anderen Welt: Die Abgeordneten haben einander zugehört, sind aufeinander eingegangen, sie haben argumentiert und nicht irgendeinen Theaterdonner für das Fernsehen und die Öffentlichkeit inszeniert. In dieser Debatte wirkte ein spürbar anderer Geist. Der Grund dafür war, daß den Fraktionen die Sache aus dem Ruder gelaufen war; sie hatten ja vorher bis in die Nacht hinein getagt, um irgendwie zu versuchen, ihre Leute auf eine Linie zu bringen. Es hat nicht geklappt, in keiner Fraktion. Zu unterschiedlich waren die Interessen und Sichtweisen. Das hatte zur Folge, daß man Abstimmung und Debatte freigegeben hat. So war natürlich auch – ungewohnt für alle – bis zum Ende das Ergebnis offen. Das machte die Sache so interessant. Plötzlich vollzog sich da Parlament, was eigentlich die ganzen vier Jahre über stattfinden müßte. Plötzlich wurde zugehört, nachgedacht, wurde abgewogen, wurden Urteile gebildet und verworfen. Dies bestätigte auch das Ergebnis. Denn die Abstimmung fiel anders aus, als die Umfragen unter den Abgeordneten hatten erwarten lassen. Es zeigt sich, daß die Debatte selbst Menschen, Urteile und Entscheidungen verändert hatte.

Ich weiß nicht, ob diese eigentlich selbstverständliche Qualität bei der Debatte über den Paragraphen 218, also die Abtreibungsfrage, wiederholbar sein wird. Ich fürchte, daß das bei der Art, wie jetzt versucht wird, die Fronten doch wieder festzuklopfen, nicht gelingen wird. Aber auch hier besteht prinzipiell noch einmal diese Chance, daß sich etwas anderes artikuliert als das rein Parteimäßige.

Betrachten wir die politischen Prozesse aufmerksam, so müssen wir feststellen, daß wir eigentlich noch in keinem Land der Welt eine wirkliche, vollendete Demokratie haben. Dies gilt auch für mein Land. Die politischen Parteien haben dort den ganzen politischen Prozeß und das Feld der politischen Willensbildung usurpiert. Die Bürgerinnen und Bürger sind zu Zuschauern geworden. Die wenigsten wissen, daß diese politischen Parteien in der Bundesrepublik Deutschland im Verlauf einer Legislaturperiode insgesamt vier Milliarden Mark aus öffentlichen Mitteln zur Finanzierung ihrer Arbeit kassieren, wenn man die Fraktionsmittel, die Sockelbeträge, die Wahlkampfkostenerstattung und die Zuschüsse für die Stiftungen summiert. Hinzu kommt, daß sie sich dieses Geld gewissermaßen selber bewilligen und eigentlich niemand außer dem Bundesverfassungsgericht, das wir ja deshalb auch schon angerufen haben, sie daran hindern kann. Die Parteien stellen inzwischen einen enormen Machtfaktor im Staat, bis hinein in die Ministerien, in die Verwaltung, Justiz, Medien und so weiter.

Genaugenommen liegt in dieser Rolle der Parteien ein permanenter Verfassungsverstoß. Denn dort heißt es: «Die Parteien wirken bei der politischen Willensbildung... mit.» Von einem Monopol auf die Willensbildung ist dort nicht die Rede. Außerdem heißt es im «Grundgesetz»: «Die Abgeordneten... sind Vertreter des ganzen Volkes, an Aufträge und Weisungen nicht gebunden und nur ihrem Gewissen unterworfen.»[4] Diese Qualität des individuellen Urteils, der Verantwortung und des Gewissens, auf die das «Grundgesetz» bewußt abhebt, ist ja inzwischen in der Politik wieder seltener geworden. Um so wichtiger ist es, für die Freiheit und das individuelle Urteil zu kämpfen und für Rechtsordnungen, die sich aus der Welt individueller Urteile und nicht gruppenmäßigen Verantwortungsentzuges speisen. Das gilt nicht nur für die Politiker und Parlamente, sondern in gleicher Weise, gewissermaßen spiegelbildlich, für die Seite der Bevölkerung, der Menschen. Hier möchte ich noch einmal auf den wesentlichen Unterschied zwischen Wahlen und Abstimmungen zu sprechen kommen. Bei Wahlen gibt man ja eigentlich seine Stimme ab, das heißt, man überläßt sie letztlich anderen. Man gibt auch seine Verantwortung ab, man wählt aus irgendeiner Stimmung, einer Art Gruppenzugehörigkeitsgefühl heraus. Ganz anders ist das bei Abstimmungen. Da steht man jedesmal neu und selbst unmittelbar vor einer Sachfrage und muß sich im Abwägen von Pro und Kontra selbst ein sachgemäßes Urteil bilden. Es wirkt also ein ganz anderes Prinzip, nämlich das Prinzip der Konzentration auf einen Inhalt, auf die Sache selbst, nicht auf eine charismatische Person oder Gruppe.

Deshalb ist einer der wichtigsten Faktoren für die Heilung des sozialen Organismus, daß wir die bloße Parteiendemokratie überall dort, wo diese Möglichkeit noch nicht besteht, um die Möglichkeit der direkten Gesetzgebung durch das Volk ergänzen. Durch Volksinitiative, Volksbegehren und Volksentscheid kann der verkrustete politische Bereich aufgebrochen werden. Die Bürgerinnen und Bürger müssen sich nicht mehr darauf beschränken, ihre Stimme alle vier Jahre im doppelten Wortsinn abzugeben und ansonsten zuzuschauen. Jede/r hat die Möglichkeit, in einer ihr/ihm wichtigen Frage eine Initiative zu ergreifen und ein Thema auf die Tagesordnung der Rechtsgemeinschaft zu setzen. Der Weg der dreistufigen Volksgesetzgebung, wie wir ihn für die Bundesrepublik Deutschland vorgeschlagen haben, ergänzt um die rechtlichen Bedingungen der freien und authentischen Information über Gegenstand und Begründung einer Initiative, ermöglicht eine gesellschaftliche Besinnung auf einen Inhalt und das Gespräch der Menschen mit sich selbst und über die wichtigen politischen Fragen der Gegenwart und Zukunft in ganz anderer Weise, als Wahlkämpfe das je könnten. Und am Ende steht eine verbindliche Entscheidung der Rechtsgemeinschaft, an der alle mitgewirkt haben und für die alle die Verantwortung tragen. So ist die Volksgesetzgebung auf allen Ebenen eine notwendige Ergänzung der Demokratie im Zeitalter der Mündigkeit.

In der Bundesrepublik Deutschland gibt es diese Möglichkeit

bisher – wenn auch in sehr verunstalteter Form – nur in einigen Ländern. Dazu gehört Bayern, mein Heimatland, wo wir kürzlich einen Volksentscheid über die Müllpolitik erlebt haben. Diesem Volksentscheid lag übrigens ein Gesetzentwurf zugrunde, den in kaum veränderter Fassung vorher die Grünen im Bayerischen Landtag eingebracht hatten und der dort von allen Parteien rigoros abgelehnt worden war. Er sei überhaupt nicht praktikabel, hieß es, und er wäre ein Einstieg in eine andere Republik. Dieser Entwurf wurde dann, etwas verändert und weiterentwickelt, aus der Bevölkerung heraus von einer Volksinitiative auf die Tagesordnung gesetzt. Und es ist dieser Initiative tatsächlich gelungen, die Parteien, das Parlament und die Regierung mit dem Instrument des Volksentscheids so weit zu bringen, daß Bayern jetzt mit Sicherheit die fortschrittlichste Müllgesetzgebung innerhalb der Bundesrepublik und auch innerhalb Europas hat. Ich könnte viele andere Beispiele, gerade auch aus der Schweiz, anführen, welche positive Auswirkungen auf die Qualität von Politik und Entscheidungen eine derartige Verwirklichung direkter Demokratie hat.

Diese Art von gemeinsamer Besinnung auf die Aufgaben und die Zukunftsfragen einer Gesellschaft scheint mir heute zutiefst notwendig zu sein. Statt dessen wenden sich immer mehr Menschen von der politischen Sphäre ab, weil ihnen alles, was sie dort sehen, so unpassend und so schmutzig erscheint, weil es untrennbar verbunden ist mit Parteienstreit und Machtstreben, und weil das Politische eben nicht im positiven Sinne, im Sinne der Regelung der Angelegenheiten der Gemeinschaft vor die Menschen hintreten kann.

Vom Grundgesetz zur Verfassung. Verfassungsdebatte in Deutschland

Das Wichtigste aber, worüber die Menschen selbst entscheiden müssen, ist ihre Verfassung. Die Verfassung ist ja eine Art Vertrag, den die Menschen miteinander schließen. Sie beschreibt die Grundordnung und die Strukturen, innerhalb derer wir alle leben und unser Zusammenleben gestalten und entwickeln wollen. Verfassungen sind eine Sache des Volkes, nicht der Regierungen oder der Parlamente. Verfassungen können deshalb nicht von oben gegeben, sondern nur vom Volk selbst beschlossen werden. Die Verfassung schafft auch die rechtliche Grundlage und zieht den Rahmen für die Tätigkeit aller staatlichen Organe, also des Parlamentes, der Regierung und der Gerichtsbarkeit. Diese Grundlage können sich die Organe doch nicht selbst legen, sondern sie muß vom Volk gelegt werden.

Das «Grundgesetz für die Bundesrepublik Deutschland» wurde 1948/1949 auf Anweisung der Alliierten zuerst vom Verfassungskonvent in Herrenchiemsee und dann vom Parlamentarischen Rat in Bonn beraten. Schon damals vermied man tunlichst das Wort Verfassung, sondern sprach zurückhaltender und sehr bewußt von dem «Grundgesetz». Dieses «Grundgesetz» war nämlich lediglich als ein Provisorium gedacht. Das wird auch in seiner Präambel unmittelbar zum Ausdruck gebracht, derzufolge dieses «Grundgesetz» von den Ländern beschlossen worden ist, «um dem staatlichen Leben für eine Übergangszeit eine neue Ordnung» zu geben.

Von einer Verfassung wollte man schon deshalb nicht sprechen, weil eine Verfassung erst dann beschlossen werden sollte, wenn eines Tages das geteilte Deutschland wieder vereinigt wäre. Deshalb hat man an den Anfang des «Grundgesetzes» den Auftrag gestellt, «die Einheit in Freiheit zu vollenden»,[5] und an das Ende des «Grundgesetzes» in seine Schlußbestimmung geschrieben: «Dieses Grundgesetz verliert seine Gültigkeit an dem Tage, an dem von dem deutschen Volke in freier Entscheidung eine neue Verfassung beschlossen worden ist.»[6]

Wie Carlo Schmid in der abschließenden Lesung des «Grundgesetzes» im Parlamentarischen Rat deutlich machte und wie es auch noch einmal bei der Festansprache anläßlich der Verabschiedung deutlich gesagt wurde, konnte es schon deshalb keine Verfassung sein und auch nicht so genannt werden, weil eine Verfassung in der Demokratie nur vom Volk selbst beraten und beschlossen werden kann. Eine Volksabstimmung aber konnte es erst dann geben, wenn alle Deutschen in Ost und West gemeinsam über ihre Verfassung beraten und entscheiden könnten. Diesem Akt wollte und konnte man nicht vorgreifen.

Weil es einem Teil der Deutschen, wie man damals formuliert hat, «versagt» geblieben wäre, daran «mitzuwirken»,[7] hat man erst einmal ein Provisorium, ein «Grundgesetz», beraten und verabschiedet. Alle Mitglieder des Parlamentarischen Rates waren sich einig, daß selbstverständlich eine Verfassunggebung eine Volksabstimmung erfordert hätte. Doch weil man nur ein Provisorium und keine Verfassunggebung wollte, hat man folgerichtig auf eine Volksabstimmung verzichtet. Auch die von den Alliierten verlangte Nationalversammlung hat man abgelehnt, weil man der Meinung war, daß eine verfassunggebende Nationalversammlung erst möglich ist, wenn die deutsche Nation wiederhergestellt ist.

Carlo Schmid hat am 6. Mai 1949, das heißt in der ersten Lesung des fertigen Verfassungsentwurfes, gesagt: «Die neue, die echte Verfassung unseres Volkes wird originär entstehen, und nichts in diesem Grundgesetz wird die Gestaltungsfreiheit unseres Volkes beschränken, wenn es sich an diese Verfassung machen wird.»[8] Und später, bei der Verabschiedung der Verfassung im Parlamentarischen Rat am 8. Mai 1949 ging er als Vorsitzender des Hauptausschusses des Parlamentarischen Rates noch einmal auf die Frage der Volksabstimmung und das Verhältnis zwischen «Grundgesetz» und richtiger Verfassung ein: «Es ist alter und guter Brauch, daß eine Verfassung durch das Volk sanktioniert werden muß. Aber wir wollen hier ja keine Verfassung machen... Wir haben hier doch nur einen Schuppen, einen Notbau, und einem Notbau gibt man nicht die Weihe, die dem festen Hause gebührt.»[9]

Der Schuppen hielt dann allerdings sehr viel länger als erwartet. Über vierzig Jahre hat es gedauert, bis 1990 die Teilung überwunden und die Einheit Deutschlands wiederhergestellt worden ist.

Anschluß, Beitritt und Neukonstituierung. Die Verfassungsdebatte in Deutschland

Als Weg zur Einheit hat man 1989 einen bis dahin in der öffentlichen Diskussion, ja selbst in der Literatur längst vergessenen Artikel entdeckt, der damals eigens für einen bestimmten Fall vorgesehen worden war, nämlich für den später dann auch erfolgten Beitritt des Saarlandes zum Bund. Die Rede ist von Artikel 23 des «Grundgesetzes». Nach der Aufzählung der ursprünglichen

Bundesländer hieß es dort, in «anderen Teilen Deutschlands» ist dieses «Grundgesetz» «nach deren Beitritt in Kraft zu setzen».[10] Gemeint war damit nach den Protokollen des Parlamentarischen Rates immer nur das Saarland, und es gab deshalb damals auch den Vorschlag, das Saarland namentlich zu nennen. Dagegen aber protestierten die Vertreter der französischen Besatzungsmacht energisch. Sie würden, erklärten die Franzosen, ein «Grundgesetz», in dem das noch bei Frankreich befindliche Saarland genannt sein würde, niemals unterzeichnen. Ohne Unterschrift der Besatzungsmächte konnte aber das «Grundgesetz» nicht in Kraft treten.

Niemand hätte an die Möglichkeit gedacht, die Wiedervereinigung Deutschlands nach diesem Artikel zu vollziehen. Wäre jemand darauf gekommen, hätte man ihn wahrscheinlich umformuliert. Denn für diesen Fall hatte man ja extra den Artikel 146 in das «Grundgesetz» aufgenommen. Noch 1983 hat das Bundesverfassungsgericht die Bedeutung von Präambel und Artikel 146 im Hinblick auf die Herstellung der deutschen Einheit herausgestrichen.

Artikel 23 aber bot einen bequemen Weg, ganz ohne Verfassungsdiskussion und Neuanfang. Man konnte so tun, als sei die Wiedervereinigung politisch und rechtlich nichts anderes als der Anschluß des Saarlandes. Indem man diesen Weg über Artikel 23 gewählt hat, und die DDR sozusagen mit Mann und Maus als Ganzes dem «Grundgesetz» beigetreten ist, ist allerdings der Artikel 146 nicht überflüssig geworden, im Gegenteil. Er gilt immer noch und muß erfüllt werden. Artikel 23 und Artikel 146 sind mitnichten ein Gegensatz, wie das oft fälschlich in der öffentlichen Diskussion behauptet worden ist; denn auch dann, wenn man den Weg über Artikel 23 geht, bleibt ja der in Artikel 146 niedergelegte Auftrag erhalten.

Der Artikel 23 regelt die Möglichkeit eines räumlichen Beitritts; bestimmte Gebiete können beitreten. Die Folge ist, daß das «Grundgesetz» auch dort gilt. Artikel 146 dagegen spricht über die zeitliche Geltung und vor allem über die Legitimation dieses «Grundgesetzes». Artikel 146 verlangt nach wie vor, daß an die Stelle des «Grundgesetzes» eine «von dem deutschen Volke in freier Entscheidung» beschlossene «neue Verfassung» tritt. Hier ist tatsächlich jedes Wort wichtig: Eine «von dem deutschen Volke in freier Entscheidung» beschlossene «neue Verfassung» kann nur eine auf dem Wege der Volksabstimmung beschlossene Verfassung sein und nicht eine Verfassung beziehungsweise ein «Grundgesetz», das im Bundestag und im Bundesrat verändert und verabschiedet wird. Genau das aber ist es, wofür man sich entschieden hat. Bundestag und Bundesrat haben eine Verfassungskommission eingerichtet. Diese hat den Auftrag, den beiden Gremien einige Änderungen und Ergänzungen des «Grundgesetzes» vorzuschlagen, die dann von Bundestag und Bundesrat mit Zweidrittelmehrheit beschlossen werden sollen. Mehr noch: Die Bundesregierung hat – und das ist ein verfassungsrechtlich bemerkenswerter Vorgang – in den «Vertrag über die Herstellung der Einheit Deutschlands – Einigungsvertrag» beziehungsweise in die dazugehörige «Denkschrift» hineingeschrieben, daß «sich das Deutsche Volk kraft seiner verfassunggebenden Gewalt dieses Grundgesetz gegeben» habe und daß künftig Änderungen dieses «Grundgesetzes» nur auf dem Wege des Artikels 79 möglich seien.[11] Das bedeutet: mit einer Zweidrittelmehrheit in Bundestag und Bundesrat. Mit demselben Regierungsvertrag wurden gleich auch noch die Präambel und der so entscheidende Artikel 146 geändert. Die Lüge von der verfassunggebenden Gewalt, kraft derer «sich das Deutsche Volk... dieses Grundgesetz gegeben» habe, steht jetzt dort, wo bisher noch von einer »Übergangszeit« die Rede war.[12] Man stelle sich das vor! Die Regierung, die das eigentlich gar nicht darf, setzt in einem völkerrechtlichen Vertrag, geschlossen mit einem anderen Staat (denn so war ja das völkerrechtliche Konstrukt – hier wurde mit Instrumenten der Außenpolitik gemacht, was längst Innenpolitik war), entscheidende Verfassungsbestimmungen außer Kraft und ändert dabei gleich den ungeliebten Verfassungstext an absolut entscheidenden Stellen. In einem völkerrechtlichen Vertrag beraubt die Bundesregierung das deutsche Volk des über Jahrzehnte selbstverständlich verbürgten Rechtes, über seine eigene Verfassung selbst zu entscheiden. Und das Schlimmste: Der Bundestag, fast alle Abgeordneten, machen mit.

Die neue Republik gemeinsam gestalten. Die
Verfassunggebung als Katalysator der Einheit

Und gerade jetzt wäre die Verfassungsdiskussion so eminent
wichtig. Neben den von mir genannten gibt es noch eine Fülle
weiterer Gründe, von denen ich einige kurz herausgreifen will.
Der wichtigste Grund ist schon angedeutet worden: das legitima-
torische Defizit des «Grundgesetzes». Damit meine ich, daß die
Deutschen in West- wie in Ostdeutschland nie über ihre Verfassung haben entscheiden können. Einen weiteren Grund sollten
wir in den großen Veränderungen seit 1949 sehen. Wie gesagt,
Goethe meinte, daß schon nach fünfzig Jahren vieles nicht mehr
richtig ist, was zuvor zu Recht Geltung hatte. Wäre es nicht eine
große Chance, nach dreiundvierzig Jahren einmal Bilanz zu ziehen und zu fragen: Was hat sich denn bewährt und was nicht? Was
fehlt, was muß verändert, was muß weiterentwickelt werden?
    Nehmen wir die Frage der Umwelt. Sie fehlt – zum Beispiel
– völlig im «Grundgesetz». Niemand hat damals überhaupt in
dieser Richtung ein Problem gesehen oder eine wichtige Frage –
jedenfalls niemand im Parlamentarischen Rat. Heute ist die Um-
weltverträglichkeit unseres Lebens und Wirtschaftens zur Über-
lebensfrage Nummer eins geworden. Eine Verfassung, die hierzu
schweigt, ist sicherlich keine zeitgemäße Verfassung mehr.
    Man könnte noch viele andere Punkte nennen, wo wir heute
vor neuen und anderen Aufgaben stehen, wo das so großartig ge-
lungene «Grundgesetz» einer Änderung oder Ergänzung bedarf. In
diesem Prozeß der Verfassunggebung läge also eine große Chance!
Sie könnte zugleich so etwas wie ein Motor der Einheit werden,
denn mit der äußeren, der nationalen, staatlich-politischen Einheit ist ja die wirkliche Einheit der Menschen noch lange nicht
erreicht.
    Wir müssen begreifen, daß Deutschland nach dem 3. Okto-
ber 1990 nicht mehr das gleiche Land wie vorher ist. Es ist nicht
einfach die alte Bundesrepublik mit einem Anhängsel, dem «Bei-
trittsgebiet», sondern es will wirklich ein neues Land, eine neue
Republik entstehen, und wenn wir hinschauen, dann spüren wir
das auch. In diesem Land gibt es ganz neue, riesige Aufgaben –
übrigens nicht nur nach innen, sondern auch nach außen. Nach
innen wie nach außen müssen wir in ganz anderer Weise als vor-

her denken und handeln, wir müssen verändern, teilen, helfen. Der Verfassungsprozeß kann diese Notwendigkeiten ins Bewußtsein heben, sie zur Diskussion und zur Entscheidung stellen und das Teilen und Zusammenwachsen befördern. Nichts ist gegenwärtig wichtiger als dieser Prozeß des geistigen und politischen Austausches, des gemeinsamen Erörterns und Beschließens, bei dem jeder eine Stimme hat, seine Stimme, die auch gehört wird und die zählt. Endlich könnten die unterschiedlichen Erfahrungen, die unterschiedlichen Lebenshintergründe und die unterschiedlichen Begriffe in einen produktiven Dialog eingebracht werden, an dessen Ende eine neue, gemeinsam beschlossene Ordnung steht. Diese gemeinsame Diskussion könnte dazu beitragen, daß die Menschen aus den neuen Bundesländern nicht eine fertige Rechtsordnung mit der viel zitierten Arroganz von uns «Besserwessis» einfach übergestülpt und dazu erklärt bekommen, so hätten wir dieses und jenes schon immer gemacht, und sie müßten sich eben daran gewöhnen, sondern daß sie sich selbst durch die Verfassungsdiskussion einerseits den demokratischen, rechts- und sozialstaatlichen Charakter dieser Verfassung bewußt mit aneignen und andererseits daran teilhaben, diesen weiterzuentwickeln und die eigenen Erfahrungen und Impulse einzubringen.

Die Verfassungsfrage als Gestaltungsfrage.
Verfassunggebung in Europa

Die Menschen sollen das politische Haus, in dem sie leben wollen, selbst gestalten. Das gilt für Deutschland wie für Europa. Was soll denn dieses Deutschland werden? Ein Land ohne Identität, ohne Aufgabe wird zu einer Gefahr. Andere, niedere, nicht bewußt durchschaute Kräfte können die geistige Leerstelle füllen. Ein mitteleuropäisches Land, das sich nicht in einer der Bewußtseinsseelenkultur entsprechenden Weise durch das Bewußtsein und die Willensentscheidungen seiner Bürger konstituiert, ist wie ein Leib, der nicht vollständig ergriffen ist.

Für uns Deutsche gilt, daß nicht nur unser Land, sondern auch unsere Verantwortung wesentlich größer geworden ist. In gewissem Sinne war ja die Teilung ein Schutz, bedeutete sie eine Art Schonzeit für die Deutschen. Es ließ sich sehr gemütlich leben, gleichermaßen selbst- und weltvergessen, vor allem natürlich im westlichen Teil Deutschlands, der ohne größeres Verdienst das leichtere Los gezogen hatte. Die Deutschen gingen, im Westen wie im Osten, an der kurzen Leine der Siegermächte und standen, von den Super- und Besatzungsmächten fest eingebunden, jeweils mit dem Rücken zur Wand. Sie waren reich geworden, erfolgreich und politisch unbedeutend geblieben. Eine eigene, unabhängige Identität zu entwickeln, war nicht wirklich nötig. Aber mit dieser Gemütlichkeit ist es vorbei. Wir stehen jetzt vor neuen, ganz anderen Aufgaben. Die alten Denkweisen und Ordnungen taugen nicht mehr. Ganz Europa gärt und sucht eine neue Identität, Aufgabe, politische, geistige und kulturelle Gestalt. Und Deutschland, als dem Land in der Mitte Europas, kommt dabei eine zentrale Bedeutung zu.

Doch hat man den Eindruck, daß wir gerade dabei sind, diese Aufgabe zu verschlafen. Das «Weiter so» ist leider die vorherrschende Stimmung. Selbstgefällig haftet der Blick auf unseren eigenen Problemen und altvertrauten Rezepten. Er nimmt die neuen Fragen weder im Inneren noch außen ausreichend wahr.

Doch das wäre wichtig. Denn wir stehen vor einer epochalen Aufgabe. Der Prozeß des Zusammenwachsens, der doch schon nach innen kaum gelingt, endet ja nicht an Oder oder Neiße. Er würde längst ein gesamteuropäisches Denken und eine Neuordnung der gesellschaftlichen Verhältnisse von Grund auf erfordern. Möglicherweise ist jetzt die letzte Gelegenheit, diese große Aufgabe noch einmal anzupacken und das soziale Leben im «europäischen Haus» vor dem Ende dieses Jahrtausends auf eine zeitgemäße, tragfähige Grundlage zu stellen.

Als wir uns 1989 nach den großen Demonstrationen in der DDR und dem Fall der Mauer zu einem Dreigliederungskongreß in Stuttgart trafen, herrschte dort Aufbruchstimmung, und die ganze Zusammenkunft wurde von einer Woge der Begeisterung getragen. In vielen Beiträgen wurden nicht allein die riesigen Aufgaben erwähnt, sondern wurde auch das Gefühl ausgedrückt, man empfinde «neuen Wind unter den Flügeln». Schließlich erschallte der Ruf – und er war vielen aus dem Herzen gesprochen: Es ist Dreigliederungszeit!

Jawohl, es ist Dreigliederungszeit. Aber die Erfahrungen in West- wie in Osteuropa haben gezeigt: Von selbst kommt die

Dreigliederung nicht! Man muß die Dreigliederung schon erkämpfen, hier und überall in Europa. Nicht indem wir uns schulterklopfend der Richtigkeit unserer Ideen versichern, sondern nur, indem wir für sie dort kämpfen, wo heute die Auseinandersetzungen über die zukünftige Gestalt des sozialen Ganzen geführt werden. Dieser Ort ist vor allem die Verfassungsdebatte. Und es ist keineswegs zufällig, daß wir gegenwärtig überall in Europa Verfassungsdebatten haben. Ich habe zwar bisher immer über die Notwendigkeit einer neuen deutschen Verfassung und die damit verbundenen Chancen gesprochen. Doch steht, was hierüber gesagt wurde, als Beispiel für die Situation in vielen Ländern. Auch Polen, die jugoslawischen Republiken, Ungarn, die CSFR, die ehemaligen Sowjetrepubliken, Albanien, Bulgarien, Rumänien – all diese Länder arbeiten an einer neuen Verfassung. Und in Südafrika wird gegenwärtig eine neue Verfassung erarbeitet, ferner in Kolumbien und in vielen anderen Ländern.

Es ist ganz merkwürdig: Nachdem jahrzehntelang die politischen Verhältnisse in den meisten Staaten Europas wie festgefroren, zementiert, unveränderbar erschienen, werden jetzt plötzlich die ganzen Konstitutionsfragen, die Grundfragen der sozialen Ordnung beziehungsweise des sozialen Organismus überall neu auf die Tagesordnung gesetzt. Nicht durch uns – leider nicht durch uns, könnte man sagen, sondern durch die geschichtliche Entwicklung. Doch immanent geht es dabei immer auch um Dreigliederungsfragen, unabhängig davon, ob dies den Menschen so bewußt ist. Es geht um die Frage der Freiheit des Kultur- und Geisteslebens, es geht um die Entwicklung eines wirklich brüderlichen Wirtschaftslebens, und es geht um die Ausgestaltung eines zeitgemäßen, demokratischen Rechtslebens. Dabei will ich nicht so tun, als ob sich das alles schon in die Richtung der Dreigliederung entwickeln würde. Das wird es – wie wir sehr deutlich sehen – nicht tun, jedenfalls nicht von selbst. Die Fragen sind heute alle da, aber die Antworten nicht. Es hängt eben von den konkreten Menschen ab, die sich daran beteiligen, welche Antworten gefunden werden. Und wenn es uns nicht gelingt, was ja sehr gut sein könnte, oder – schlimmer noch – wenn wir es gar nicht erst versuchen, auf dem Hintergrund der Dreigliederung angemessene und praktikable Antworten auf diese Zeit- und Gestaltungsfragen zu finden, dann werden nur wieder alte Ideen, etwa des Kapitalismus, der Parteiendemokratie und des Staatsschul- und -hochschulwesens neuen Nährboden finden. Das hängt eben von uns ab.

Und immer wieder stellt sich dabei die Frage: Wo sind wir in dieser Diskussion, wo sind unsere Vorschläge und Beiträge? Denn es gilt, aus der Anschauung des dreigliedrigen sozialen Organismus heraus konkrete, realitätstaugliche, auf das heutige Bewußtsein, die heutige Zeit und die jeweilige Situation eines Landes passende Vorschläge zu formulieren.

Einige sind ja schon aktiv. Ich möchte das Europäische Forum für Freiheit in der Erziehung nennen oder das Kuratorium für einen demokratisch verfaßten Bund deutscher Länder, das ich mit Freunden zusammen vor über drei Jahren gegründet habe und das inzwischen bundesweit Beachtung gefunden und einen vollständigen Entwurf für die neue Verfassung vorgelegt hat. Dieser «von unten», in unendlich vielen Tagungen, Kongressen und Zusammenkünften formulierte Vorschlag ist mit Sicherheit der modernste und auch der weitgehendste Verfassungsentwurf, der bisher überhaupt vorgelegt wurde, und hat durchaus die Verfassungsdebatte in meinem Land impulsiert. Und auch in anderen Ländern, vor allem in solchen, die sich ebenfalls eine neue Verfassung geben wollen, ist er außerordentlich aufmerksam gelesen und diskutiert worden. Ich sehe viele Menschen, die aktiv sind, aber ich sage auch deutlich: es sind viel zu wenige. Plötzlich werden wir gerufen, an allen Ecken und Enden gebraucht, und wir stehen, einzeln wie gemeinsam, vor der Frage: Sind wir eigentlich darauf vorbereitet?

Ich glaube, daß wir jetzt die Chancen ergreifen und den Spielraum nutzen müssen, denn die Offenheit und die Suche nach neuen Gedanken für das Soziale wird nicht ewig andauern. Ich halte das, was sich gegenwärtig in Europa abspielt, für eine große Bewährungsprobe für uns und unsere Ideen und Gestaltungskräfte.

Zum Schluß muß man sich auch mit dem auseinandersetzen, was kommt, wenn es uns nicht gelingt, unser Land und Europa aus geistigen, sozialen und demokratischen Impulsen heraus bewußt zu gestalten. Denn die Gestaltungsfragen werden nicht auf lange Sicht so offen bleiben, wie sie es jetzt noch sind. Es wird dann zu einer Gestaltung aus anderen Kräften heraus kommen. Schon jetzt kommt zum Beispiel aus Brüssel der Entwurf zu einer europäischen Verfassung, bei dem einem beim ersten Lesen tatsächlich das Entsetzen packt. Dieser Verfassungsentwurf für eine «Europäische Union», einen europäischen Bundesstaat also, ist das Gegenteil einer bewußten Gliederung und Gestaltung des sozialen Ganzen aus den Impulsen der Bewußtseinsseele und damit der Dreigliederung des sozialen Organismus heraus. Wie schon bisher in der Europäischen Gemeinschaft und beim EG-Binnenmarkt überwiegen einseitig wirtschaftliche Interessen, die sich das Politische und das Kulturelle unterordnen. Und die Aufgabe der Gestaltung der Rechtsordnung läge in dieser Europäischen Gemeinschaft und späteren Union nicht mehr beim Volk, auch nicht bei den Parlamenten, sondern bei den Regierungen, der Exekutive, und bei einer immer eigenmächtigeren Bürokratie. Die Spielräume für die nationalen Gesetzgeber werden wieder enger werden. Es wird auf gesamteuropäischer Ebene, wenn die Dinge sich so entwickeln, wie sich das abzuzeichnen beginnt, vieles aus abstrakten Gesichtspunkten heraus festgeschrieben werden, was dann der Gesetzgebung und damit der Willensbildung und Gestaltung durch die Bevölkerung in den einzelnen Ländern entzogen ist. Deshalb: Nutzen wir die gegenwärtigen Chancen, ergreifen wir die Aufgaben, vor die uns die Geschichte heute stellt, und versuchen wir überall, wo wir Wege dazu finden, das, was uns möglich ist, an Dreigliederungsgedanken und Dreigliederungsqualität in die heutigen Gestaltungsbemühungen auf der Rechtsebene einzubringen. Es ist Gestaltungszeit.

ANMERKUNGEN

1 Rudolf Steiner, Die Kernpunkte der sozialen Frage, GA 23, Dornach 1976, II.
2 Ders., Geisteswissenschaft und soziale Frage, in: Lucifer-Gnosis, GA 34, 1987.
3 Johann Wolfgang von Goethe, Gespräche mit Eckermann.
4 Grundgesetz für die Bundesrepublik Deutschland, Artikel 38, Absatz 1.
5 Ebenda. Präambel.
6 Ebenda. Artikel 146.
7 Ebenda. Präambel.
8 Carlo Schmid bei der Schlußberatung des Grundgesetzes im Hauptausschuß des Parlamentarischen Rates in Bonn.

9 Ders. bei der Festveranstaltung des Parlamentarischen Rates zur Verabschiedung des Grundgesetzes in Bonn.

10 Grundgesetz für die Bundesrepublik Deutschland, Artikel 23, Absatz 2.

11 Vertrag über die Herstellung der Einheit Deutschlands – Einigungsvertrag. Denkschrift.

12 Grundgesetz für die Bundesrepublik Deutschland in der durch den Einigungsvertrag geänderten Fassung. Präambel in: Grundgesetz, Beck-Texte, München 1992.

Martin Barkhoff

VERDORRENDE UND AUFKEIMENDE RECHTSGEFÜHLE
EUROPA IM SOZIALEN KLIMAWECHSEL

Gestatten Sie mir zum Beginn dieser Betrachtung eine launige Bemerkung: Ich habe eigentlich Dreigliederung immer eine furchtbar langweilige Sache gefunden, und ich möchte Sie fragen, ob Ihnen das nicht auch so gegangen ist. Diese sehr einfache Idee: Freiheit im Geistesleben, Gleichheit im Rechtsleben, Brüderlichkeit im Wirtschaftsleben: daß das die Idee sein soll, die Europa völlig neu begründen kann, das habe ich eigentlich nie geglaubt.

Ich habe wirklich sehr lange versucht, herauszubekommen, wo eigentlich das Interessante an dieser Idee sein könnte. Von Michaela Glöckler haben wir gestern abend gehört, daß Geisteswissenschaft doch erst dann in ihrem wahren Wesen da ist, wenn alles Gesundheitskräfte atmet, was darin ausgestaltet wird. Aber Geisteswissenschaft ist nicht nur etwas, was aus Gesundheit besteht, sondern Geisteswissenschaft muß auch aus etwas bestehen, was ungeheuer interessant ist. Sie darf an keiner Stelle so sein, daß man denkt, da bin ich jetzt pflichtgemäß dafür; denn dann kann sie nur völlig geistlos sein. Für den Geist ist man, weil er so *maßlos interessant* ist; er kann gar nicht uninteressant sein. Und solange man den Eindruck hat, man hätte noch pflichtgemäße Ideale und nicht Ideale, die einfach einen hinreißen, weil sie so interessant sind, kann es sich eigentlich nicht um Geisteswissenschaft handeln. Wie kann ich mir also die Ideale «Freiheit, Gleichheit, Brüderlichkeit» interessant machen?

Für mich wurden sie spannend, als ich etwas Eigentümliches bemerkte. Diese Ideale sind nämlich die wildeste Kampfansage an alles gewöhnliche Gesellschaftsleben überhaupt. Die Wahrheit ist die unerbittlichste Herrscherin der Welt. Davor hat alle persönliche Willkür zu schweigen. Sie ist die Herrscherin im Geistesleben. Da waltet zunächst nichts von Freiheit. Vier mal vier ist sechzehn – da ist kein Platz für Freiheit. Wenn man das genauer untersucht, merkt man: Wenn Geist da ist und strukturiert, dann wird im Geistesleben Ordnung, Herrschaft, Gestaltung ausgeübt. Und Freiheit im Geistesleben heißt dann, das Gesamte, wie Geistesleben wirkt, auf den Kopf zu stellen; das heißt, ein Ideal in das Geistesleben einzufügen, was weiter in die Zukunft reicht, als jemals das Geistesleben auf der Erde dauern kann, dem Geistesleben ein Ziel zu setzen, was es tatsächlich erst nach seinem Tode erreichen kann. Freiheit tötet das irdische Geistesleben.

Und so ist das auch mit dem Rechtsleben. Recht ist der absolute Gegensatz von Gleichheit. Wenn alle Menschen gleich wären, dann brauchte man ganz sicher kein Recht. Recht beinhaltet beispielsweise das Eigentum. Da heißt es dann: Das ist mein Buch! Da sind wir gar nicht gleich, sondern *ich* habe das und alle anderen *nicht*. Und das ist wichtig im Recht, daß das genau so und nicht anders gilt, und zwar ausnahmslos. Und wenn man den Verkehr mit dem Recht regelt, dann ist das eben so, daß die, die von Basel nach Karlsruhe fahren wollen, auf der östlichen Seite der Autobahn fahren müssen, und die von Karlsruhe nach Basel fahren, auf der westlichen; die fahren nicht auf der gleichen Seite. Überall da, wo ein Recht einsetzt, hängt es immer damit zusammen, daß *eine Abgrenzung* innerhalb der Gesamtheit der Menschheit vorgenommen wird. Die Sonderung, das Heraustrennen des Menschen aus dem gesamten Weltzusammenhang, wird durch das Recht geformt und geordnet. Die völlige rechtliche Gestaltung der Welt ist die Welt im Zustand der totalen Abgelöstheit aus der Gesamtheit. Da fällt der Mensch ganz aus dem kosmischen Zusammenhang heraus.

Und jetzt ist das Interessante, daß die Gleichheit etwas ist, wo man spürt: Ja, sie ist das völlige Gegenteil dessen, was das Recht zunächst will; dieses Gegenteil muß ich mitdenken überall, wo die Menschen gesondert werden. Jeder Paragraph trennt, sondert, scheidet, grenzt ab. Aber dahinter ist etwas, das spürbar macht: das ist erst dann richtig, wenn wie im verborgensten Untergrund erhalten bleibt, daß die Menschen gleich sind. Was heißt das, daß sie gleich sind? Daß die Menschen *ein* Wesen sind, daß es das Menschheitswesen gibt. Und in diesem Menschheitswesen sind tatsächlich alle Menschen eins, gleich; ja sie *gleichen* sich nicht nur, sie sind *dieselben*. Als das eine Menschheitswesen sind wir identisch miteinander. So wie wir hier im Saal sind, sind wir noch nicht ganz dieselben, sondern erst die gleichen; aber das steckt eigentlich im Hintergrund dahinter: der Zustand, daß wir wieder vollständig erlöst sein werden aus dem, wie wir in die Sonderung gefallen sind und jeder so eine Einzelfigur ist, die da herumläuft, abgelöst und vereinzelt. Wenn dieser Zustand wieder ganz aufgehoben werden wird, dann wird die völlige Gleichheit da sein, und dann wird das Rechtsleben gestorben sein. Die Gleichheit ist ein Ideal von jenseits der Schwelle dessen, wie das Rechtsleben auf der Erde leben kann und wird. In der Gleichheit spricht das schon herein, was das Rechtsleben – nach dessen Tod – einmal ablösen wird.

Und deshalb ist es so spannend, das anzuschauen. Gerald Häfner hat gesagt: Vielleicht müßte man vom Rechts*sterben* sprechen, und das ist ja wirklich sehr richtig. Dieses Gespür ist richtig, daß im Recht überall Vorgänge sind, in denen das Soziale vollständig bis hin zu dem Toten, zu der Knochenbildung aus dem Lebendigen herausgefallen ist. In den sozialen Organismus ist das Toteste in Form des Rechtes eingelagert, das ist wie Knochen, wie Zähne da drin. Aber der soziale Organismus muß bis zu diesem Tod gehen, denn in diesem Tod findet er erst den Wendepunkt, von dem er wieder die Rückkehr in die geistige Welt beginnen kann.

Wenn wir aber nicht das Recht selbst anschauen, sondern die Rechtsgefühle, die die Menschen bewegen, dann können wir studieren, wie da nun wieder die geistige Welt ganz mit dabei ist, wo der Mensch in Ganzheiten lebt und große Impulse sich manifestieren, etwa in dem Gleichheitsgefühl, was ja als Gefühl die Menschen elementar durchpulst. Da wissen wir, daß wir nicht nur die abgesonderten Einzelwesen sind, die wir tagsüber sind; wir wissen, daß wir schon nachts – wir brauchen gar nicht bis an den Anfang zurück- oder ans Ende der Welt vorausgehen – ein Wesen miteinander sind, daß wir dann wirklich dieselben und die gleichen sind. Und das spüren wir im Hintergrund, wenn wir fragen: Wie ordnen sich die Knochen des Rechts so, daß nicht eine Unordnung gegenüber dem entsteht, daß wir ja in Wirklichkeit wenigstens nachts *ein* Wesen sind.

Welche Rechtsgefühle sind also in dem sich nun bildenden Europa zu beobachten? Rechtsgefühle sind ja etwas Wogendes, sie wandeln sich. Das kann so sein, daß eine ganze Zeitlang irgend etwas, was so eine knochenhafte Rechtsnorm ist, sehr stark von den Rechtsgefühlen getragen wird. Und dann tritt etwas anderes ein. Die Rechtsgefühle wandeln sich; man kann sagen, ein anderer Stern geht am Seelenhimmel der Europäer auf, und dann merkt man, daß bestimmte Normen einfach verstauben. Man kann mit ihnen nichts mehr tun, man muß sie ändern, damit sie wieder im Einklang mit den Rechtsgefühlen der Menschen sind. Rechtsgefühle vertrocknen, keimen auf. Schauen wir auf die vergangenen Jahre – seit 1989 mit dem Fall der Mauer und der neuen Durchdringung Europas –, dann können wir in diesen letzten zwei Jahren einen ungeheuren Umschwung in den Rechtsgefühlen beobachten. Da war ein mächtiges Ideal, das hundert Jahre in der neueren Menschheit gewirkt hat: der Sozialismus. Dieses Ideal ist in gewisser Weise völlig fragwürdig geworden. Für die Menschen in Ost und West ist ungeheuer viel in dem Erleben, wie man sich in der Menschengemeinschaft, in der Menschheit fühlt, unsicher geworden, indem plötzlich wie ein Luftballon der real existierende Sozialismus einfach verschwunden ist.

Ein großes Rechtsgefühl lag dem zugrunde, was im Sozialismus gelebt hat. Man hat gespürt: wir Menschen sind alle gleich, und wir haben untereinander die soziale Ordnung auszumachen, und in der müssen eigentlich alle Menschen in einer völligen Gleichheit sowohl rechtlich als auch materiell leben.

Und das ist doch ein Ideal, was als solches gar nicht aus der Menschheit wieder verschwinden kann. Aber die Form, wie es gefaßt war, die ist dabei, zu verrauchen.

Man hat geglaubt, es reicht völlig aus, wenn sich Menschen etwas ausdenken und mit Menschen das besprechen und daß die Menschen die soziale Ordnung unter sich ausmachen könnten, so wie sie nun einmal auf der Erde herumlaufen, wie sich das der Tagmensch ausdenkt, und wie sich die Menschen als diese unendlich vielen Einzelfiguren erleben, daß die das einfach regeln können. Als das nicht ganz mit dem Regeln ging, hat man halt zur Gewalt Zuflucht genommen. Das hat ja dann gezeigt, daß man wohl die Wirklichkeit, wie im Sozialen die tragfähigen Regelungen zustande kommen, noch nicht voll erfaßt hatte.

Und jetzt nehmen wir daran teil, wie ein gewaltiger Umschwung stattfindet und die Menschen etwas ganz anderes anfangen zu erleben, nämlich: man kann dieses Soziale gar nicht mehr nur unter den Menschen lösen, da braucht es einen weiteren Partner, und dieser Partner heißt die Erde. Das Soziale findet gar nicht nur zwischen den Menschen statt, es findet im Verkehr mit dem Planeten, mit der Erde statt; überall dämmert das den Menschen auf. Das ist doch etwas Ungeheueres. Daß die Erde ein Lebewesen ist, mit dem man im sozialen Leben rechnen muß, das haben doch vor fünfzig Jahren bloß die Anthroposophen gesagt. Und jetzt steht das in so einem Buch, zum Beispiel bei *James Lovelock*. Der sagt einfach, die Erde ist ein Lebewesen, das ist doch ganz selbstverständlich. Das merkt er so, da braucht er nicht einen Eingeweihten, der ihm das sagt, sondern das ist ein ganz selbstverständliches Betrachten der Erde. Und es ist ja so, daß man fast sagt, es ist nicht einmal originell – das erlebt jetzt jeder. Es keimt also plötzlich etwas auf, man spürt: die Menschheit ist gar nicht etwas, was einfach *so* da ist, sondern dieses Menschheitswesen, in dem wir uns als gleiche erleben, ist eigentlich ein Organ eines kosmisch viel Bedeutenderen oder Umfassenderen noch, nämlich des Erdplaneten.

Man kann allerdings im allgemeinen das noch nicht so denken, wie man das anthroposophisch denken kann, daß man sagt: Die Menschheit ist das Ich-Organ dieses Erdplaneten. Sie ist dasjenige, wodurch dieser Planet überhaupt zu sich selbst findet. Die Menschheit ist eben wirklich nicht etwas für sich selbst. Die Menschheit ohne die Erde wäre ein Ich, das keinen Astralleib, keinen physischen Leib, keinen Ätherleib hat; das ist sehr wenig. Ein Ich braucht ja sein ganzes Werkzeug, durch das es sich überhaupt erst ausgestalten kann, und so ist diese Ich-Wesenheit der Erde, also die Menschheit, etwas, was wirklich ein Organ dieses Planeten ist, ein physisch-geistiges Organ. So energisch wird das noch nicht allgemein gedacht; aber empfunden wird es so. Und es wird in einer rührenden Form ausgesprochen, so daß man sich nur fragt: Wie ist das möglich, daß solche Empfindungen einfach mit ungeheurer Kraft in den Menschen aufsteigen? Und beobachten wir diese Rechtsgefühle, dann bemerken wir wirklich in den Menschen den Kosmos! Wir können ihn beobachten, wie er arbeitet, wie er als eine neue Pflanzendecke in den Seelen der Menschen diese neuen Rechtsgefühle aufwachsen läßt. Die keimen da einfach auf, während das andere wegwelkt.

Das sind aber nicht ganz ungefährliche Dinge. Wir haben gehört, dadurch, daß der Mensch geschunden wird, lernt er. Und das ist für die Menschheit, die ja auch nur ein Mensch ist, nämlich *der* Mensch, gar nicht anders. Und dieses Geschundenwerden ist ja nicht so, daß die Götter sagen, dann wollen wir mal die Menschheit ordentlich schinden, damit sie was lernt, wie etwa ein prügelnder Lehrer, der sagt, jetzt prügle ich das in sie hinein. Dieses Schinden hängt ja mit etwas anderem zusammen, nämlich damit, daß der Mensch Fehler macht und an die Welt überall aneckt und daß er sich zu den Dingen in ein falsches Verhältnis setzt. Wenn man so zu der Erde in ein Verhältnis kommt, merkt man, die Erde spielt eigentlich überall mit im sozialen Leben. Indem der Mensch sich mit Kräften in der einen oder anderen Art und Weise verbindet, kommt er zu etwas, wo er sich und die Menschheit in Situationen bringt, durch die er dafür sorgt, daß die Menschheit geschunden wird, bis sie zu Erfahrungen kommt und richtig mit diesen Kräften umzugehen lernt.

Wenn man die Rechtsgefühle Europas hier im Großen Saal des Goetheanum anwesend machen möchte, dann hat man eine große Hilfe an dem, was hier immer anwesend ist. Das sind diese Glasfenster. Wenn wir sie einmal genauer anschauen, werden wir entdecken, sie sind Urbilder des Sozialen und der Probleme, die damit verbunden sind, Meditationsbilder für die Herausbildung eines europäischen Rechtsgefühls. Zu dem Verhältnis, in das der Mensch mit der Erde tritt, gehört auch, daß aus der Erde die zerstörerischsten Kräfte aufsteigen, an die man nur denken kann; daß mit der Erde Kräfte zusammenhängen, die sich dann auch in solchen üblen Inspirationen äußern, wie die Art, in der beispielsweise die Atomkraft genutzt wurde. Aber nicht nur das, sondern wenn man an das denkt, was zum Beispiel als Blut- und Bodenwahn im Dritten Reich über Europa ausgebreitet wurde, dann erkennt man da ja einen Bund mit bestimmten Kräften der Erde. Schaut man im Goetheanum das grüne Fenster im Norden, dann sieht man eine Gestalt, die aus der Erde aufsteigt. Wenn die Menschheit nicht richtig aufpaßt, wie sie ihre Beziehung zu der Erde sucht, dann wird sie, obwohl sie scheinbar denkt, sie verbindet sich mit den edelsten ökologischen Zielen, überall von dieser Wesenheit belauert, die da aus der Erde aufsteigt. Wenn wir dagegen das rosa Fenster im Norden anschauen, dann schauen wir da, wie man in der Natur eine Wesenheit finden kann, die eigentlich das Menschheitswesen selbst ist. Es *schläft* in der Natur das, was in der Menschheit als Menschheits-Ich *erwachen* soll; als schlafendes, lebenspendendes Wesen ist es anwesend. Und es wird entscheidend sein für dieses neue Rechtsgefühl, daß dieses Gefühl unterscheiden lernt, daß es lichtvoll einen Sinn dafür bekommt: Wirken die Erddämonen aus den Tiefen? Wirken die schlafenden Lebenskräfte des Menschheits-Ichs? Und diese Fragen sind nicht ein für allemal zu entscheiden. Wir gehen ja nicht auf einen Zustand zu, von dem wir sagen können: So, die Menschheit kommt dann endlich in das geordnete Fahrwasser; sondern sobald wir irgendwelche Probleme lösen, etwa die Probleme der Nationalstaaten, und zu etwas Größerem kommen wie Europa als Organ der Erde, dann kommen ja neue, größere Probleme. Die Menschheit wird eben wirklich unterscheiden lernen müssen, denn die Inspirationen aus diesen beiden Quellen werden beide immer da sein, und es werden Taten folgen.

Dadurch, daß in Europa jetzt als letzte, bedeutende Grenze diese Mauer gefallen ist, tritt ja ein, daß der Verkehr der Menschen in Europa, der verschiedenen Erdenorte in Europa, aber stellvertretend eigentlich für die ganze Welt, sehr rege wird. Es rücken sich die Völker in einer Weise auf die Pelle, wie das überhaupt noch nie möglich gewesen ist. Es war eben nicht möglich, daß die Ärmsten der Armen sich irgendwie ein Flugticket besorgen können, um einfach um die halbe Welt zu fliegen und dann dort zu landen, wo sie glauben, daß es ihnen ein bißchen besser geht als da, wo sie im schiersten Elend sind. Das ist eben möglich geworden. Früher hätten die Menschen eine Wanderung um die halbe Welt machen müssen. Das ist geschehen in unserer Welt: Es sind die Raumesgrenzen gefallen, und die ganze Erde wurde sichtbar. Man fängt an, Überlegungen anzustellen in bezug auf ein Klimarecht, weil ja das, was die einen in Brasilien tun oder die anderen in Europa in die Luft schicken und so weiter, jeden Menschen mit jedem Atemzug tangiert. Man kann nicht sagen, wir *sollten* global denken; es bleibt uns gar nichts anderes übrig! Die Erde als Partner des Sozialen ist ja da. Es ist der Vorhang gefallen, der uns vorher in kleinen, begrenzten Orten festgehalten hat. Mit dem Eisernen Vorhang ist einer der wichtigsten dieser Vorhänge gefallen, die uns den Anblick des Erdraumes als Ganzem verhüllt haben. Und die unterschiedlichen Erdenkräfte, die in Europa sind, werden jetzt ins Spiel kommen. Wenn man nach Serbien und

Kroatien hinblickt, dann merkt man: mit den Kräften, die wir in diesem grünen Fenster kennenlernen, kann man nicht so einfach reden und sagen, die sollen jetzt weggehen; die sind da. Und man wird feststellen, daß man eine außerordentliche Weite braucht, um in der Seele auszuhalten, was passiert, wenn die Grenzen des Raumes gesprengt werden.

HERAUSFORDERUNG AN DAS RECHTSGEFÜHL:
DIE NEUEN OST-WEST-VERHÄLTNISSE

DIE RAUMESGRENZEN FALLEN

DIE ERDE SPRICHT MIT

MEDITATIONSMOTIV:
DAS GRÜNE NORDFENSTER IM WESTEN UND DAS ROSA NORDFENSTER
IM OSTEN

Aber gleichzeitig erleben wir in diesem neuen, entstehenden Europa, daß auch die Grenzen der Zeit für das Rechtsgefühl gesprengt werden. Bisher war der Mensch das, was von der Geburt bis zum Tode da war. Und jetzt fangen die Menschen an, an diesen Grenzen auch mit dem Rechtsgefühl völlig neu zu erleben. Sie fragen sich: Wann ist denn der Mensch nun genau da? Ist er mit der Konzeption da? Ist er mit der Einnistung da? Ist er mit der Ausbildung der Placenta da? Ich kenne mich da nicht so genau aus; es gibt da unendlich viel, was man überlegen kann. Ist der Mensch da, wenn er geboren wird? Ist der Mensch da, wenn er zum ersten Mal gegessen hat? Ist der Mensch da, wenn er zum ersten Mal «ich» gesagt hat? Ist der Mensch mit einundzwanzig Jahren da? Wann ist der Mensch überhaupt da? Man kann spüren, und das wird Europa noch mächtig erschüttern: die Grenzen der Zeit, der Zeitvorhang, sind gefallen.

Und so, wie wir uns erleben und wie wir erleben, daß wir miteinander umgehen müssen, wird sich das ungeheuer radikal dadurch ändern, daß die Menschen – genauso wie sie gespürt haben, die Erde als Wesen spricht in allem Sozialen mit – merken: Ja auch Außerirdisches spricht in allem Sozialen mit. Und das kann ganz erstaunliche und sehr problematische Folgen haben.

Da gibt es eben das, daß man dann fragt: Wie ist das denn mit dem Lebensende? Warum soll man das abwarten? Die Menschen erleben sich eigentlich von ihrem Leib schon so getrennt, daß die verschiedensten Formen von verändertem Verhalten an der Todesschwelle überall auftauchen. Das kann ganz wunderbare Formen annehmen, wenn die Menschen merken, ja, dieses Menschenwesen ist doch überhaupt nicht durch den Tod begrenzt. Der Tod ist eine ungeheuer interessante Schwelle, ein Ort, wo uns aus der geistigen Welt eigentlich etwas entgegenkommt. Und an diesem Ort zu stehen, wo ein Ereignis von fundamentaler Dramatik stattfindet, ist etwas, wo man merkt, da leuchtet eigentlich fortwährend etwas herüber.

Wenn man in eine Buchhandlung geht, die ein bißchen gut sortiert ist, und dann mal so bei «Psychologie» schaut, wieviel Bände «Wider die Verrohung des Sterbens» und ähnliches man da finden kann, was die Leute berichten, tun und denken, so wird man erstaunt sein. Alles, von dem wir immer dachten, das kann man den Menschen nie einbleuen, daß das wichtig ist, das braucht man ihnen auch nicht mehr einzubleuen: das wissen die jetzt alle. Das Außerirdische, Nachtodliche und auch Vorgeburtliche tritt wie von allein in den Menschen als Gefühlsgröße auf.

Aber es gibt eine andere Gefahr. Man sagt etwa, wenn ich in die Nähe der Todesschwelle komme, wird es schwierig; ich fühle mich eigentlich als Ich gar nicht mehr so mit meinem Leibe identifiziert, er stört mich. Deshalb würde ich gerne ein bißchen Zyankali haben. Selbstmord ist doch eigentlich das Richtige, wenn es einem irgendwie unbequem wird. Ich habe gar kein Verhältnis mehr zu dem Leib und dazu, daß ich mit diesem Leib so intensiv mitgehen soll. Ob es ein nachtodliches Leben gibt, ob es das nicht gibt – mein Erlebnis von mir selber ist so, daß ich denke: Ich und dieser Leib sind jedenfalls nicht die gleiche Sache. Und was ich für mich will, das ist, daß ich die Leiden dieses Leibes nicht unbedingt mit in Kauf nehme.

Und dann tritt die Frage auf: Wie lange sollen denn die Menschen leben? Sollen die Menschen nicht selbst darüber bestimmen? Gibt es nicht Situationen, in denen man sagt, da muß man doch eigentlich sein Mitleid, wie das dann heißt, walten lassen und mit dem Gnadentod hier und da ein bißchen walten? Das hat es ja gegeben, daß in dem Krankenhaus in Wuppertal, in dem

Krankenhaus in Lainz das Pflegepersonal an der Todesschwelle eigenmächtig gehandelt hat. Ich kenne auch Menschen, die in pflegenden Berufen tätig sind und die sagen: Das darf man natürlich überhaupt nicht aussprechen, und doch ist diese Eigenmächtigkeit nicht weit weg und kann in den und den Krankenhäusern passieren. In den Menschen, die an einer solchen Stelle stehen, tritt das als ein Problem auf und wirkt so, daß die Pflegenden untereinander eine ungeheuere Angst haben, daß dieses Thema heraufkommt, weil sie spüren: da sitzt man auf einem Vulkan. Das sind nicht zwei Betriebsunfälle, sondern das sind die Schattenseiten, die damit zusammenhängen, daß die Menschen spüren: eigentlich ist das Leben etwas ganz anderes. Aber die Kräfte, die da beraten und helfen, sind zunächst nicht da. Und man muß sich das einmal deutlich machen. Wir denken in einer naiven Art noch: «Das Menschenleben muß geschützt werden. Das ist das ewigste Gefühl, was man überhaupt haben kann.» Unser Rechtsgefühl ist da vollständig fest. Das Schlimmste, was eigentlich passieren kann, ist Mord und Totschlag. Das ist das höchste Rechtsgut, daß man sagt: Das Leben des Menschen muß bewahrt werden.

Das war nicht immer so. Wenn man in die Rechtsgeschichte zurückschaut, sieht man: die alten Germanen fanden es überhaupt nicht wichtig, daß das Leben erhalten wird. Sie fanden es das Natürlichste von der Welt, daß man, wenn man mit jemandem Schwierigkeiten hat, dann so lange mit ihm kämpft, bis er tot ist; daß man dann dessen Frau umbringt, den Hof ansteckt und das Vieh mitnimmt. Das waren die ganz normalen Umgangsformen. Und was hat man als schlimmen Rechtsbruch betrachtet? Daß es vorgekommen ist, daß einer jemanden *heimlich* getötet hat, und bei «heimlich» sind sie alle zusammengezuckt – bei «getötet» nicht; heimlich war das Schlimme. Weil man gespürt hat: da kommt etwas herauf, mit dem werden wir aufrechte Kämpfer nicht fertig. Was haben die Kelten gemacht? Ich habe gerade eine Geschichte Schottlands gelesen, wenn nichts los war, dann sind die «Highlanders» losgegangen und haben einfach den anderen die Rinder geraubt, damit ein Kriegsgrund da war. Und dann hat man Krieg gemacht, bis wieder einmal die Hälfte der Leute gefallen war. Und dann hat man die Rinder, die man geraubt hat, gegessen. Doch bald wurde es wieder langweilig. Das

war eine streitbare, eine tötende Kultur! Ich will jetzt nicht gei-
steswissenschaftlich erläutern, was das Bedeutende an dieser
Kultur war, sondern nur einmal deutlich machen: Wenn wir über
die Menschheit hinschauen, finden wir überall da, wo die Menschen nicht vollständig in den Materialismus verwurzelt sind,
nicht dieses Erlebnis: So, wie ich körperlich da bin, muß das doch
absolut gehütet werden; da darf doch nichts dran geändert werden. Diese Stimmung ist gar nicht da. Da sind ganz andere Erlebnisse. In Europa ist es notwendig, daß ein Dichter wie Schiller das
ausspricht: «Das Leben ist der Güter höchstes nicht.» In anderen
Kulturen wäre das so, wie wenn man sagen würde: «Wasser ist
naß.» Das weiß jeder.

Ich will damit andeuten, daß es sein kann, daß wir in Situationen kommen, wo wir das auch überhaupt nicht mehr wissen und
wo das gar nicht mehr die zentrale Frage ist, *ob* der Tod sich vollzieht, sondern *wie*. Es gibt nämlich, wenn wir die europäische
Menschheit anschauen, da ganz unterschiedliche Instinkte und
Verbundenheiten. Es gibt Bevölkerungsgruppen, die sind mehr mit
den Todeskräften verbunden. Es gibt Bevölkerungsgruppen, Völker, Gegenden, Landschaften, die sind mehr mit den Lebenskräften
verbunden, mit dem, was geboren werden will. Das hängt damit
zusammen, daß die einen eine stärkere Veranlagung zur Freiheit
haben; die kommt nämlich daher, daß man dem Tod näher steht.
Und die anderen haben eine stärkere Veranlagung zur Liebe; das
hängt damit zusammen, daß sie den Geburtskräften näher stehen.

Wenn wir frei sein wollen von etwas, dann müssen wir eigentlich dafür sterben; wir müssen nämlich Abschied nehmen
von allem. Wenn wir alles lieben, dann sind wir mit allem eng-
stens verbunden, dann können wir das gar nicht lassen. Und überall, wo wir schon lassen können, müssen wir eigentlich schon ein
bißchen sterben. Diese Fähigkeit, daß man den Dingen abstirbt,
ist im Norden Europas instinktiv viel stärker da. Im Norden kann
und will man sterben. Das muß man jetzt nicht festlegen und
sagen, also alle im Norden wollen sterben, sondern das muß man
einfach als Geschmacksbild nehmen, um sich ein bißchen einen
Sinn dafür zu bilden, wie solche Rechtsgefühle und solche Erlebnisse sich unterschiedlich ausprägen auf einem Kontinent.

Im Süden besteht ein viel natürlicheres Verhältnis zum Ge-
borenwerden, so daß man sagt, es muß ein liebevoller Zusammen-

hang dasein. Bei aller Bewußtseinsseele, die der Italiener entwickelt, und die auch immer so etwas von diesem nördlichen Ton hat, muß aber doch noch dieser Liebeszusammenhang der Familie da sein. Dafür wird viel getan und geopfert, damit dieses, was die Menschen eng aneinander bindet, weiterleben kann. Eine ganz andere Stimmung lebt im Norden. Dort sagt man, die Familie ist ein lockerer Verband, aber der einzelne, der darin steht, muß auch die Möglichkeit haben, zu sehen, wie er das regelt, daß genügend Todeskräfte da sind, daß ihn das nicht so fesselt, daß man sich genügend frei läßt, daß man miteinander gut auskommt, daß man hinreichend höfliche Distanz hat.

Und da spürt man: Zwischen Freiheit und Liebe lebt man, zwischen dem Geburtspol und dem Todespol, und da werden mächtige Kräfte frei werden. Es ist von Manfred Schmidt-Brabant davon gesprochen worden, wie die katholische Kirche sich sagt: In dieser Zeit der völligen Verrohung, des völligen Zerfalls dieses Europa, in dieser Umbruchszeit, wo die alten Rechtsgefühle alle verschwinden, da haben wir die zentrale Mission, den Impuls der christlichen Liebe wieder auszubreiten. Das ist ein südlicher Impuls. Man kann ein Vorreiterelement spüren, auch darin, daß sie auf die Abtreibungsproblematik das Augenmerk lenken und sagen: Ihr werdet erleben, daß ihr eigentlich immer eine Absage an die Liebe machen müßt, wenn ihr da mit dem Messer herangeht oder der Abtreibungspille, oder was auch immer ihr mit dem werdenden Leben anstellt. Überhaupt, wenn ihr in diese ganze Zone der Liebe und des keimenden Lebens so eingreift, wie ihr das bisher gemacht habt, was in dieser Abtreibungssache nur gipfelt, dann seid ihr mit dem kalten Messer der Freiheit da herangegangen, und ihr habt euch eigentlich an der Liebe unendlich versündigt. Ob die katholische Kirche nun die beste Vertreterin des Liebesimpulses in Europa sein wird, will ich nicht erörtern. Aber sie wird eine Kraft haben, die mit dem ganzen mediterranen Element zusammenhängt, und sie wird das hinstellen. Man soll nicht denken, daß das nicht eine ungeheure Kraft haben wird. Denn da ist eine Wahrheit drin. Doch diese Wahrheit tritt uns wie in einer Dunkelheit entgegen. Es ist eine dunkle Liebe, wie ja auch in diesem Freiheitsimpuls etwas wie eine Kälte waltet, weshalb er sich nicht richtig in die soziale Ordnung einbinden kann.

Und da wird es eben nötig sein, daß man einerseits innerlich diese beiden Pole umfaßt und daß man andererseits Licht in diese Pole bekommt; daß man merkt, wie das, was der Freiheitspol ist, der sagt: «Ich muß mich eigentlich von allem Irdischen lösen und mich auch manchmal davon frei machen können, wenn ich das will, und ich will mir da keine Vorschriften machen lassen», wie dieser in seinen Tiefen damit zusammenhängt, daß der Mensch natürlich sterben, aufsteigen können muß in den Kosmos und daß dieser frei werdende Mensch ja der gleiche Mensch ist, der dann in Liebe wieder herabsteigt.

Man muß diese Vorgänge durchleuchten, die mit den Liebeskräften zusammenhängen, die aus dem Vorgeburtlichen hereinkommen. Das muß verständlich werden, da muß Erkenntnis hereingetragen werden und nicht fundamentalistischer Dogmatismus. Dann wird man sehen, wie die Freiheitskräfte und die Liebeskräfte, wenn das Licht leuchtet, zusammen gedacht werden können. Aber dazu muß man die ganze Gewalt der südlichen Kräfte und die ganze Gewalt der nördlichen Kräfte in Europa aufnehmen, damit sie in der eigenen Seele das Licht empfangen. Denn nur in der Seele jedes einzelnen, der darüber nachdenkt, werden sie dieses Licht empfangen können.

HERAUSFORDERUNG AN DAS RECHTSGEFÜHL:
DIE NEUEN NORD-SÜD-VERHÄLTNISSE

DIE ZEITGRENZEN FALLEN

DAS VORGEBURTLICHE UND DAS NACHTODLICHE, VERGANGENE UND
KÜNFTIGE ERDZUSTÄNDE SPRECHEN MIT

MEDITATIONSMOTIV:
DIE VIOLETTEN FENSTER IM NORDEN UND SÜDEN

Man kann vielleicht sagen, dieses neue Raumverhältnis ist eigentlich etwas, was sich vor allen Dingen in der West-Ost-Achse abspielt; dieses neue Erleben der Zeitenkräfte, so kann man spüren, ist etwas, das mit den Nord-Süd-Kräften in Europa zusammenhängt. Und dann gibt es eben noch Kräfte, die mit dem Oben-Unten in Europa zusammenhängen, damit, ob der Mensch ein geistig gültig handelndes Wesen sein kann, oder ob er das nicht sein kann. Es wandeln sich ja die Rechtsgefühle auch an einer anderen Stelle. Die Entwicklung durch die Jahrtausende ist in einer hochinteressanten Art von Frans Carlgren verschiedentlich dargestellt worden. Er sagt: Was ist eigentlich das, was mit diesem Impuls der Dreigliederung zusammenhängt?

In der urindischen Zeit haben wir die Brahmanen als oberste Kaste, die ganze Gesellschaft ist nach Kasten geordnet. Unten sind die Parias, die Unberührbaren. Der Tiefste und der Höchste sind unendlich weit in dieser Gesellschaft auseinander, so daß die Mitglieder der unteren Kasten gar nicht wissen dürfen, was irgendwie im Innern der Menschen der höchsten Kasten vorgeht. Es ist so, daß die Menschen wie Tiere und Götter ausein anderfallen.

Und dann nimmt dieser Abstand im Laufe der Menschheitsentwicklung immer mehr ab. Bei den Griechen gab es noch die Freien und die Sklaven. Das Christentum bringt dann dieses Gefühl, daß die Menschheit eigentlich eine Einheit ist, aber die Standesunterschiede trennen und zerklüften die Menschheit immer noch mächtig. Die Französische Revolution räumt dann auch schon damit auf, dann sind alle Bürger zumindest gleich, nur die Frauen noch nicht und, ich glaube, die Neger; aber der Abstand zwischen dem, was oben und was unten in der Gesellschaft ist, wird immer geringer. Der Abstand zwischen Herrschenden und Beherrschten schwindet. Immer tiefer sinkt die Macht der Herrschenden, immer mächtiger steigen die Beherrschten auf. Könnte es nicht sein, daß es sehr bald gar nicht mehr diese Situation gibt, wo es Herrschende und Beherrschte gibt, und daß das Lebensgefühl der Menschen auch so ist, daß sie sagen, es ist doch absurd, daß wir beherrscht werden! Es ist absurd! Wie kann man auf die Idee kommen, uns überhaupt beherrschen zu wollen, das ist völlig sinnlos!

Ich weiß nicht, ob sie stimmt, aber ich fand das eine sehr schöne Geschichte jetzt aus Moskau: Da machen die den Putsch, um altasiatische Herrschaftsformen aufrechtzuerhalten. Die hatten doch so ein Manifest erlassen, da stand der Satz drin: «Und das Allerschlimmste, was eingetreten ist: Die Autorität des Staates und der Beamten und so weiter ist verschwunden. Und das müssen wir wieder aufrichten, und deshalb machen wir den Putsch.» Das uralte, asiatische Priesterherrschaftswesen muß doch gerettet werden! Das stand da eigentlich drin. Aber dann hat jemand im Stromwerk, als er gehört hat, daß die da einen Putsch machen und daß die eigentlich nicht verstehen, daß die Zeit der asiatischen Herrschaftsformen vorbei ist, einfach den Strom abgestellt. Es war dann kühl und dunkel bei den Putschisten. Wenn man mit Menschen zu tun hat, die nicht beherrscht sein wollen, dann hat heute jeder so einen Stromschalter in der Hand. Man weiß, daß zwanzig Leute New York lahmlegen können, wenn sie das wollen. Man merkt, die Macht des einzelnen wächst unendlich. Und die Macht derjenigen, die herrschen, ist zwar in manchem – so scheint es – unendlich groß, aber in vielem ist es so, daß man, wenn man die Sache anschaut, merkt: Der Herrschaftsimpuls hat in der Menschheit unweigerlich die Tendenz, in die Tiefe abzurutschen. Die Menschen lernen immer mehr – so sind die Rechtsgefühle –, aufzusteigen in dem, wie man sich gegenseitig gehorsam ist. Und nicht nur das, man braucht sich nicht einmal mehr gegenseitig gehorsam zu sein. Das ist ja noch eine Art Brücke, wie das zu machen ist, aber wie man in freien Taten miteinander so wirkt, daß sich die Taten der einzelnen zu etwas ordnen, was sich selber trägt, und wo niemand über jemanden Herrschaft ausüben muß, das ist etwas, was sich in den Rechtsgefühlen schon ausspricht.

Das hat natürlich sein Gegenbild. Die «Neue Zürcher Zeitung» hat vor einigen Wochen eine dicke Beilage mitgeschickt. Da haben sie das Phänomen der Mafia behandelt. Sie sagen, wenn man die Mafia vom Gründungstermin 1805 oder 1810 bis heute anschaut, dann kann man einen gleichbleibenden, rasanten Machtanstieg feststellen. So mächtig, wie die Mafia heute in ganz Italien ist, war sie noch nie. Und es ist überhaupt nicht abzusehen, wie der Siegeszug dieser Gruppe aufgehalten werden soll. Und ich bin sicher, wenn ich von dem neuen vereinigten Europa spreche: das sind nicht nur italienische Verhältnisse.

Früher war das so, da hatte man seine Grenze und sagte, die schlechten Leute, die nicht richtig leben können und die einfach andere Lebensformen haben, die sind außerhalb der Grenzen; wir haben hier unsere Kulturnation, und da draußen sind eben die Ausländer mit ihren Problemen. Auch die ganz Unkultivierten und das Schlimme und so weiter hat man als etwas erlebt, das da draußen ist. Das ist vorbei. Wir werden erleben, wie die Menschen einerseits Formen herrschaftsfreien Lebens entwickeln werden und andererseits, und damit erkaufen wir das, werden wir in Städten leben, wo das Böse als Sozialordnung so präsent ist wie das

Krankenhaus, wie die Polizei und die Müllabfuhr. Da können wir zu den entsprechenden Stellen hingehen und die Mörder mieten: die werden dasein. Sie sind in weiten Teilen Europas ja schon mietbar. Das ist ja schon da, und es breitet sich in einer Rasanz aus. Man sagt, der Umsatz der italienischen Mafia ist viermal größer als der von Fiat, der größten regulären Firma in Italien; aber das ist ja nur die italienische Mafia. Erst wenig ist bekannt, wie die Mafia eigentlich schon weit verzweigt ist, was die russische Mafia in den Ländern ist, wo das Sowjetreich gewesen ist, was für finstere Herrschaftskräfte da auftreten werden! Es wird zu unserem Rechtsgefühl gehören, daß wir eine Menschheit sind, in der eine böse Menschheit, in der Despotie und Tyrannis in der krassesten Weise wirken werden, und eine herrschaftsfreie Menschheit gleichzeitig am gleichen Ort zusammenleben werden. Wir werden ein Sozialempfinden, ein Rechtsempfinden entwickeln müssen, wo das Platz hat. Da müssen wir sehr weite Gefühle entwickeln. Das hängt mit bestimmten Zukunftsentwicklungen der Menschheit zusammen. Ich glaube, das wird in einer gewissen Weise unausweichlich sein.

Wenn man das anschaut, dann kann man sehen, wie sich in den Rechtsgefühlen die Zukunft ausspricht. Wir können sie nach den Raumesrichtungen gliedern. Man hat in dieser West-Ost-Spannung vor allen Dingen das Erlebnis, wie eigentlich die Erde im Sozialen mitspricht. Im Nord-Süd spricht das Zeitliche mit. Im Oben-Unten manifestiert sich, daß eine Schichtung der Gesellschaft eintreten wird, nicht in Kasten, sondern in Menschen, die mitmachen wollen bei der bösen Gesellschaft, und Menschen, die mitmachen wollen bei der guten Gesellschaft. Denn diejenigen, die das Mafia-Phänomen studieren, sagen: Die Mafia ist nicht in erster Linie eine Einrichtung, die deshalb gemacht wird, damit man reich wird, also sich etwas zusammenraubt; das ist nur eine Erscheinungsform. Es geht um etwas anderes, und deshalb ist die Mafia, wie die Kenner sagen, eigentlich unbesiegbar. Die Mafia ist ein Lebensstil, und zwar der Lebensstil der absoluten Herrschaft. Der Mafia-Capo ist Herr über Leben und Tod von allen auf der Erde. Es gibt niemanden, über dessen Leben und Tod er nicht herrschen würde. Wenn er einen Präsidenten umbringen wollte, wenn das in seinen Plänen wäre, dann würde er auch das tun. Und wer teilhat an der Mafia, hat teil an diesem absoluten Herrschaftswillen, der nichts gelten läßt außer diesem Erlebnis: Herrschaft ist da durch pervertierte Gehorsamskräfte. Wer teilnimmt, der tritt ein in diesen Orden – denn das hat ganz stark einen Ordenscharakter –, und dann tritt diese Spiritualität des schieren Bösen in den Menschen ein. Das ist es, was jene Menschen suchen, weil sie merken: da ist ein Halt, da ist Gewalt, da ist ungeheure Kraft, da ist Allmacht. Allmacht wird sich ausbreiten in dieser Schicht. Und darüber wird eine Schicht von Menschen sein, die eine Sozialform bilden werden, in der gerade immer weniger Macht darinnen ist. Einerseits kommt aus den Tiefen der Erde schiere Machtinspiration und andererseits aus den Höhen ein Verhalten ganz eigener Art.

Wie gesagt, die Menschen spüren, daß die Zeitenschwellen verschwinden; nicht nur die Raumesgrenzen, sondern auch die Zeitengrenzen verschwinden. Dahinter taucht einerseits vom Süden etwas auf, so daß man merkt, wie alles, was vorgeburtlich ist, und alles, was in der Menschheit in der Vergangenheit an Kräften da war, aus denen die Welt entstanden ist, das, was man in der Anthroposophie vergangene Erdzustände nennt, da hineinspielt.

Auf der anderen Seite sehen wird das, was mit den Todeskräften zu tun hat, da kommen zukünftige Erdzustände, die spüren die Menschen darin, die sprechen auch in das Rechtsgefühl herein. So wie man beim Raum spürt, daß die Erde als Wesen mitspricht, so kann man spüren, daß in diesen neuen Rechtsgefühlen um die Frage: «was ist das Menschenleben?» die verschiedenen planetarischen Zustände mitsprechen; das ist nicht mehr nur irdisch, das ist eigentlich planetarisch. Das, was der Mensch im Aufstieg durch die Planetensphären und im Abstieg durch die Planetensphären erlebt, das, was als Werdekräfte vergangene Planetenzustände und künftige Planetenzustände sind, das spricht in diesen Rechtsgefühlen mit. Im Großen Saal des Goetheanum erzählen uns die Fenster im Süden in ihren Bildern von der Geburt, davon, wie der menschliche Leib aufgebaut wird, welche Geisteskräfte in der Leiblichkeit wirken. Die planetarischen Kräfte der Vergangenheit sprechen da. Die Fenster im Norden schildern das Schauen der Todeskräfte in der Erde, das Sich-frei-Machen von der Erde, den Aufstieg nach dem Tode. Da spielen künftige planetarische Zustände der Erde herein. Der Norden und der Süden sind durch die Fenster hier präsent.

Aber es ist eben auch das präsent, was für die dritte Stufe

entscheidend ist, nämlich das der Mensch lernt, im Kosmos zu gehen, nicht nur die Erde für sein Handeln zu brauchen, sondern so zu handeln, daß er etwas wird wie ein Stern. Denn wie die Menschen im herrschaftsfreien Raum zusammen handeln müssen, dafür ist das eigentliche Meditationsbild der Sternenhimmel: Jeder steht völlig frei und autonom für sich; kein Stern stützt den anderen. Jeder Fixstern hat die Kraft, sich im Kosmos an seinem Platz zu halten.

Auf dem blauen Fenster im Süden ist abgebildet, wie in jeder Handlung, jeder Bewegung der Fixsternhimmel da ist. Wenn wir lernen, herrschaftsfrei zu handeln, dann lernen wir, uns zu halten. Der Fixsternhimmel wird anwesend in unserem Tun. Und unter uns bildet sich eine Sphäre, wo die Schwerkraft, die soziale Schwerkraft, der soziale Magnetismus in einer ungeheuren Kraft das Gegenbild darstellen wird. In den Rechtsgefühlen, die da auftauchen, taucht der ganze kosmische Mensch auf. Nicht nur der Mensch als Erden-Kosmos-Wesen, sondern als planetarisches, als Fixstern-Wesen taucht in diesen Rechtsgefühlen auf, aus denen sich unser künftiges Europa weben wird. Und wenn diese europäische Fahne eine blaue Fahne mit zwölf Sternen ist, dann ist das ja ein wunderbares Bild für das, was eigentlich dieser herrschaftsfreie Raum werden soll. Ob das jetzt zwölf sind, ob die Idee der richtige Anfang ist und so weiter, will ich nicht erörtern. Aber diese Fahne ist eigentlich ein ungeheuer schönes Bild als Symbol der herrschaftsfreien Sozialordnung.

HERAUSFORDERUNG AN DAS RECHTSGEFÜHL:
DIE NEUEN VERHÄLTNISSE VON OBEN UND UNTEN IM SOZIALEN

DIE KULTURGRENZEN, DIE MORALISCHEN GRENZEN
FALLEN

DER FIXSTERNHIMMEL SPRICHT MIT

MEDITATIONSMOTIV:
DAS BLAUE FENSTER IM SÜDEN

Ich hatte am Anfang geschildert, wie das Recht so etwas ganz Ungeistiges ist. Auf dem Weg des Rechtsgefühls habe ich versucht, doch möglichst umfassend einen Aufstieg zu schildern, wie in diesem Sozialen der ganze Kosmos anwesend sein kann und anwesend sein wird und wie er sich in den Gefühlen ankündigt, in den Stimmungen, die die Menschen haben. Das ist eigentlich das Geheimnis des Rechts, daß es das Ungeistige ist, daß es aber nur gehandhabt werden kann, wenn man einen möglichst weiten Gesichtspunkt hat, wenn man sich eigentlich als kosmischer Mensch betätigt.

Schauen wir auf so etwas sie die Abtreibung. Da muß man jetzt einen Paragraphen machen; darf man das, darf man das nicht, das muß ja in irgendeiner Form geregelt werden, damit nicht die Menschen anfangen, sich selber zu zerfleischen wegen dieser Fragen. Da muß ja eine Form her.

Da wird jetzt ein Kongreß in Stuttgart sein, und da werden ja die Anthroposophen sich Mühe geben, in diese Fragen Licht hereinzubringen, was ja notwendig ist. Und sie werden sich vielleicht vor allen Dingen darauf beschränken, weil das die Aufgabe des Geisteslebens ist, da herein Licht zu bringen. Auf die Rechtssphäre muß man nämlich nur deuten. Wenn man jetzt denkt: Ja, wie finde ich, daß *ich* es machen sollte – jetzt als Anthroposoph mit allem geisteswissenschaftlichen Wissen –, wie sollte das eigentlich mit dieser Abtreibung sein? Ich möchte das Gesetz so machen, daß ich mir sagen kann, das ist mit der Anthroposophie und allem, was ich aus der Anthroposophie wissen kann, in der besten Übereinstimmung, ich könnte mit diesem Gesetz ganz zufrieden sein, dann hätte man das Rechtsleben überhaupt nicht verstanden! Das ist gar nicht die Aufgabe des Rechtslebens! Das ist doch die des Geisteslebens. Das Rechtsleben soll nicht feststellen, was richtig ist, sondern das soll verstehen, wie sich die Rechtsgefühle entwickelt haben. Es schleifen sich die Gefühle des Südens, die Gefühle des Nordens ab, und man muß schauen, was ist der jetzige Zustand? Wie kann man jetzt eine Form geben, daß alle Beteiligten plötzlich merken, ja, wir können im Augenblick noch miteinander leben, das ertragen wir.

Im «Spiegel» ist eine Darstellung gewesen von dem Wallmann von der CDU, die ja mit am schwierigsten mit diesem Problem zu ringen hat. Die CDU gibt alle Jahre immer *zwei* Vorschläge zum Paragraphen 218 heraus, weil sie merkt, sie weiß es einfach so nicht; Wallmann fordert eben auch, daß man spüren muß, wer hängt eigentlich alles da mit dran, und dann muß man ein Gesetz machen, das die Lage wiedergibt, in der sich die Menschen befinden, die auch, möchte ich sagen, eine getreue Widerspiegelung der Irrtümer ist, in denen die Menschen leben wollen. Und so ein Gesetz sollte möglichst so genial sein, daß es diese Irrtümer mit den kosmischen Zielen verwebt, wenn das möglich ist. Dann wird das, was nach bestem und tiefstem Verständnis im sozialen Organismus an der Oberfläche und in seinen Tiefen ist, Form. Und dabei kommt es eben wirklich nicht darauf an, daß das richtig ist in dem Sinne, wie man es machen soll, sondern daß es der Wirklichkeit, und zwar der gefallenen und der kosmischen Wirklichkeit in ihrem Zusammenspiel richtig entspricht.

Es geht ja nicht nur darum, jetzt Betrachtungen zu machen, welche Kräfte in dem Europa weben, sondern es ist ja auch eine entscheidende Frage: Wie gestaltet man an diesem Europa mit? Aber dazu muß man auch genau gucken, was dieses Europa ist und wie man das richtig macht.

Ich glaube, die wichtigste Voraussetzung, die man sich klarmachen muß, ist, daß wir als Menschen in einer ganz eigentümlichen Proportion zu Europa stehen. Normalerweise denkt man, da ist dieses riesige Europa mit all diesen Machtstrukturen, und da sitzen hier so kleine einsame, eigentlich völlig machtlose Menschen, was sollen die denn machen? Sollen sie sich jetzt am besten vielleicht alle in einer Partei sammeln, damit sie alle ganz groß werden und dann die Partei sich aber wieder zerstückelt und in tausend Einzelteile auflöst? Wie kann man das in den Griff bekommen, wie sollen wir das jetzt machen, daß «unsere Ideen» sich in Europa verwirklichen? Ich glaube, es ist entscheidend, daß man zunächst einmal die Realitäten klar ins Auge faßt. Jeder einzelne von uns ist natürlich größer als Europa, das ist die wichtigste Realität. Und wenn wir das nicht nur als ein anthroposophisches Bonmot nehmen, sondern zum Lebensgefühl werden lassen, dann fangen wir an zu erobern, wie man Europa gestaltet. Wenn man einfach größer ist als Europa, findet man die Wege. Man muß die Stelle finden, wo man größer als Europa ist. Rein räumlich sind wir zunächst, jeder einzelne, sehr viel kleiner. Aber wenn wir anschauen, was wir versucht haben, als Bild vom Menschenwesen selbst als sozial handelndes zu zeichnen, bekommen wir ein wirkliches Gespür dafür, daß der Mensch ein Organ des Kosmos selbst ist.

Wir sind die Stellvertreter des Kosmos auf Erden, wir *sind* der Kosmos. Der Kosmos ist viel größer als Europa: Nachts ist Europa kleiner als wir, nachts ist Europa in uns, nicht außer uns. Wenn wir nicht einen Sinn dafür bekommen, wie wir nachts an Europa arbeiten, sondern glauben, wir müßten das am Tage machen, so wie die Sozialisten das geglaubt haben, dann wird es nicht viel besser werden, als was die Sozialisten gemacht haben. Man muß die Realitäten wirklich ernst nehmen, auch wenn einem das zunächst nicht paßt und man sagt: ja, so einen Spruch will ich gar nicht hören, ich möchte gerne eine starke Partei oder so etwas; oder alle Anthroposophen machen eine Unterschriftenaktion oder marschieren nach Straßburg. Da muß man merken, das ist eigentlich im Menschen der Schrei gegen den Geist: Schluß mit dem Geist, der da in einem auftaucht! Man muß sich darüber klarsein: Es kommt doch darauf an, daß man in diesem Organismus Europa an den richtigen Stellen steht. Und mit Aktionismus kommen wir nicht an die richtigen Stellen.

Wer verwaltet denn die richtigen Stellen? Das sind nicht nur die Leute in Straßburg und so weiter, das sind die Volksgeister, die verschiedenen Zeitgeister. Da sind ja sehr viele Zeitgeister tätig, die arbeiten doch die ganze Zeit! Es ist völlig falsch, wenn wir glauben, wir müßten deren Arbeit tun! Wir müssen uns in eine Verfassung bringen, daß wir von ihnen an die richtigen Stellen gestellt werden, daß unser Karma richtig läuft. Und das ist natürlich viel unbequemer, als eine Unterschriftenaktion zu machen, daß man sagt: Wie muß ich mein Karma in diese Richtung bringen, daß ich an Europa wirklich wirksam mitarbeiten kann? Und dann merkt man nämlich, daß das nicht schon in der übernächsten Woche geregelt ist und daß ich mich dann einer anderen Sache als Europa zuwenden kann, weil ich ja meine Unterschrift geleistet habe und – fertig! Sondern da muß ich wirklich weltgeschichtlich denken! Das ist furchbar unbequem! Das will ja keiner! Und da muß man merken: weltgeschichtlich denken heißt, sich selber verstehen, weil man selbst der Kosmos und die Welt ist. Und dann wachsen langsam Interessen und Beziehungen zu diesem sozialen Organismus. Wenn man sich nur so ein bißchen vorbereitet, erlebt man, der soziale Organismus hungert ja nach Leuten, die er an den richtigen Stellen brauchen kann. Die Engel, die Erzengel, die Archai sehen das doch und stellen die Leute an die richtigen Stellen hin, da muß man sich keine Sorgen machen. Vor allen Dingen muß man dafür sorgen, daß man geeignet wird für diese Stellen. Und diese Stellen sind ja auch gar nicht nur in diesen Apparaten, die sind unter Umständen außerhalb der Apparate viel wirksamer.

Wenn dieses Erlebnis, daß der Mensch größer ist als Europa, stärker wird, dann kommt die Rechtsordnung von Europa ziemlich in Ordnung. Das werden Gewalten sein, so wie die ökologische Bewegung eine Gewalt geworden ist, nicht weil man das organisiert hat, sondern weil das in den Seelen aufgestiegen ist.

Wie andere solche Kräfte aufsteigen werden, so müssen wir eben im Mitleben, im Interesse an diesem sozialen Organismus dahin kommen, daß wir dafür wirken können, daß solche Kräfte ihre Kanäle finden. Das heißt nicht nur, daß man sagt, mit Denken allein ist das gemacht. Aber wenn man so ernsthaft denkt, wie ich das jetzt geschildert habe, dann wird man merken, daß die karmischen Anknüpfungspunkte sich fast von allein ergeben. Die Engel arbeiten wirklich gut.

Ich glaube, daß solche Bilder von Europa das sind, was für Europa dringend notwendig wird, damit Europa nicht nur in den Verfall hereinkommt, daß man denkt, mit Wirtschaftstechnik könnte man die Probleme lösen, die die neuen Ost-West-Spannungen, die neuen Nord-Süd-Spannungen stellen, und als drittes so etwas wie der völlige Moralverfall, der sich abzeichnet. Da braucht man tatsächlich ganz andere Mittel und eine ganz andere Energie im Aufbauen von Bildern.

Gerd Schmäche

MODERNE ARBEITSWELT IM WIRTSCHAFTSLEBEN – INTELLIGENZ ALS ZWANGSGEWALT UND FREIHEITSKRAFT

Stellt man im Sinne der Dreigliederung das notwendige Brüderlichkeitsprinzip des Wirtschaftslebens dar, dann entsteht die sehr berechtigte Frage nach einer wirklich anschaubaren Realisierung von Bedeutung – beispielsweise in einem größeren, vielleicht sogar europaweit tätigen Unternehmen. Aber die gibt es noch nicht.

Doch liegt es im Bemühen der Sozialwissenschaftlichen Sektion, deutlich sichtbare Phänomene des modernen Arbeits- und Wirtschaftslebens in nachvollziehbare Verbindung mit Aussagen Rudolf Steiners zu bringen, die schon vor etwa siebzig Jahren auf die Impulsierung einer höchst dramatischen Entwicklung hindeuteten. Diesbezügliche Aussagen sind alles andere als angenehm und bedeuten für Menschen, die heute verantwortlich im Arbeits- und Wirtschaftsgeschehen stehen, eine große Belastung – insbesondere dann, wenn sie dies als Anthroposophen tun.

Alles deutet darauf hin, daß ein Michael-Zeitalter gerade jenes Erdenfeld erreichen und durchdringen muß, wo Industriearbeit sich machtvoll jeglicher Durchchristung widersetzt. Nicht etwa bloß aus Zufall, auch nicht, weil Mitarbeiter das so wollen, sondern weil höchst erfolgreiche, aber anonyme Intelligenz für jede Spiritualität so gut wie nicht sensibel ist.

Wie stellt sich ein modernes Großindustrie-Unternehmen aus der Innensicht dar, und wie ist es eingebunden in die Sachzwänge, die Weltwirtschaft?

Was bedeutet es für die menschliche Arbeit, wenn sie in hochintelligente Automation eingebunden ist? Ist eine streng programmierte Arbeitsorganisation überhaupt noch gemeinschaftsbildend und damit karmaempfänglich?

Zunächst fällt auf, daß drei Kriterien für jede moderne Fabrik typisch sind:

- Eine außerordentlich *rasante Entwicklung* der Technik und der darauf basierenden Organisation.

- Ein enormer *Verschleiß an Lebenskräften* durch hohe Leistung, persönliche Überforderung und Automatisierung.

- Eine *starke Eigendynamik*, die nur zum Teil noch lenkbar ist (Überschaubarkeit).

Schnelle Entwicklung, Verbrauch an Lebenskraft und Eigenziel gehen stets von ganz realen Wesen aus. Das müssen nicht nur Menschen sein. Und die Erde ist auch nicht die einzige Ebene, auf der sich vorbereitet, was dann Ereignis wird und Menschenwerk bestimmt.

Hier betreten wir den zentralen Bereich des Kampfes Michaels mit dem Drachen. Rudolf Steiner schildert diesen Kampf, der sich ab dem Jahre 1841 in der geistigen Welt abspielt und der im Herbst 1879 mit dem Sturz der Geister der Finsternis in die menschliche Erdenwelt endet.[1] Doch Sturz ist nicht Vernichtung! Die gestürzten Geister bleiben wirksam und drängen nach Entwicklung, nur auf anderer Ebene – im Erdenfelde nämlich – und hier im menschlichen Bewußtsein.

Sie impulsieren willensstark ab 1840 materielles, an den Leib gebundenes Denken. Moderne Technik nimmt hier den Ausgang und erfährt in unserer Zeit die Steigerung zur Software, zur künstlichen Intelligenz, zum intelligenten Chip. Diese «Intelligenz» ist vom Menschen losgelöst – als Programm zu speichern – zeitunabhängig abrufbar, und zwar beliebig oft und an jedem Ort.

Die moderne Arbeitswelt ist ohne «programmierte Intelligenz» heute nicht mehr denkbar. Im Vierundzwanzig-Stunden-Takt muß diese Technik pausenlos verfügbar sein – schon kurze Unterbrechung kann zum Chaos führen.

Jede Organisation beruht darauf – kaum ein verantwortlicher Mitarbeiter ist ohne Bildschirm-Terminal noch arbeitsfähig. Es entsteht ein völlig neues soziales Gefüge zwischen Menschen, die sich kaum kennen und dennoch intensiv zusammenarbeiten.

«Die Fabrik ist... herausgestellt wie ein besonderer Dämon aus der ganzen Weltordnung.»[2] «Die Arbeit... wird nicht behan-

Arbeits-Situation:

Früher:
(1960)

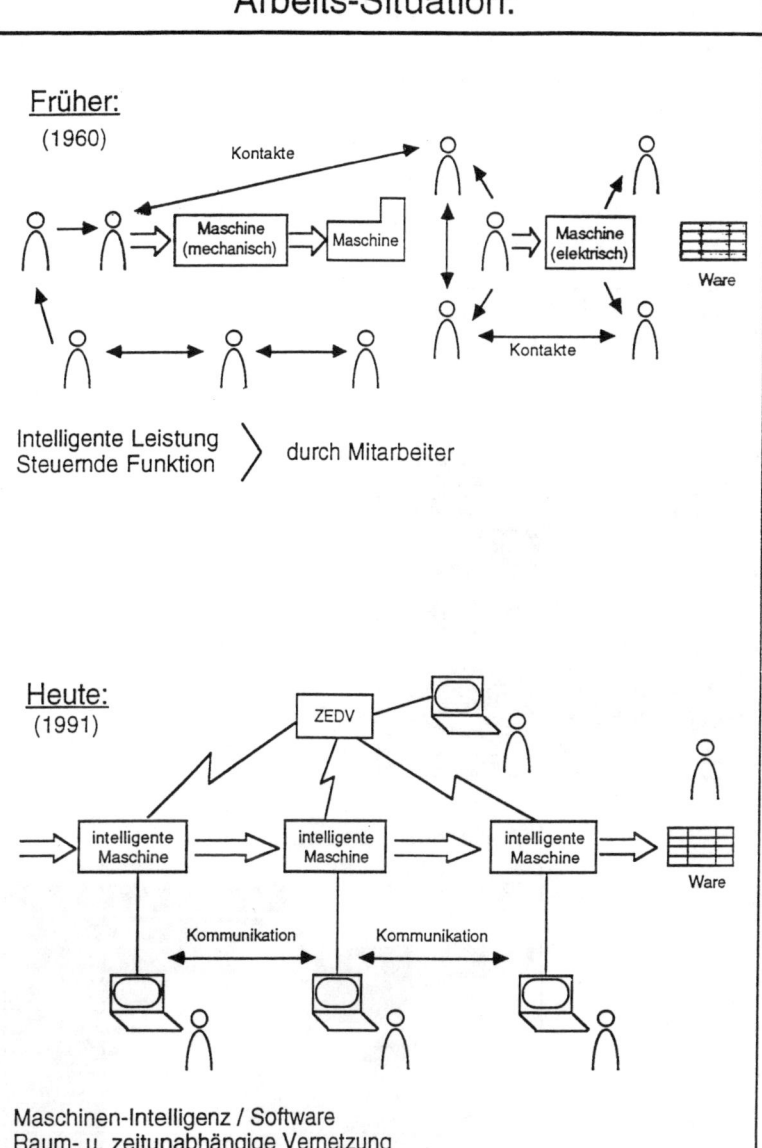

Intelligente Leistung ⟩ durch Mitarbeiter
Steuernde Funktion

Heute:
(1991)

Maschinen-Intelligenz / Software
Raum- u. zeitunabhängige Vernetzung

delt als etwas, was von Mensch zu Mensch bestimmt wird.»[3] So äußert sich Rudolf Steiner zum Wesen der Fabrik. Das ist ein höchst zeitgemäßer Hinweis. Immerhin erfolgt durch Industrialisierung der «Kopfarbeit» die *Entkopplung von Arbeit und Begegnung.* Arbeit war früher immer mit Kontakt verbunden – auch wenn mechanische Maschinen Massenarbeit rationalisierten. Durch Kopplung «intelligenter Maschinen» wird arbeitsbezogene Verständigung zunehmend überflüssig.

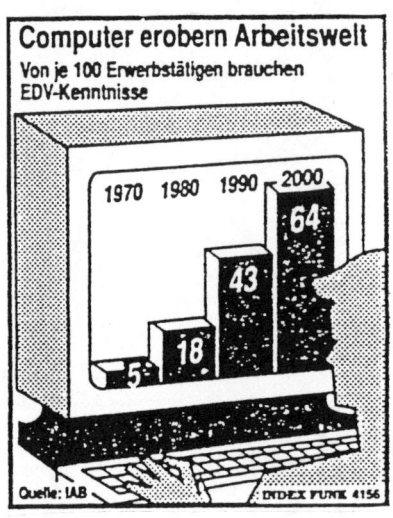

Computer erobern Arbeitswelt
Von je 100 Erwerbstätigen brauchen EDV-Kenntnisse

1970 1980 1990 2000

5 · 18 · 43 · 64

Quelle: IAB   INDEX FUNK 4156

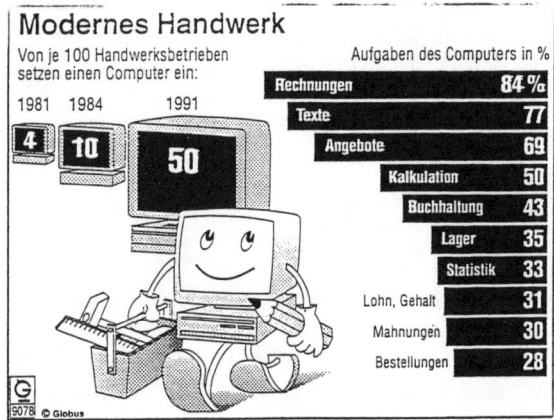

Modernes Handwerk

Von je 100 Handwerksbetrieben setzen einen Computer ein:

1981 1984 1991
4 10 50

Aufgaben des Computers in %

Rechnungen	84 %
Texte	77
Angebote	69
Kalkulation	50
Buchhaltung	43
Lager	35
Statistik	33
Lohn, Gehalt	31
Mahnungen	30
Bestellungen	28

9078 © Globus

150

Direkte zwischenmenschliche (soziale) Kommunikation

Technisch vermittelte Kommunikation

Benutzer   Endgerät   Vermittlungs-   Übertrag-
                     einrichtung   gungsweg

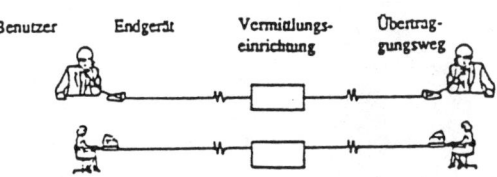

Nachrichtenübertragung, -vermittlung und -verarbeitung

Technische „Kommunikation"

betrachtet werden nur die Geräte und deren Verbindung

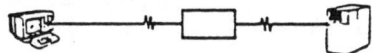

automatische Nachrichtenübertragung

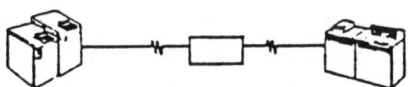

Quelle: Kubicek/Rolf, Mikropolis

Der Computer wird zum Instrument der Kommunikationszerstö-
rung (Tele-Arbeitsplatz). Dabei suggeriert das Signalwort «künst-
liche Intelligenz» eine Analogie zwischen Mensch und Maschine.
Die Fähigkeit des Computers, geistige Prozesse zu simulieren,
legt die Täuschung nahe, auch das menschliche Denken funktio-
niere wie ein Computer. Wenn aber die Maschine sich wie ein
Mensch verhält – intelligent, kompetent, zuverlässig, schnell,
fehlerfrei –, dann liegt es nahe, auch die Menschen nach dem Bilde
der Maschine zu organisieren. Und das geschieht mit allergröß-
tem Nutzen. – Neben höherer Produktivität der Einzelstunde und
Nachtarbeit von unermüdlichen Maschinen reduzierten sich die
Arbeitszeiten.

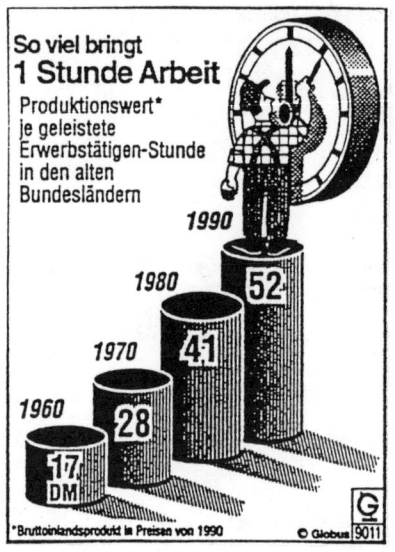

**So viel bringt
1 Stunde Arbeit**
Produktionswert*
je geleistete
Erwerbstätigen-Stunde
in den alten
Bundesländern

1990

1980 52

1970 41

1960 28

17
DM

Bruttoinlandsprodukt in Preisen von 1990

© Globus 9011

Und hier kommen wir zu einer eminent wichtigen Kenngröße moderner Industriearbeit: der Wirtschaftlichkeit. Jede Produktion muß bis in den kleinsten Arbeitsgang rationell und kostengünstig sein, sonst ist die Ware nicht verkäuflich – die Konkurrenz macht das Geschäft. Die freie Marktwirtschaft schafft einen enormen Druck und Sachzwang: Schon kleine Planungsfehler führen zur Katastrophe. Und ohne zeitgemäße Technik funktioniert gar nichts mehr.

Ein kleines Beispiel aus unserer Firma – einer Fabrik für Zeichengeräte mit etwa dreieinhalbtausend Mitarbeitern und einem Jahresumsatz von etwa fünfhundert Millionen DM – soll das veranschaulichen.

Jeder kennt einen Zirkel – keinen einfachen, sondern ein Präzisionsgerät aus vernickeltem Messing. Bei traditioneller, aber schon teilautomatisierter Fertigung galten die folgenden Werte: Um tausend Zirkel herzustellen, arbeiteten sieben Fachkräfte in sechsundsiebzig Arbeitsgängen insgesamt fünfundvierzig Stunden. Die Produktionskosten pro Zirkel beliefen sich auf 7,20 DM.

Nachdem dieser Zirkel durch extreme Marktbedingungen unter Preisdruck geriet, überlegten sich Meister und Ingenieure, wie man die Herstellung verbilligen könnte. Es mußte gelingen, einem Automaten von der einen Seite das Messing-Rohmaterial zuzuführen, der dann auf der anderen Seite die fertigen Zirkelteile auswirft. Dieses Ziel wurde erreicht. Eine einzige Maschine, jetzt allerdings mit programmierter Computer-Intelligenz, schafft nun die folgenden Werte: In achtzehn Stunden und achtzehn Arbeitsgängen wurden mit Hilfe zweier ungelernter Arbeitskräfte tausend Zirkel hergestellt. Die Produktionskosten pro Stück fielen auf 4,19 DM.

Also lediglich durch minutiös genaue Planung und unter Einsatz technischer Intelligenz wurden bei der Herstellung von tausend Zirkeln achtundfünfzig Arbeitsgänge eingespart und siebenundzwanzig Stunden weniger gebraucht. Der Herstellpreis pro Stück sank also um DM 3,01. Der endgültige Verkaufspreis konnte marktentsprechend gesenkt werden (DM 22,17 pro Stück) – wir erhielten den Auftrag!

Die Lohnkosten sind länderweise stark verschieden. In Deutschland und in der Schweiz sind sie am höchsten – in Portugal und in der Türkei am niedrigsten.

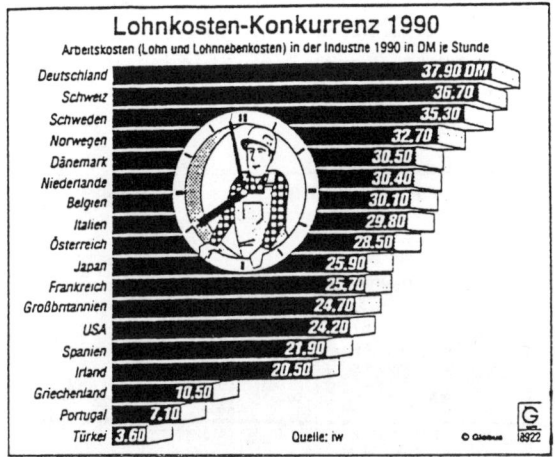

Lohnkosten-Konkurrenz 1990
Arbeitskosten (Lohn und Lohnnebenkosten) in der Industrie 1990 in DM je Stunde

Land	DM
Deutschland	37.90 DM
Schweiz	36.70
Schweden	35.30
Norwegen	32.70
Dänemark	30.50
Niederlande	30.40
Belgien	30.10
Italien	29.80
Österreich	28.50
Japan	25.90
Frankreich	25.70
Großbritannien	24.70
USA	24.20
Spanien	21.90
Irland	20.50
Griechenland	10.50
Portugal	7.10
Türkei	3.60

Quelle: iw

Wenn man mit Automaten und ungelernten Arbeitskräften gleiche Qualität erreicht, ist das ein großer Vorteil.

In vielen Ländern ist solche Arbeit sehr begehrt, weil eine gute Fachausbildung häufig fehlt.

Multinationale Unternehmen verlagern ihre Fertigung ins «Ausland» mit sogenannten Niedriglöhnen. Oft ist dies noch die einzige Möglichkeit zu konkurrieren. Im EG-Bereich beginnt sich dies zu ändern, weil die Sozialabgaben steigen.

In Deutschland fallen für jede DM Lohn DM 0,81 Sozialabgaben an, das waren 1990 in unserem Unternehmen DM 23268.– pro Mitarbeiter. So spielt der Standort einer Firma eine große Rolle, und nur internationale Firmen können bestehende Gefälle auch vorteilhaft nutzen. Dies um so mehr, weil es für weltweite Kommunikations-Vernetzung völlig gleichgültig ist, wo eine Fertigungsstelle steht – eine Koordination ist in jedem Augenblicke möglich.

Deutlich wird hieraus ersichtlich, wie eng – und auch bedingungslos – die Arbeit mit dem Wirtschaftsleben verbunden ist. Und gerade diese feste Bindung ist es, die unsere Arbeitswelt zum Kampfgebiete werden ließ. Dies hatte Rudolf Steiner wohl im Blick, als er in Oxford am 29. August 1929 betonte: «Das wirtschaftliche Leben darf nicht die Arbeit bestimmen.»

Zumindest in der Industriearbeit ist das Gegenteil der Fall. Doch nicht nur Nachteil ist daraus entstanden. Verdienst und Freizeit nahmen für viele Menschen in den Ländern zu, wo die Industrie die Vorherrschaft gewann. In Deutschland sank die tarifliche Jahresarbeitszeit von 1760 Stunden im Jahre 1984 auf 1648 Stunden im Jahre 1990.

Noten für Arbeitnehmer
Je höher die Punktzahl, desto tüchtiger, motivierter und produktiver sind die Arbeitnehmer, desto günstiger ist das gesetzliche und tarifliche Umfeld aus der Sicht der Arbeitgeber (Stand 1991)

78 77 73 71 68 67 67 64 61 58 56 54 53 51 51 47 47 33 22

Singapur · Schweiz · Japan · Taiwan · Belgien · Deutschland · Niederlande · USA · Südkorea · Frankreich · Schweden · Großbritannien · Spanien · Italien · Türkei · ČSFR · Ungarn · UdSSR · Peru

Quelle: BERI-Institut   © Globus 9031

Auch die Urlaubszeit hat sich verändert: Im Jahre 1900 gab es in Deutschland überhaupt noch keinen Regelurlaub; 1940 waren es zehn Tage, 1970 einundzwanzig Tage und 1990 waren es einunddreißig Tage Urlaubszeit. Damit ist bald jeder zweite Tag arbeitsfrei. Von 365 Kalendertagen verblieben 1991 noch 203 Arbeitstage, da es außer Urlaub und arbeitsfreien Wochenenden noch dreizehn Feiertage gibt. Hinzu kommen im Durchschnitt auf jeden Arbeitnehmer zwölf Krankheitstage pro Jahr.

Auch die Tagesarbeitszeit verkürzte sich erheblich: Wurden 1950 durchschnittlich 9,5 Stunden pro Tag gearbeitet, so waren es 1991 nur noch 7,7.

Doch auch Schattenseiten gibt es. Wo Automatisierung allzu weit getrieben wird, steigt die Fehlzeitrate, das heißt der *Krankenstand*. Zwischen fünf und elf Prozent der Arbeitszeit gingen in deutschen Unternehmen 1990 durch Krankheit verloren, besonders wo hohe Automatisierung den Mitarbeiter zur Maschinenhilfe macht. Durchschnittlich 6,8 Prozent, das heißt 1,6 Millionen Beschäftigte meldeten sich krank. Der Durchschnittskrankenstand bezifferte sich 1990 bei Arbeitern auf 9 Prozent und auf 3,8 Prozent bei Angestellten. Beim Handwerk liegt er mit fünf Prozent am niedrigsten.

Auch *Frühverrentung* ist oft Folge von Streß und wenig Lebenssinn: jeder vierte trat wegen Rücken- und Gelenkleiden in den frühen Ruhestand, und immerhin zwölf Prozent schieden wegen seelischer oder geistiger Krankheiten vorzeitig aus dem Berufsleben aus (Depressionen, Alkohol, Drogen, Aggressionen).

Parallel dazu übernehmen Maschinen immer mehr die Arbeit, zwar unterschiedlich in den einzelnen Ländern Europas, aber mit wachsender Tendenz. In den EG-Ländern laufen die Maschinen zwischen neunundsechzig (Deutschland) und vierundachtzig (Belgien) Stunden pro Woche.

Hier gibt es einen interessanten Hinweis, den Rudolf Steiner in einem Vortrag am 28. November 1920 in Dornach gemacht hat.

Im Zusammenhang mit dem Kriegsgeschehen wird erwähnt, daß im Jahre 1870 ganze 6,7 Millionen Pferdekraftjahre an Maschinenkraft im damaligen Deutschland vorhanden waren. Im Jahre 1912 hatte sich im gleich Deutschland die Maschinenkraft schon auf 79 Millionen Pferdekraftjahre gesteigert. Rudolf Steiner betont dabei, daß nun bei fast 79 Millionen Einwohnern im damaligen Deutschland «neben jedem Menschen ein Pferd» an Maschinenkraft «das ganze Jahr hindurch» arbeitet.[4]

Heute verbraucht in Deutschland jeder *Haushalt* im Durchschnitt pro Jahr viertausend Kilowattstunden, das sind etwa zweitausend Pferde an Maschinenkraft. Auch hier hat Statistik sicher ihre Schwächen. Wichtiger ist wohl, was Rudolf Steiner damit sagen wollte: Er weist nämlich darauf hin, daß in wenigen Jahrzehnten der menschliche Verstand Maschinenkraft erstellte, die ihm davonläuft und sowohl im Kriegsgeschehen als auch im Frieden in den Fabriken das Menschenschicksal vorbestimmt. Und das geschieht mit rasender Geschwindigkeit.

Die große Illusion dabei ist, daß der Mensch vermeint, dies alles selbst zu tun. Die Menschen merken gar nicht, daß sie eigentlich aus der Welt zurücktreten und daß in Wahrheit ahrimanische Mächte mit höchster Intelligenz in jeder Technik wirksam werden.

«...ungefähr... seit der zweiten Hälfte des 19. Jahrhunderts haben wir eine neue Welt, ...eine mächtige, neue geologische Schichte die Erde bedeckend.» Eine «ahrimanische Schichte der mechanisierten Kräfte, welche wie eine Kruste über die Erde sich bildet. Also aus den Tiefen steigt auf, was den Menschen überwältigt...»[5]

Ein Zurücktreten der menschlichen Arbeit also, ein Sich-ausliefern an dasjenige, was die Technik macht, erfolgt. Es ist eine Auslieferung an ahrimanische Mächte, die mit großer Schnelligkeit in wenigen Jahren an Macht zugenommen haben und die heute unser ganzes wirtschaftliches Leben bestimmen. Ausgeliefert ist der Mensch an dasjenige, was nicht mehr Mensch

156

ist und was als Technik doch von ihm selbst erzeugt wurde. Und Rudolf Steiner betont, «daß... in dem ganzen Umfang der Technizismen dämonische Wesenheiten drinnen wirken. Und er [der Mensch] kann nicht so leicht daraufkommen, denn die wirken jetzt auf den Willen, von dem ich Ihnen sehr oft gesagt habe, daß er schläft.»[6] Dämonische Gewalten wirken also in allen Technizismen, in allen Maschinen, in allen darauf aufbauenden Organisationen, mit denen sich der Mensch umgibt – eine ahrimanische Welt, die jetzt immer selbständiger wird. Und dies vollzieht sich nicht nur im maschinellen Arbeitsfelde, sondern genauso im Büro, in der Schule, im privaten Feld. Überall handeln geistige Wesen, handeln elementargeistige Dämonen mit; der Mensch ist nicht allein, er wird in der gesamten kaufmännischen, industriellen, technischen Kultur in den Labors und in den Werkstätten geführt.

Seltsam, es sind die gleichen Elementarwesen, deren sich früher die Götter bedienten, um auf der Erde Geburt und Tod herbeizuführen. Seit dem achtzehnten Jahrhundert sind gerade «diese Elementargeister der Geburt und des Todes die Diener von Technik, Industrie, von kommerziellem Menschenwesen».[7] Der nicht ungefährliche Umgang mit diesen Wesen wird heute zur Aufgabe der Menschen in der Arbeitswelt. Es handelt sich hier durchaus um die Einfügung eines zerstörerischen Elementes in die Menschheitsentwicklung.

Rudolf Steiner verneint diese Kultur auch dann nicht, wenn sie etwas Zerstörerisches für die Wohlfahrt der Menschheit in sich schließt. Er weist darauf hin, daß wir diese Ahrimanisierung nicht aufhalten können und nicht aufhalten sollen.

Der Satz «Die Kultur verlangt die Ahrimanisierung»[8], war für mich persönlich stets ein hartes und ein schweres Wort, stehen wir doch selbst in dieser «zeitgemäßen» Strömung und handeln auch in ihrem Sinne. Auch als Schüler Rudolf Steiners gerät man in den Strom der Zwangsgewalten Ahrimans, von denen Anthroposophie sagt, daß sie den Menschen in den Technizismen direktionslos machen.

Bleibt dann nicht nur die Flucht in andere Bereiche, in Waldorfschulen beispielsweise oder in die biologisch-dynamische Landwirtschaft? Wäre man als Arzt, als Pfarrer oder Eurythmist gefeit und würde der inneren Seelennot entgehen? Man könnte sich bei einer solchen Flucht aber nicht auf Anthroposophie berufen und schon gar nicht auf den Zeitgeist Michael. Er ergreift – durch Götterwort befugt – mit starker Kraft das Erdenfeld, und dies besonders dort, wo durch Arbeit Menschenwollen besonders tief an jene Wesen gefesselt werden soll, deren Sturz im Jahre 1879 durch Michael veranlaßt wurde. Wie könnte man von einem solchen Zeitgeist glauben, daß er den Sturz von Dämonen in das Menschenreich bewirkte, ohne ihnen in dieses Seelenfeld – weiter kämpfend – selbst zu folgen? Dies widerspräche völlig der Führerschaft des Christus-Wesens, dem Michael den Zukunftsweg – auch in der Arbeitswelt – bereitet.

Nicht umsonst weist Rudolf Steiner darauf hin, daß im zwanzigsten Jahrhundert ein neues Christus-Ereignis genau in diese Welt der Technizismen – der ahrimanischen Dämonen – hineingestellt wird. Die Frage ist hier *nicht*, wie man den Finsternissen weicht, sondern wie man mit Anthroposophie in jenem Machtfeld Ahrimans im modernen Wirtschaftsleben und in der technisch voll ergriffenen Arbeitswelt bestehen kann.

«...in dem Sich-Durchdringen mit dieser Christus-Macht liegt die Möglichkeit, in der richtigen Weise das notwendige Heraufziehen der ahrimanischen Mächte auf sich wirken zu lassen.»[9] Dieser Hinweis Rudolf Steiners zeigt deutlich, daß Menschen *Ahriman begegnen müssen* und daß dies nur im guten Sinn gelingen kann, wenn Durchchristung durch jeden einzelnen und in Gemeinschaft errungen wird.

Eine Voraussetzung dafür ist schon geschaffen. Es gab eine Michael-Schule im Geistbereich seit dem fünfzehnten, sechzehnten und siebzehnten Jahrhundert. Und es gab einen übersinnlichen Kultus in der ersten Hälfte des neunzehnten Jahrhunderts – ganz kurz vor dem Kampf mit dem Drachen –, nicht lange vor dem Sturz der Geister der Finsternis durch den Sieg Michaels und der Seinen. In dieser Michael-Schule geschah weit mehr als der Blick in die Mysterien. Es entstand unter Michaels Wirken eine neue Gemeinschaft aus Angeloi, Archangeloi, nicht inkarnierten Menschenseelen und einer großen Summe von Elementarwesen. Weit auseinander liegt der Reifegrad dieser Wesen. Opfer müssen Geister bringen. Karmaverdichtung und Schicksalsbeschleunigung wird von Menschen gefordert. Die ganze Bedeutung der Michael-Schule und des übersinnlichen Kultus taucht auf. Welches Licht und welches Geistesfeuer muß ein Zeitgeist haben, damit er zur karmischen Gemeinschaft solch unterschiedlich entwickelter Wesen wirklich führen kann?

Völlig frei von Erdenangelegenheiten geht das nur, doch auf die Erdennöte vorbereitend, auf die Begegnung mit Ahriman und seinen Scharen. Doch gab es auch die Gegenschule Ahrimans im Erdenfelde, in allernächster Seelennähe der Menschen, die des Erdenleibs bedürfen, um sich zu entwickeln. Das Leibesdunkel war stets die große Chance Ahrimans. Und Ahriman ist ein mächtiger Geist:

«Ich war den Göttern ebenbürtig einst.»[10]

Auch wenn er gestürzt wurde – die Inkarnations-Kompetenz Ahrimans blieb erhalten.

Michael mußte Inkarnationsgesetze so durchbrechen, daß nur kurze Zeit zwischen Erdenleben zur Geistdurchdringung reichen. Unter dieser schweren Losung traten fortan die Schüler Rudolf Steiners ihre Erdenwege an.

Doch auch die Schule Ahrimans führt ihre Schüler in rascher Folge in die Erdenleben, wenngleich aus anderer Gesinnung.

Bedrückend weist Rudolf Steiner darauf hin, daß gerade die ökonomisch führenden Persönlichkeiten unserer Zeit «nach kurzem geistigen Leben... wiederum» zur Erde kommen. «Sie haben deshalb wenig geistige Impulse in sich aufgenommen in ihrem... Leben zwischen Tod und einer neuen Geburt.» Doch «sind... [sie] um so mehr mit alledem [durchdrungen], was nur» die Erde geben kann. Wörtlich heißt es: «Und eine der Tatsachen, die dabei in Betracht kommen, ist eben diese, daß man unterscheiden muß zwischen solchen Menschen, die ein längeres Geistesleben zwischen Tod und Geburt, und solchen, die ein kürzeres Geistesleben hinter sich haben.»[11]

Nicht jedes Wort des Eingeweihten ist für seine Schüler leicht erträglich. Denn in beiden Fällen bleibt die Frage, ob die Seelenreifung wirklich schnell genug geschieht, um solcher Geisteskraft auch wirklich zu genügen. In beiden Strömungen ist es Initiation, jedoch mit grundverschiedenen Zielen.

Michael will die freie Individualität und zwingt auch nicht durch Geisteslicht. «Michael-Kräfte wollen nicht, daß der

Mensch zu ihnen fleht; sie wollen, daß der Mensch sich mit ihnen verbündet.»[12] Das setzt schon reife Geistesschülerschaft voraus. Ganz anders wirkt Ahriman. Auch hier erfolgt die Geistbegabung, doch schafft sie Geistverneinung, Lebensdunkel, indem sie Sonnenweisheit in kalten Intellekt verwandelt. In dieser Form wird Intelligenz zur Zwangsgewalt im Wirtschaftsleben und in der Arbeitswelt, zum geistigen Automatismus. Der Mensch ist nicht mehr er selbst, er wird in die Intellektualität hineingezogen und verliert das Eigensein.

Es gibt eine kleine Schrift von Josef Weizenbaum[13], in der er uns alle mit Passagieren auf der 1912 untergegangenen Titanic vergleicht. Im bezug auf die moderne Computer-Technik wird die Ansicht geäußert, daß wir unabwendbar «Kurs auf den Eisberg» nehmen. Die einzige Rettung sei ein Wunder, und zwar durch Menschen. Ich möchte hinzufügen: Aber nur dann, wenn es diesen Menschen gelingt, der Weisung Michaels zu folgen. Kein bloßes Wunder also, sondern nur Zusammenarbeit mit dem Zeitgeist kann diese Rettung bringen. Michael begeistert die Menschen mit Michael selber (Rudolf Steiner). Das bedeutet, daß man denken und zugleich ein spiritueller Mensch sein kann – auch in der Arbeitswelt.

Das Wirtschaftsleben ohne Geisteswissenschaft wird das nicht leisten können. Obwohl Rudolf Steiner gerade dieses Wirtschaftsleben als besonders zukunftsträchtig für die Zeit nach dem Tode schildert, können alle heute deutlich sehen, «daß das Wirtschaftsleben die Grundlage dessen ist, was immer wiederum in Etappen abstirbt und dessen Absterben vom Geiste ausgeglichen werden muß». Es liegt im Wirtschaftsleben «die Gesetzmäßigkeit des Absterbens...»[14]

Ich stehe selbst seit fünfunddreißig Jahren im industriellen Wirtschaftsleben und erlebe täglich, wie nicht nur Materialien, sondern auch die Menschen dort verbraucht werden. Es wird ganz deutlich, daß gerade dieses Wirtschaftsleben «den geschichtlichen Fortgang der Menschheit fortwährend zum Absterben bringt...»[15] Das Wirtschaftsleben entspricht dem Kopf im sozialen Organismus, und hier ist eben der materielle Abbau und der Verbrauch an Leben oberstes Prinzip. Das Geistesleben muß hier immer neue Nahrung bringen – es entspricht im sozialen Organismus dem Stoffwechsel, der stets neues Leben schafft.

Das Wirtschaftsleben kann sich niemals aus sich selbst heraus regenerieren, und schon gar nicht dort, wo Industrie und Technik zusammen mit Finanzwirtschaft «Totes, sich selbst Ertötendes»[16] im Wirtschaftsleben täglich schaffen. Denn: «Auf sich selbst gestelltes Bewußtsein und Todbringendes ist innig miteinander verwandt»[17], so beschreibt es Rudolf Steiner in der geschichtlichen Symptomatologie. Angenehme Wahrheit ist das alles nicht! Doch Anthroposophie darf niemals Halt vor Wirklichkeiten machen – auch nicht im Hinblick auf Arbeitswelt und Wirtschaftsleben. Viele Vorträge Rudolf Steiners greifen gerade dieses Thema auf, daß Menschen durch ihre Arbeit neues Zukunftskarma schaffen.

Wie bedeutsam der Zusammenfluß von Arbeitswelt und Mysterienwesen für Rudolf Steiner war, wird daran erkennbar, daß es ein Mysteriendrama von ihm gibt, das seinen Schauplatz ausgerechnet in den Fabrikbereich verlegt.

Das vierte Mysteriendrama, «Der Seelen Erwachen», nimmt völlig unerwartet seinen Anfang im Büro und beginnt mit allergrößten Schwierigkeiten. Der wirtschaftlich erfahrene Bürochef ist ganz ungeeignet, Gedanken aufzunehmen, die aus Geisterfahrung stammen. Doch auch die Mysten sind nicht vorbereitet, dem Arbeitsleben zu begegnen. Sie haben Ahriman zwar oft geschaut, doch kennen sie ihn nicht. So sagt Ahriman im dritten Mysteriendrama:

> «Sie sehen mich und kennen mich doch nicht;
> Denn wüßten sie, wer hier Gebieter ist,
> Sie wären, Weisung suchend, wahrlich nicht
> Hierher gekommen...»[18]

Wer Ahriman nicht denken kann, kann die Arbeitswelt auch mit noch so hohem Geisteswissen nicht verwandeln. Dämonen hindern ihn – er kann den Tempel nicht nach außen tragen.

Im dritten Mysteriendrama konnte das in Strader erst jener Geistesschüler leisten, der durch den Schulungsweg einen solchen Reifegrad errungen hatte, daß ihn der eingeweihte Lehrer in das Totenreich des Ahriman gedankenkräftig senden konnte.

STRADER: «Die Winke, welche Benedictus gab,
Daß ich gedankenkräftig mich erlebe,
Sie führen mich in dieses Totenreich?
Ich hoffte doch, zum Geist erhoben, Wahrheit
In lichten Weisheitshöhen zu empfangen!»[19]

Erst Strader erringt durch Anthroposophie die Kraft, der Initiation durch Ahriman standzuhalten. Es gelingt ihm, die Schmerzenskräfte zu entbinden, die zum Schluß den Teufel zwingen, die Arbeitswelt zu fliehen. Es ist ein erschütterndes letztes Bild im vierten Mysteriendrama – dessen Siegel das Wort enthält:

«Ich erkennet sich»,

wo Benedictus deutlich sagt, was auch in der Arbeitswelt zu leisten ist:

«... Doch wird er [Ahriman] Schülern meines My-
stenwerkes
Sein Wesen künftig nicht verhüllen können. –
Sie sollen ihn in Wachsamkeit auch denken,
Wenn er in ihrem Schauen walten wird.»[20]

So begegnet sich die Schule Ahrimans mit den Schülern Michaels im Erdenfeld und hier insbesondere in der Arbeitswelt.

Intelligenz als Zwangsgewalt ertötet lebendiges Denken zum kalten Intellekt, schafft im Fühlen die Lebensleere und entfremdet in der Arbeit das Menschenwollen. Intelligenz als Freiheitskraft hingegen ruft in herzwarmer Weise den Menschen zum dreifachen Übe des Grundsteinspruches auf:

«Übe *Geist-Erinnern...*
Übe *Geist-Besinnen...*
Übe *Geist-Erschauen...*»[21]

Üben – nicht gemeint zur bloßen Selbstentwicklung, sondern mehr zur Schaffung jenes Seelenraumes, wo Menschenwollen das Götterwollen im dichten Erdenfeld erstreben kann.

Es ist auch eine Aufgabe der Sozialwissenschaftlichen Sektion am Goetheanum, stets das Vertrauen in diesen Weg zu stärken. Anthroposophie gründet im Erdenwirken Michaels, und wir alle stehen unter dem Mysterienwort:

«Doch wird geschehen, was geschehen muß.»[22]

Nicht nur am Goetheanum, nicht nur in der Anthroposophischen Gesellschaft, sondern auch im Wirtschaftsleben, auch in der modernen Arbeitswelt «wird geschehen, was geschehen muß».

ANMERKUNGEN

1 Rudolf Steiner, Die spirituellen Hintergründe der äußeren Welt – Der Sturz der Geister der Finsternis, GA 177, 1985, Vortrag vom 14. Oktober 1917 in Dornach.
2 Ders., Die geistig-seelischen Grundkräfte der Erziehungskunst. Spirituelle Werte in Erziehung und sozialem Leben, GA 305, 1991, Vortrag vom 28. August 1922 in Oxford.
3 Ebenda. Vortrag vom 29. August 1922 in Oxford.
4 Ders., Die Brücke zwischen der Weltgeistigkeit und dem Physischen des Menschen, GA 202, 1988, Vortrag vom 28. November 1920 in Dornach.
5 Ebenda.
6 Ders., Gegensätze in der Menschheitsentwickelung, GA 197, 1986, Vortrag vom 14. November 1920 in Stuttgart.
7 Siehe Anmerkung 1, Vortrag vom 6. Oktober 1917 in Dornach.
8 Siehe Anmerkung 4.
9 Siehe Anmerkung 6.
10 Ders., Vier Mysteriendramen, GA 14, 1981, Der Hüter der Schwelle, sechstes Bild.
11 Ders., Soziales Verständnis aus geisteswissenschaftlicher Erkenntnis, GA 191, 1989, Vortrag vom 12. Oktober 1919 in Dornach.
12 Ders., Der Jahreskreislauf als Atmungsvorgang der Erde und die vier großen Festeszeiten, GA 223, 1990, Vortrag vom 28. September 1923 in Wien.
13 Joseph Weizenbaum, Kurs auf den Eisberg, München 1987. Weizenbaum ist Professor für Informatik in Amerika.
14 Siehe Anmerkung 6, Vortrag vom 24. Juni 1922 in Stuttgart.
15 Ebenda.
16 Rudolf Steiner, Geschichtliche Symptomatologie, GA 185, 1982, Vortrag vom 20. Oktober 1918 in Dornach.

18 Siehe Anmerkung 10. Achtes Bild.
19 Ebenda.
20 Siehe Anmerkung 10. Der Seelen Erwachen, fünfzehntes Bild.
21 Ders., Wahrspruchworte, GA 40, 1969, Die geistige Grundsteinlegung des zweiten Goetheanum.
22 Siehe Anmerkung 20. Erstes Bild.

Udo Herrmannstorfer

DIE SUCHE NACH DEM DRITTEN WEG –
EUROPA ZWISCHEN EGOISMUS UND
KOLLEKTIVISMUS

Ich möchte mit der Bemerkung beginnen, daß ich nichts Erregenderes, Faszinierenderes, Ernsthafteres, Besorgniserregenderes kenne als die Auseinandersetzung mit der Idee der Dreigliederung des sozialen Organismus. Und ich sage das deshalb, weil es sich um nichts weniger handelt als um eine gewaltige Veränderung der Sozialstrukturen, wie es sie noch nie in der Menschheit gegeben hat. Was wir gegenwärtig haben, ist vergleichbar vielleicht mit dem großen geistigen Gewitter, das sich im vierzehnten, fünfzehnten Jahrhundert ereignet hat, als die Geister der Form in die menschliche Organisation eingriffen, um einen anderen Schwerpunkt zu setzen, den Schwerpunkt herüberzuschieben vom Herzen in den Kopf. So erleben wir gegenwärtig ein ungeheures Gewitter, das darin besteht, die Sozialstrukturen so zu verändern, daß sie der Menschheitszukunft adäquat werden.

Es ist also eine gewaltige Veränderung. Und die Schwierigkeiten, die wir gegenwärtig schon seit zwei-, dreihundert Jahren im Sozialen erleben und die auch nicht in den nächsten paar Jahren zu Ende sein werden, sind die Veränderungs- und Metamorphoseschwierigkeiten dessen, was wir aus der ganzen Menschheitsvergangenheit her bisher als Sozialstruktur gehabt haben. Denn alle Vergangenheit der Menschheit war so orientiert, daß im Vordergrund immer die Gruppe, die menschliche Gemeinschaft stand. Wenn wir das sehr pauschal sagen wollen, dann können wir aussprechen, daß der Mensch in der Vergangenheit wie eingehüllt, wie gruppenseelenhaft aufgehoben war in Menschheitszusammenhängen. Diese Menschheitszusammenhänge waren innerlich so strukturiert und angeordnet, daß der Mensch in dieser Hülle der Gruppenseelenhaftigkeit nach und nach zu dem heranreifen konnte, was wir dann eben seit zweihundert Jahren haben, nämlich zu dem freiheitlichen, mündigen Menschen.

Alles in der Vergangenheit ist auf diesen Moment hingeordnet. Wie wird der Mensch frei? Seit zweihundert Jahren ist dieser Ruf nach Mündigkeit des einzelnen Menschen – in den «Allgemeinen Menschenrechten» formuliert – als rechtliche Realität innerhalb der Menschheit vorhanden. Natürlich wußte man, daß das, was man da als Mündigkeitsforderung ausspricht, allein dadurch, daß man es sagt, noch keine Realität ist. Wenn wir zum Beispiel den jungen Menschen in die Mündigkeit entlassen, dann tun wir das nicht deshalb, weil er alles schon kann. Denn sein ganzes weiteres Leben besteht in der Realisierung dessen, was wie ein Mündigkeitsversprechen im Zeitpunkt der Mündigkeitswerdung ausgesprochen wird. Nicht, weil wir es schon sind, sind wir mündig, sondern weil wir es aus eigener Kraft werden können. Von dieser Seite her sehen wir in Europa eben dieses gewaltige Ringen heraufkommen, das mit dem Freiwerden des Ich zusammenhängt.

Stefan Leber hat diese gewaltigen Geisteshiebe geschildert, mit denen man die letzten Fäden zur geistigen Welt gekappt hat, damit der Mensch nun wirklich nur noch auf sich allein gestellt ist. Und dieses Kappen der Fäden, an denen der Mensch bisher an der geistigen Führung gehangen hat, führt dazu, daß auf der einen Seite eine Art Jubelbewußtsein in der Menschheit entsteht: Endlich sind wir selbständig! Es ist die Entdeckerfreude Kants in der Aufklärung, endlich im Gebrauch der Vernunft den Ausgang aus der selbstverschuldeten Unmündigkeit der Vergangenheit gefunden zu haben. Dieser Jubel, nun endgültig auf eigenen Beinen zu stehen, ist jedoch gleichzeitig damit verbunden, daß dann, wenn alle Fäden zur geistigen Welt abgeschnitten sind, zunächst natürlich geistige Finsternis herrscht. So ist das Wachwerden des Ich für sich selbst gleichzeitig eine Verdunkelung der geistigen Zusammenhänge; dafür kommt nun als neuer Impuls das Wachwerden für die Erde. Es wird praktisch alles als Erdenereignis angeschaut. Und so ist eben nicht nur der Jubel über die Mündigkeit da, sondern auch der Katzenjammer der Grenzen der Erkenntnis.

Auf der einen Seite findet man auf der Erde ein gewaltiges neues Betätigungsfeld, auf der anderen Seite aber verblaßt die Erinnerung an die geistige Welt nach und nach. Die Grenzen der Erkenntnis werden zu einer Prüfstelle des Menschen für seine weiteren Entwicklungsschritte. In dieser gleichen Zeit, in der Kant die Grenzen der Erkenntnis formuliert, treten nun andere Gestalten auf, etwa ein solch aufklärerischer Geist wie Lessing.

Inmitten dieses Abgeschnittenwerdens von der geistigen Welt, dieser Zuwendung zur irdischen Welt, wo man beginnt, praktisches, irdisches Wissen zu sammeln, Wissenschaft auszubilden, tritt nun ein Aufklärer auf, der plötzlich ganz anders über die Dinge denkt und der sich fragt: Was machen wir eigentlich als Mensch hier auf der Erde? In «Die Erziehung des Menschengeschlechtes», die er dann schreibt, taucht nun der Entwicklungsgedanke auf. Lessing sagt: Nicht alles Wissen der Welt, das Gott in der Hand hätte, würde ich wählen, sondern das Streben danach. Und warum sagt er das? Weil Streben nach Wissen eben hinweist auf das Sich-selbst-entwickeln-Können. Der Wissen suchende Mensch, der strebende Mensch ist der, der sich, indem er Wissen sucht, gleichzeitig auch selbst verwandelt.

Inmitten der Verlorenheit gegenüber der geistigen Welt taucht plötzlich der Entwicklungsgedanke auf und nimmt durch verschiedene Geister dann verschiedene Formen an. Aber erst Rudolf Steiner kann in den «Leitsätzen» lapidar formulieren: Natürlich kommen wir an die Grenzen der Sinneserfahrung. Ein Fisch als Naturwesen muß an die Wasseroberfläche zurückkehren, weil er nicht geeignet ist, in dem anderen Element zu leben. Der Mensch aber, indem er «an die Grenze der Sinnesanschauung» kommt, «kann erkennen, daß ihm auf dem Wege dahin Seelenkräfte geworden sind, um seelisch in dem Elemente zu leben, das nicht von der Sinnesanschauung umspannt wird».[1] Es ist also eigentlich das Zusammenknüpfen dessen, daß in dieser Art, wie die Menschheit an diesen Punkt der Geistverlassenheit herangekommen ist, etwas liegt, was, wenn man es nur richtig versteht und sich darüber klar wird, selbst innerlich die Potenz enthält, um über diesen Punkt der Verlorenheit hinauszukommen.

In bezug auf das soziale Leben könnten wir auch sagen: Mit der Verselbständigung des einzelnen in der Mündigkeit kommt alles alte Gemeinschaftsleben an ein Ende. Alles, was bisher in der Gemeinschaft getragen hat, insbesondere die beiden großen Mittel, mit denen man die Menschheit bis dahin gelenkt hat, Blut und Boden, kommen an das Ende ihrer Wirksamkeit. Und so ist es interessant, wie sich dann dieser Prozeß in dem ausdrückt, was Gerd Schmäche als den Sturz der Geister der Finsternis erwähnt hat, wobei gerade die Kräfte, die bisher im Blute arbeiteten, dort nicht mehr arbeiten, sondern beginnen, sich an die freie geistige

Individualität des Menschen zu wenden, sie inspirierend, sie intuitierend und so weiter, dagegen die Kräfte, die nun heruntergestürzt werden, in diese Freiräume des Blutes eintreten. Und so ist es interessant zu sehen, daß wir, indem wir auf die Entwicklung der letzten hundert Jahre zum Beispiel hinschauen, erleben, daß wir mit einer gewissen nachklingenden Naivität immer noch glauben, daß die vorwärtstreibenden Kräfte der Menschen von unten her praktisch wie automatisch aus der menschlichen Organisation heraus auftauchen und von dort aus wirken.

Aber wenn wir geistig schauen, dann bemerken wir, daß zwar sehr wohl dort Kräfte sind, daß diese Kräfte aber die Menschheit nicht aufwärts, sondern abwärts führen. Wenn man die Menschheit in die Dekadenz treiben will, so sagt Rudolf Steiner, dann muß man an die an das Blut gebundenen nationalen Instinkte appellieren. Und so erleben wir in der heutigen Zeit praktisch dieses Nachklingen alter Empfindung. Man hat das Gefühl, daß wir doch nichts anderes machen als in der Vergangenheit auch. Immer haben Menschen auf ihre nationalen Empfindungen zurückgeschaut. Das, was sie als Substanz national haben, hat man immer im Mittelpunkt gesehen; wir machen doch nichts anderes! Es gehört viel Wachheit dazu, um zu begreifen, daß das, was gestern richtig war, heute nicht mehr richtig sein muß. Und das ist ja ein Grundgesetz im Sozialen, daß es sozial nie endgültige Wahrheiten gibt, sondern daß es im Sozialen eigentlich immer nur zeitgemäße, geistesgegenwärtige Antworten gibt. Das ist ein gewisses Grundproblem, weil wir immer dazu neigen, das, was wir aus der Erfahrung richtig gemacht haben, in die Zukunft hineinzutragen und damit eigentlich immer meinen, auf der richtigen Seite zu liegen. Es ist ja heute eine der wichtigen Einsichten, daß ein großer Teil der Menschheit dadurch an den Niedergangskräften mitarbeitet, ohne es eigentlich zu wollen, indem man Elemente pflegt, die einmal richtig waren, und sich nicht bewußt ist, daß diese Kräftezusammenhänge, diese Wirksamkeiten von Wesen so nicht mehr existieren. Die Gottheit hat sich aus der Welt zurückgezogen. Sie treibt sie nicht mehr von außen, sondern dadurch, daß der Mensch sich selbst nun mit dem verbinden muß, was durch Götterentwicklung gewollt wird. Mittäter werden gesucht, so hieß es bei Gerd Schmäche.

Und so ist es für uns ungeheuer wichtig zu sehen, daß dieser soziale Prozeß, der bisher die Menschheit begleitet hat, der wie hüllenbildend wirkte, nun an ein Ende kommt. Wenn wir den jungen Menschen in sein Leben entlassen, sobald er mündig wird, müssen wir ja auch lernen, daß man als Eltern sich ändern muß. Wenn wir die gleiche Geste, die wir dem kleinen Kind gegenüber als Hüllengeste machen, auch dem Zwanzigjährigen gegenüber machen, so haben die meisten erlebt, was dann geschieht. Es ist die gleiche Geste, nichts hat man anders gemacht, man meint es doch so gut – und trotzdem erreicht man das Gegenteil von gut. Das ist genau die Gebärde, die wir im Sozialen finden. Es gibt noch unzählige Menschen, die wollen uns als Zwanzigjährige mit der Pädagogik des ersten Lebensjahrsiebents behandeln. Und es ist unglaublich schwer, Menschen klarzumachen, was es im Sozialen heißt, Menschen in die Mündigkeit zu entlassen.

Was die Dreigliederung eigentlich will, ist, den sozialen Prozeß, die Sozialstruktur so zu verändern, daß der Mensch aus seiner Mündigkeit heraus leben kann. Und indem wir das in den Blickpunkt nehmen, bemerken wir, daß das Verhältnis des einzelnen zur Gemeinschaft damit eben nicht mehr ein so globales ist, ein Eingebundensein in die Hülle. Wir bemerken, daß die Beziehung des einzelnen zur Gemeinschaft sich ändert, je nachdem, in welchen Lebensfeldern wir stehen. Und Freiheit des Geisteslebens, Gleichheit des Rechtslebens, Brüderlichkeit des Wirtschaftslebens sind auch drei verschiedene Beziehungsarten, die der einzelne zur Gemeinschaft hat.

Das Wichtigste in der Sozialseite des freien Geisteslebens – Stefan Leber hat ja auf vieles hingewiesen, was dieser Befreiung wirklich im Wege steht – besteht eigentlich darin, daß der Mensch lernen darf, aus seiner eigenen Einsicht handeln zu können. Wir haben zwar in unserer Verfassung das Recht auf freien Glauben, auf freie Weltanschauung, aber es ist die Freiheit in der Badewanne, wo man eben tun und denken kann, was man will. Sobald man ins soziale Leben tritt, wo man aus dem handeln will, was man für richtig ansieht, bemerkt man, daß die Badewannenfreiheit zu Ende ist. Es ist bisher kein Rechtsschutz da auf diesem Felde, daß der Mensch nicht nur beliebige Einsichten haben kann, sondern daß er auch die Konsequenzen aus seinen Einsichten ziehen kann. Und gerade darauf wird es ankommen. Handeln aus Einsicht, das ist das Credo des modernen, mündigen Menschen. Und wer eben diesen Handlungsraum nimmt, der versündigt sich eigentlich an der Menschenwürde, der möchte eben Menschenwürde zurückhalten in der Badewannenatmosphäre. Und insofern können wir sagen, das Gemeinschaftsstiftungs- und Bildungsprinzip innerhalb des Geistigen ist dasjenige, daß ein Mensch Einsichten, Impulse haben kann, aus seiner Verantwortung heraus bestimmte Handlungsaspekte hat, und es kommt nun darauf an: finden sich andere Menschen, die das auch so sehen, die da mitmachen möchten? Das ist eigentlich schon alles. Wer kein Echo im Sozialen findet, der wird seinen Impuls als Privatimpuls abtun müssen. Die Frage ist: finden sich Menschen zusammen, die auf dem Erkannten, auf dem Eingesehenen zusammenstehen? Im Geistigen ist es ein freies Assoziationsprinzip, das die Gemeinschaftsbildung beinhaltet. Wir können nicht als Gemeinschaft zusammensitzen und sagen: Was machen wir gemeinsam? Wir werden erleben, wenn man das fragt, daß man zu so gut wie überhaupt nichts kommt. Sondern es ist ganz anders: Da ist ein Impuls, und man muß sich aussprechen können, will man ihn oder will man ihn nicht. Dieses freie Formungsprinzip im Geistesleben ist die eine Form der Gemeinschaftsbildung.

Die zweite Form kennen wir sehr viel besser, es ist dasjenige, was sich aus der allgemeinen Gleichheit ergibt, die ja eine Folge davon ist, die Freiheit für alle zu denken. Und dieser Gleichheitsaspekt, der sich als demokratisches Element im Grunde auslebt, ist uns natürlich sehr gut bekannt, er hat ja unser ganzes Leben heute durchzogen, da haben wir quasi eine horizontale Begegnung. Bei demokratischen Abstimmungsprozessen ist man zwar im Vorfeld ganz mit seiner Individualität dabei, aber in dem Moment, wo abgestimmt wird, geht eigentlich der einzelne mit seiner Individualität unter. In dem, was da herauskommt, findet er seine Individualität nicht. Es gibt ja natürlich auch große Lebensfragen, die gar nicht anders entschieden werden können als auf diese Weise.

Das dritte Gemeinschaftsbildeprinzip, das nun nicht ein Nebeneinander und auch nicht ein freies Zusammenfinden kennt, ist das Wirtschaftsleben, und damit sind wir beim eigentlichen Kernpunkt dieser Ausführungen. Denn das Wirtschaftsleben ist nun eine ganz andere Einrichtung. Ich werde versuchen, den Gesichtspunkt dieser dritten Art der Gemeinschaftsbildung, die gleichzeitig in die Art des assoziativen Zusammenwirtschaftens hineinführt, darzulegen.

Schauen wir noch einmal auf diese Mündigkeitszeit, die praktisch dadurch entsteht, daß der Mensch den Blick für das Geistige verliert, die letzten Fäden gegenüber dem Geistigen kappt, ganz auf der Erde steht und sich da zunächst erstaunt umsieht und die Welt nun als Beobachtungs- und Forschungsobjekt anschaut. Da kann ja nicht ausbleiben, daß mit dieser Erdergreifung natürlich auch das Wirtschaftsleben selbst ergriffen wird. Indem man nun auf die Erde, auf ihre Möglichkeiten sieht, entstehen die großen technischen Erfindungen. Die Energie wird äußerlich handhabbar gemacht; vorher kannte man nur das Werkzeug, und der Mensch war selbst der Energiespender. Jetzt wird Energie freigesetzt, und es entsteht diese Entwicklung, auf die Gerd Schmäche hingewiesen hat. Die Zeit der Bewußtseinsseele, die heraufzieht, ist gleichzeitig auch die Zeit der Ökonomie. Wir können unser Zeitalter auch das ökonomische Zeitalter nennen, denn das ist es, was die Vergangenheit bisher nicht ausgebildet hatte. Wenn wir in die Vergangenheit schauen, dann finden wir eine gewaltige Ausprägung eines Geisteslebens der Menschheit, hineingreifend praktisch in alle anderen Sozialbereiche. Wir haben dann ein langsames Sichentwickeln aus diesen Geistesbereichen heraus, die Rechtsbereiche, die Staatsprobleme tauchen auf. Wie gehen die Menschen bürgerhaft miteinander um? Das Wirtschaftsleben kommt erst in der heutigen Zeit herauf.

Nun hängt aber über diesem Wirtschaftsleben doch ein gewisser Fluch der Vergangenheit. Wenn man sich bei Aristoteles anschaut, wie er die Wissenschaften ordnet, dann ist es so, daß oben darüber die Metaphysik steht. Und dann gibt es eine Abstufung der Metaphysik, das ist die praktische Philosophie. Und dann gibt es eine große zweite Ebene, das ist Ethik und Politik. Erst dann gibt es ganz unten eine dritte Ebene, und das ist unter anderem das Wirtschaftsleben. Dieses Wirtschaftsleben steht so weit unten, daß man sich eben am besten einen Wirtschafter hält, der es macht, einen Ökonomen. Der Ökonom ist der Hausverwalter. Von der Seite her ist die Ökonomie etwas, was sehr tief steht in bezug auf das, was man geistig bis dahin angeschaut hat. Wenn wir heute hineinschauen, wie wir als Anthroposophen zum Beispiel zum Wirtschaftsleben stehen, dann hat man das Gefühl, es hat sich seit Aristoteles' Zeiten für viele nicht viel verändert. Noch immer scheint es so, als ob dieses Wirtschaftsleben eigentlich sehr weit weg ist von allem Geistesleben, als ob es eine Art untergeordneter Rolle spielt, wo man immer in der Gefahr steht, wie Gerd Schmäche sagte, sich schmutzige Hände zu machen. Das läßt man am besten andere machen.

Wenn wir also auf diese Entwicklung schauen, dann ist es so, daß dieses Wirtschaftsleben tatsächlich so weit außerhalb unseres Bewußtseins liegt, daß wir heute im Grunde sagen müssen, die allermeisten Menschen haben ja überhaupt keine Ahnung, was Wirtschaftsleben ist. Es ist das eine Paradoxie unseres Lebens, nämlich daß das Wirtschaftsleben einerseits fast unser ganzes Leben beherrscht; ob wir im Wirtschaftsleben stehen oder nur von ihm leben, spielt gar keine Rolle. Und auf der anderen Seite, obwohl es unser ganzes Leben durchzieht, ist kein anderer Lebensbereich so wenig durchschaut und bewußt wie das Wirtschaftsleben. Es gilt geradezu als saloppe Entschuldigung unter uns, daß man sagt: Ach wissen Sie, vom Wirtschaften verstehe ich nichts; oder: Vom Geld verstehe ich nichts. Wenn Rudolf Steiner sagt, solange nicht die allermeisten Menschen verstehen, was eine Grundrente ist, solange ist auf keine Besserung des sozialen Lebens zu hoffen[2], dann bemerkt man natürlich sofort, daß sich an diesem Zustand nicht viel verändert hat. Die Fragen sind natürlich: Warum ist das so? Warum kann es denn sein, wo wir doch so viel Wissen über die Welt haben? Warum ist ein solcher gewaltiger Lebensbereich ausgespart, obwohl er an Bedeutung für unser Leben kaum zu überbieten ist?

Da kommt man nun auf merkwürdige Zusammenhänge. Aristoteles war immerhin doch so weit, daß er zwei entscheidende Bemerkungen gemacht hat, obwohl es, wie gesagt, einem Philosophen an sich nicht ansteht, sich über Ökonomie zu verbreiten.

Er hat zwei Dinge sofort erkannt. Das eine ist: Worauf kommt es denn bei einem modernen Wirtschaftsleben an? Von ihm stammt die Formulierung des gerechten Preises. Er sagt, darauf wird alles Wirtschaftsleben hinlaufen. Das andere, was Aristoteles damals schon herausgefunden hat, ist, daß er bemerkte, daß innerhalb der Ökonomie im Sinne der Hausverwaltung sich bereits damals etwas Ökonomisches geltend macht, das er Erwerbswirtschaft nannte. Er bemerkte, da kommt eine Art Wirtschaftsleben hervor, das nicht wie die Hauswirtschaft praktisch an reale Lebenszusammenhänge gebunden ist, sondern das im Grunde eine Art Uferlosigkeit, Maßlosigkeit in sich trägt. Wo sind die Grenzen des Erwerbs? Er verknüpft das mit dem Handel und bemerkt bereits, da kommt eine Art Möglichkeit des Wirtschaftslebens zu endloser Wucherung hervor, die natürlich einem Griechen sehr quer in der Seele liegt. Maßlosigkeit war ja für einen Griechen etwas sehr schwer Ertragbares. Aber diese beiden Aspekte verdanken wir bereits Aristoteles in der Betrachtung des Wirtschaftslebens, trotzdem es für ihn eine drittrangige Wissenschaft war.

Wir finden diese Problematik in der Gegenwart wieder, wenn wir uns fragen: Was verbinden wir mit dem Wort Brüderlichkeit im Wirtschaftsleben? Wir sagen das zwar immer so im schönen Rhythmus: Freiheit des Geisteslebens, Gleichheit im Rechtsleben, Brüderlichkeit oder – wie ja häufig heute verlangt wird – Geschwisterlichkeit im Wirtschaftsleben. Das gibt so eine Art Sprechrhythmus. Aber wenn man schaut, wie unsere Bewußtseinslage dabei ist, dann können wir alle sehr viel anfangen mit dem Wort Freiheit, und zwar unabhängig davon, wie wir sie dann letztendlich interpretieren. Und auch das Wort Gleichheit als Freiheit aller ist im Grunde etwas, wo wir nicht so viele Schwierigkeiten haben, es zu verstehen. Sobald man aber an das Wort Brüderlichkeit herankommt, bemerkt man, es wird fast schon peinlich, ein solches sentimentales Wort wie Brüderlichkeit in den harten ökonomischen Alltag unserer Zeit zu stellen. Brüderlichkeit ist etwas, mit dem wir sehr wenig innerlich anfangen können. Ich möchte hier zunächst nur so weit gehen zu sagen: zur Freiheit und zur Gleichheit ist der Mensch noch durch höhere Kräfte aus der Vergangenheit getrieben worden. Alles, was aus höheren Kräften in die soziale Wesenheit der Menschen, in die sozialen Gemeinschaften praktisch hineinwirkte, hatte immer die Hinorientierung zur Befreiung des Menschen, und zwar aller Menschen. Von der Seite her sind Freiheit und Gleichheit ein Geschenk der Götter aus der Vergangenheit. Von der Seite her können wir sagen: Alle Kräfte treiben dorthin, in die Freiheit, in die Gleichheit. Und wir bemerken ja, wie dieser Freiheitsgesichtspunkt als Zeitgeistfrage heute bis in den letzten Winkel der Welt reicht. Obwohl er in Europa als zentrale Frage auftaucht, hat er mit Europa in dem Sinne nichts zu tun. Er ist von Anfang an ichhaft und damit menschheitlich gedacht, so daß dieser Freiheits- und Gleichheitsgesichtspunkt etwas ist, das weltweit ein Echo findet und womit eben auch jeder, selbst wenn er die Freiheit mißversteht, etwas anfangen kann.

Ganz anders ist es mit der Brüderlichkeit. Brüderlich kann man nicht einfach aus der Vergangenheit sein, sondern in der Brüderlichkeit stellt sich eine zukunftsorientierte Gestaltungsaufgabe. Brüderlichkeit ist kein Naturphänomen, das wir an uns tragen, sondern sie ist etwas, was wir erst zu leisten haben, sie ist zutiefst verbunden mit unserem eigenen Entwicklungsgang, unserer höheren Individualität.

Schauen wir nochmals auf die Wirtschaftsfrage selbst. Wenn wir fragen, was denn Wirtschaften ist, dann kommen wir auf verschiedene Gesichtspunkte. Ich will nur ein paar davon ansprechen. Wirtschaften besteht zunächst darin, daß die Natur die Dinge, die wir zu unserer Lebensführung brauchen, nicht schon von allein parat hält. Wir bemerken: Fast alles, was der heutige Mensch braucht, muß eigentlich dadurch gewonnen werden, daß wir die Natur erst in einen menschengemäßen Zustand bringen; Veredelung der Natur ist die eine Aufgabe. Und sie ist eine Art Zwangsläufigkeit, in der wir stehen, weil wir eben nur auf primitivster Lebensstufe von der Natur selbst leben können.

Aber es gibt noch einen zweiten Gesichtspunkt, der heute eine besondere Rolle spielt, das ist nämlich derjenige, daß wir mit diesen Schätzen, die uns die Erde gibt, die wir als Ausgangsposition haben, die Erde wieder verwandeln müssen. Diese Grundlagen stehen nicht in Beliebigkeit zur Verfügung, sondern es mischt sich in die Ökonomie sofort der sparsame, eben der ökonomische Umgang mit den Ressourcen der Welt ein. Sparsam, ökonomisch umzugehen im Veredelungsprozeß der Natur ist so eine Art Grunddefinition zunächst des Wirtschaftens.

In der Gegenwart und in den letzten zweihundert Jahren hat sich da in ungeheurer Stärke die Technik hineingemischt. Darüber wurde von Gerd Schmäche sehr viel ausgeführt. Diese Technik wird ja hereingestellt und ist eine Art Geistwirksamkeit. Und so war es sehr wichtig, einmal hinzuschauen, aus welchen Geistesquellen kommen denn eigentlich diese Erfindungen, ohne die unser modernes ökonomisches Leben überhaupt nicht mehr denkbar wäre?

174

Es ist noch etwas Drittes mit dem Wirtschaften verbunden, nämlich die menschliche Art. Nun hat die moderne Wirtschaft ja eine interessante Form angenommen, und das eben erst seit zweihundert Jahren. Früher hat man entweder in einem großen sozialen Zusammenhang gestanden, oder aber man hat für sich selbst gelebt. Man bekam ein Stück Land, damit man leben konnte. Wenn wir die Entwicklung der letzten zweihundert Jahre anschauen, dann bemerken wir, daß sich dieser Zustand in der Menschheit radikal verändert hat. Und wenn wir unser eigenes Leben anschauen, dann werden wir feststellen: Fast niemand wird all das, was er braucht, auch selbst gemacht haben; sondern wir bemerken, daß das Weltwirtschaftsleben die Tendenz genommen hat, daß alles das, was wir herstellen, irgendeinen Zusammenhang mit dem hat, was andere brauchen. Oft stellen wir nur Teile her, oft verwalten wir nur das, was gemacht wird. Eine ungeheure Fülle von Tätigkeiten wirkt zusammen, damit etwas entsteht. Alles, was wir tun, ist hinorientiert auf den sozialen Prozeß, und was wir brauchen aus dem sozialen Prozeß, was zur Bedürfnisbefriedigung dient, das haben im Grunde andere für uns gemacht. Das ist keine theoretische Beschreibung, das ist weitgehend die Praxis. Wir spüren, wenn wir das ins Verhältnis setzen, was wir in der Produktion leisten, und das, was wir in der Konsumtion brauchen, daß das keine Verbindung hat, denn alle Produktion geht in die Welt hinaus zu anderen Menschen. Alles, was wir selbst brauchen, kommt aus der großen Welt zu uns zurück. Und das ist eine gewaltige Menschheitspotentialentfaltung.

Denn im Grunde kann man sagen: Soweit eben Dinge gebraucht werden, soweit kann der Mensch heute seine Fähigkeiten frei einsetzen im Dienste der Menschheit. Die Kleinheit der alten Verhältnisse, die Praxis, das Geschäft des Vaters zu übernehmen, all diese Dinge, die in der Vergangenheit noch wichtig waren, gehen zurück. Wie viele Menschen fühlen sich durch ihre Kinder gekränkt, weil sie sich sagen: Jetzt habe ich das alles aufgebaut, wofür denn eigentlich? Aber wir wollen uns nicht vorbestimmen lassen, wir wollen selbst wählen, wo wir unsere Fähigkeiten in die Welt zum Dienste der Menschheit einbringen. Und umgedreht können wir uns aus dem Fähigkeitspotential der Menschheit bedienen in dem, was wir brauchen. Wie individuell gestalten wir alle heute unser Leben! Wenn wir ein paar hundert Jahre zurückschauen, da sind die Lebensverhältnisse oder die Essensverhältnisse von Menschen in einer ländlichen Region so, daß wir, wenn wir einen Haushalt kennen, gleichzeitig tausend kennen. Wenn wir heute einen Haushalt kennen, kennen wir den nächsten schon lange nicht. Eine ungeheure Vielfalt und Differenziertheit kommt herein, das heißt, die Menschheit arbeitet zusammen, um sich individualisieren zu können.

Das ist der Prozeß der Weltarbeitsteilung, der längst Gestalt angenommen hat, der heute sogar weiter ist als wir mit unseren Vorstellungen. Denn sobald man versucht, das praktisch bewußtseinsmäßig zu verfolgen, sobald man nur diese berühmte Frühstücksmeditation macht, wo denn all die Dinge herkommen, mit denen man beim Frühstück umgeht und wie sie mit der Menschheit verkettet sind, dann wird einem nach einer kurzen Zeit schwindlig im Kopf. Man weiß gar nicht, wo man überhaupt den Linien nachspringen soll, die sich da zusammenfinden, um ein einziges Produkt heute in der Welt zu haben. Das ist ein radikaler Umbruch gegenüber der Vergangenheit. Wenn wir einen Landwirt in der Schweiz als Beispiel nehmen, dann bekommt der nicht deshalb Land, um selbst leben zu können, sondern er arbeitet mindestens für sechzig bis achtzig andere Menschen mit. Wir haben heute nur noch vier Prozent Landwirte in der Schweiz. Nachdem überhaupt nur ein Drittel der Menschen berufstätig ist, können wir ausrechnen, daß wir zu solchen Größenordnungen kommen. Das gilt bei manchen Produkten noch mehr.

Dieser Prozeß der Weltarbeitsteilung wurde schon sehr früh beobachtet, vor allen Dingen von den großen Denkern in England. Es war ja früher so, daß fast alle Ökonomen erst Philosophen waren. Das ist ein großer Unterschied zu heute. Da gab es nun große Geister, die das sehr früh bemerkt haben und vor der Frage standen: Was bedeutet das eigentlich für die Menschheit?

Einer der wesentlichen Geister, die zu bestimmten Ergebnissen gekommen sind, die dann eine verheerende Rolle gespielt haben, ist Hobbes. Hobbes kam, indem er auf das soziale Leben schaute, zu der Auffassung: Eigentlich ist der Mensch ja gar kein soziales Wesen, sondern für sich genommen ist er eigentlich ein verkappter Wolf. Das berühmte Wort vom «homo homini lupus» gilt ja bis heute eigentlich durch die ganze Ökonomie. Der Mensch ist gar kein soziales Wesen, sein Naturzustand ist genau anders herum, er ist ein Raubtier, ein gieriges, nach Macht und Besitz gierendes Wesen.

Das ist die eine Seite, indem man auf die Naturhaftigkeit, auf die Triebhaftigkeit des Menschen schaute; das wurde stärker und stärker, natürlich dadurch, daß man immer mehr die geistigen Bestimmungsgrößen des Menschen verlor. Die andere Seite war eben das Bemerken dessen, was als moderne Ökonomie ganz langsam heraufkam. Und so ergaben sich nun die großen Fragestellungen in der Menschheit: Wie regelt man das eigentlich untereinander? Wie kann man in einer Weltarbeitsteilung, wie sie dann Adam Smith zum ersten Mal erfaßt hat – wo alle Menschen zusammenarbeiten, voneinander abhängig sind, sich gegenseitig ergänzen –, sozial zurechtkommen, wenn gleichzeitig jeder Mensch ein Wolf ist?

Das ist keine kleine Frage, und wer sich so einfach darüber hinwegsetzt, unterschätzt das Problem. Das ist ja tatsächlich eine Schwierigkeit. Wie soll man denn zusammenarbeiten, wenn eigentlich von innen heraus überhaupt niemand zusammenarbeiten will? Es geht um die Motivfrage des Menschen. Was treibt denn den Menschen eigentlich zum wirtschaftlichen Arbeiten? Diese Frage kommt herauf.

Nun wird sehr früh eine Antwort gegeben. Was den Menschen zur Arbeit treibt, ist im Grunde seine eigene Bedürftigkeit. Die Folge dieser Bedürftigkeit, wie sie triebhaft in ihm auftaucht, ist, daß er danach strebt, möglichst viel aus der Welt für sich zu haben. Wir nennen das Egoismus. Der Egoismus wird praktisch jetzt als die innerste Triebfeder des Menschen entdeckt. Es ist ja selbstverständlich; alle anderen Motive sind entfallen, alle sozialen, geistigen Einbettungen haben fast keine Kraft mehr. Das einzige, was bleibt, ist praktisch das Naturtriebhafte im Menschen selbst.

Und so wird auf der einen Seite der nach Gewinn strebende Mensch, der aus Eigennutz strebende Mensch das Vorbild des ökonomischen Menschen. Und Adam Smith formuliert das einmal so, daß er sagt: Wir verdanken doch unsere Wohlfahrt nicht dem Sozialstreben des einzelnen Menschen. Nicht, weil der Fleischer uns mit Fleisch versorgen will, sondern weil er selbst seinen Vorteil haben will, deshalb muß er uns eben Fleisch verkaufen. Wir leben vom Eigennutz der anderen. Der Eigennutz ist dasjenige, was praktisch zum innersten Menschenmotor wird, wenn es um die Ökonomie geht. Wenn wir also wollen, daß in der Menschheit etwas geleistet wird, dann müssen wir praktisch immer das Eigennutzmotiv in den Vordergrund stellen. Wo es nichts zu verdienen gibt, da macht man auch nichts. Wenn man nichts davon hat, dann tut man auch nichts. Wo sich Leistung nicht mehr lohnt, da arbeitet man auch nicht. Das sind ja Schlagworte, die bis in die Gegenwart hinein gelten.

Wenn man also die Wohlfahrt der Menschen betreiben will, dann muß man in maximaler Weise diese Eigennutzmotive des Menschen anreizen. Wir leben nicht vom Sozialverhalten der Menschen, wir leben von ihrem Eigennutz.

Aber auf der anderen Seite würde ja durch den Eigennutz praktisch das Zusammenarbeiten zusammenbrechen. Es geht eben nicht, wenn man zusammenarbeitet, daß jeder möglichst viel für sich haben will. Die Summe von möglichst viel Eigennutz führt eben in Wirklichkeit nicht zum Gesamtwohl. Also braucht man ein Korrektiv. Wie Kant mit seiner Mündigkeit an das Problem geriet: wie wird man eigentlich tugendhaft, oder wie kann man tugendhaft in der Vernunft bleiben? und deshalb den Pflichtbegriff als Unterwerfungsprinzip entwickelte, als Bändigungsprinzip der menschlichen Vernunft, so erfand nun Adam Smith aus der Not dieser Fragestellung heraus den Markt, den Wettbewerb. Und die Marktbedingungen, die er entwirft, zeigen ja sehr deutlich, wenn man sie ein bißchen typisch, bildhaft nimmt, worauf es hinausläuft. Vom einzelnen ist nichts zu hoffen. Wenn wir also die Wohlfahrt aller haben wollen, dann müssen wir es so einrichten, daß das Motiv des einzelnen, der Eigennutz, wirksam werden kann, aber nicht bis zum Ende kommen darf. Im letzten Moment, bevor der einzelne die Ernte seines Eigennutzes einfährt, muß die Gemeinschaft auftreten und die Ernte unter sich verteilen. Und dieses Verteilungsinstrument der Ernten, die der Egoismus angesät hat und gerne für sich haben möchte, nennen wir Markt. Denn der Markt ist praktisch die Bedingung, daß man die Gewinnaussichten, die es in der Welt gibt, so an den Menschen heranträgt, daß möglichst viele an diesen Gewinnaussichten sich entzünden und tätig werden. Aber keiner darf natürlich vom andern wissen, sondern jeder muß sagen: der Gewinn gehört mir. Und nun werden eben viele Menschen auf die gleiche Gewinnaussicht blicken, es ist ja zuerst nur eine Vorstellung. Sie werden nun tätig und wundern sich, wenn sie dann mit dem Produkt ihrer Fähigkeit kommen, daß nur ein Verbraucher dort steht. Denn natürlich – da könnte man lange erkenntnistheoretische Abhandlungen anführen –, von einer Sache, die man anschaut, gibt es viele Vorstellungsbilder der anschauenden Menschen! Ein Mensch, der hier steht, wird gleichzeitig von Hunderten angeschaut, und insofern vervielfacht er sich. In Wirklichkeit bleibt es aber einer. Denken wir nur an die Auseinandersetzung von Rudolf Steiner mit Eduard von Hartmann in der «Philosophie der Freiheit»[3]: Wie viele Tische stehen im Raum, wenn drei Menschen einen Tisch sehen? Also das, was als Möglichkeit da ist, wird angeschaut, vervielfältigt sich, löst eine Eigennutzhandlung aus und korrigiert sich durch die Handlung der vielen. In dem Moment, wo man real aufeinander trifft, entsteht der Wettbewerb. Dieser Wettbewerb führt dazu, daß die Gewinnaussichten, die man sich ausgemalt hat, an der Realität des Wettbewerbs zusammenbrechen. Und das ist dieser geniale Griff, man muß das wirklich so sagen, den man mit der Marktwirtschaft getan hat, im Grunde ein System zu entwickeln, ein System zu denken, das nicht wie bisher von dem Menschen eine moralische Veränderung verlangt. Es heißt nicht: Mensch, du mußt sozial werden, sondern im Gegenteil: Die Wohlfahrt der Menschen wird am meisten befördert, je eigennütziger der einzelne handelt; um so mehr wird geleistet, um so mehr ist zu verteilen. Das ist im Grunde das Credo der modernen Marktwirtschaft.

Wenn wir das anschauen, können wir sofort feststellen, worum es sich dabei handelt. Es ist nämlich, wenn wir es umformulieren, das Credo, daß die menschliche Sozialentwicklung quasi systemhaft vorwärtsgetrieben werden kann; daß es nicht darauf ankommt, daß der einzelne Mensch sozial wird, sondern daß die Verhältnisse sozial werden. Indem wir den Marktmechanismus anerkennen und uns ihm unterwerfen im Wettbewerb, ist es so, daß wir im Grunde auf die Möglichkeit verzichten, die soziale Frage zu unserer eigenen zu machen. Deshalb der Wohlstand; ein Großteil des Wohlstandes, den wir haben, ist der Preis, der uns dafür gezahlt wird, daß wir darauf verzichtet haben, soziale Menschen zu werden, daß wir darauf verzichtet haben, in der Sozialentwicklung selbst als Menschen involviert zu sein. Es ist wie bei

Faust, der in dem Augenblicke, in dem er begehren würde zu bleiben, seine Seele an Ahriman verliert. So ist es eigentlich auch mit dem Wohlstand. Wenn der Wohlstand so hoch ist, daß man sagt: bleibe doch ja, Wohlstand, in dem Moment verliert der Mensch seine Seele, sein Ich, an diesen Paktpartner, dessen er sich gar nicht bewußt ist. Denn es zeigt sich ja sehr deutlich, daß die soziale Gerechtigkeit, das, was wir als Brüderlichkeit anstreben, jetzt nicht mehr durch Tätigkeit, durch die Handlung des einzelnen zustande kommt, also, mit Aristoteles gesprochen, nicht austeilende Gerechtigkeit und damit Tugendverhalten des Menschen wird, sondern eigentlich besteht die allgemeine Wohlfahrt darin, daß wir eine Art permanenten Gerichtsprozeß haben, wo nämlich dauernd einer zu viel für sich will und der Markt als permanenter Gerichtsprozeß tagt und ihm immer wieder wegnimmt, was er zu viel für sich begehrt. Die ausgleichende Gerechtigkeit, die Gerechtigkeit per Justiz: das bewirkt der Markt. Nur mit dem großen Unterschied, daß wir im Gegensatz zur allgemeinen Justiz den Täter entlassen und sagen: Es war recht so, mach bloß wieder etwas. Denn von der verteilenden Gerechtigkeit – so könnte man sie auch nennen, wenn man sie so ansieht, daß sie immer quasi natural einzieht, was der andere gemacht hat – können ganze Heerscharen leben. Und dann kann der Justizprozeß ein sehr einträglicher werden. Es ist eine Art Robin-Hood-Mentalität. Man läßt praktisch den einzelnen möglichst viel machen, um ihm dann möglichst viel abnehmen zu können. Es mag ein bißchen simpel erscheinen, wenn ich das so darstelle. Und doch können wir sagen, im Marktwirtschaftsprozeß haben wir gleichsam ein reines Justizmodell der Gerechtigkeit. Das ist ein Erbe aus der Vergangenheit. Und doch empfinden es die Menschen zunächst als eine Art Befreiung, vor allen Dingen eine Befreiung vom moralischen Zeigefinger: Du mußt gut werden, du mußt sozial werden und so weiter. Und das ist ja das, was bis heute begeistert. Allen geht es gut, ohne daß man sich ändern muß; das ist wie ein großartiges Versprechen. Das hat seine Anziehungskraft bis heute behalten, und man tut sich unglaublich schwer, dagegen anzukommen, schon gar, wenn man nun rein moralisch argumentiert. Wir werden allerdings versuchen, das anders zu tun.

Und so hat sich im Westen, ganz besonders im Westen Europas, hinüberreichend bis nach Amerika, eine besondere Ausprägung für dieses freiheitliche Element ergeben: Es kommt nur auf den einzelnen an. Und indem man das Ego selbst bereits zu seinem Ich erklärt, ergibt sich der Liberalismus als Auslebeform dessen, was wir Ego nennen, und der Markt als das Ordnungsinstrument. Adam Smith nennt es «die unsichtbare Hand Gottes», wie von unsichtbaren Fäden gezogen, haben alle sozialen Prozesse die Tendenz, zu einem richtigen Gleichgewichtspreis zu kommen. Man muß immer wieder dazu sagen: Sobald man es durchschaut, bemerkt man, das ist eben nicht die unsichtbare Hand Gottes, sondern – geistig anschaut – die Kralle Ahrimans, die die Fäden einer solchen automatischen Zahlengerechtigkeit in der Hand hält.

Wenn wir auf den Westen schauen, so haben wir also im Grunde im Liberalismus, im institutionalisierten Egoismus, die Fesselung des Menschen an sein Ego. Indem man die Triebnatur nicht nur konstatiert, sondern sie für alle Zukunft modellhaft festschreiben möchte, fesselt man den Menschen an diese Triebnatur. Es ist ein Entmündigungsprozeß beziehungsweise ein Nicht-zur-Mündigkeit-kommen-Lassen des Menschen, sobald es um den Wirtschaftsprozeß geht. Das ist die gewaltige Tragik, in die wir hineingekommen sind. Man fühlt sich zu solchem Vorgehen berechtigt, weil man auf das Menschenwesen hinschaut und es immer noch so interpretiert, wie es hier gesagt wurde. Ich zitiere hier ein Buch, das ein paar Jahrzehnte alt ist, von ERNST WINKLER, einem Nationalökonomen, der dieses Problem beschreibt und der konsequent die Anwendung der Naturgesetzlichkeit auf das Wirtschaftsleben fordert.

«Die Anwendung solcher statistischen Gesetze auf die Wirtschaft wird durch die Berechenbarkeit des Egoismus möglich. Daß die statistischen Gesetze der Wirtschaft letzten Endes auf menschlichen Handlungen und Anlagen beruhen, ändert nichts an ihrem Charakter. Ihre Geltung bleibt unerschüttert, solange die für das Wirtschaftsgeschehen maßgebende Haltung des Menschen sich nicht ändert.»

Nun geht er weiter und sagt: Wie ist es, wenn der einzelne Mensch nun protestiert? Kann man da nichts an dem Zustand ändern?

«Wenn der Leser für seine Person einer anderen Meinung oder Gesinnung sein sollte, so wird er durch sein persönliches

Verhalten die auf der allgemeinen Einstellung beruhenden Wirtschaftsgesetze so wenig umstoßen können wie die Versicherungsstatistiken über die mittlere Lebensdauer durch frühzeitigen Selbstmord oder durch den Entschluß, dem zum Trotz besonders lange leben. Er könnte das nur erreichen, indem er die Menschheit in ihrem inneren Wesen von Grund auf ändert und in Gesinnung und Handlungsweise zu wahrhaft christlicher Liebe oder demokratischer Brüderlichkeit bekehrt. Aber bisher hat die Geschichte des Christentums und der Demokratie deutlich genug gelehrt, daß unsere oben gemachte Voraussetzung des Egoismus für heute und vermutlich auch für alle Zukunft eine hinreichend sichere Grundlage für Wirtschaftstheorien bildet.»[4]

Hier sehen wir eigentlich das Festschreiben des Menschen in seinem Naturbefund, in seiner Triebhaftigkeit. Und es ist eben eine tiefe Tragik, daß diese Fesselung sich im Grunde so entfaltet hat, wie sie sich heute darstellt. Und das Dramatische ist, daß die meisten Menschen von dieser Fesselung eben kaum etwas erleben. Es ist eben eigenartig, daß die Fesselung an den Trieb gerade da, wo man sich nicht klar darüber wird, was es denn eigentlich heißt, ein Ich zu sein, von vielen Menschen als Freiheit erlebt wird. Sich ausleben zu können in seiner Triebnatur, ist für viele Menschen zunächst einmal ein Erlebnis von Freiheit, und deshalb erlebt man diese Fesselung an seine Triebnatur nicht in der gleichen Weise, wie wir das vielleicht im Blick auf die Kollektivwirtschaften erleben.

Nun hat sich an dieser Einseitigkeit, daß man im Grunde nur dem freien Spiel der Egoismen Lauf lassen muß und dann praktisch wie von allein durch Marktgesetze sich die richtigen sozialen Strukturen herausbilden, folgendes gezeigt: Wenn wir auf das neunzehnte Jahrhundert hinschauen, sehen wir, daß dieses automatische Wirken, daß sich die Welt von allein dreht, wenn man sie nur läßt, nicht zu einer allgemeinen Wohlfahrt geführt hat. Das neunzehnte Jahrhundert ist zwar einerseits gekennzeichnet durch große Reichtümer, auf der anderen Seite aber auch durch ungeheure Massenverelendung im Proletariertum. Das Schlimme an der Sache war eigentlich, daß diese Verelendung im Grunde die Menschen gar nicht innerlich erreicht hat. Man war ja entschuldigt: Das ist der Markt, der es so macht, das ist nicht persönliche Verantwortung, dagegen kann man nicht an, der Markt ist die

Verantwortungskraft, «die unsichtbare Hand Gottes», wie es Smith nannte.

Und so bemerken wir, wie mit dieser Vereinseitigung dieses einen Gesichtspunktes des Liberalismus eine ungeheuere Herzenskälte in die Menschheit einzieht, wie man Elend in allerstärkster Form betrachten kann, ohne daß es einen innerlich überhaupt berührt: Das ist eben so! Der Liberalismus ist dann in den Westen der Menschheit hinübergewandert. Dort liegt ja die große Begabung für die Ökonomie vor, dort liegt aber auch die Vereinseitigung der Freiheitskräfte vor. Die Antrittsrede von Präsident Bush damals hatte zum Beispiel zum Inhalt: Es gibt nur eine große Kraft, der Amerika alles verdankt, nur eine einzige Kraft: die Freiheit. Und dieses Freiheitselement, wenn es prägend für alles wird, auch für das Wirtschaftsleben, führt dann zu dieser merkwürdigen Ausprägung des Marktwirtschaftsprinzips. Gegen dieses Marktwirtschaftsprinzip, das den Menschen praktisch von der Verantwortung für das Soziale entband, haben natürlich Menschen revoltiert, und zwar in Europa. Europa kann mit einer solchen Einseitigkeit nicht leben, wenn es sich selbst versteht. Und so kommt eine Art Gegenbewegung heraus, indem eben Mitteleuropäer, Marx und Engels sind ja Mitteleuropäer, nun plötzlich beginnen, sich sozial zu entzünden.

Als Europäer haben wir eben sehr wohl ein soziales Gewissen. Und so entsteht eigentlich aus der Kälte, die dieser Liberalismus im neunzehnten Jahrhundert verbreitet, eine Art Gegenanschauung: Es kann doch nicht wahr sein, daß eine moderne Anschauung dahin führt, daß der größte Teil der Menschheit verelendet! Das kann doch nicht die Menschheitsentwicklung sein! Es kann doch nicht allein um wenige gehen! Und nun kommt die Untersuchung, die vor allen Dingen Marx angestellt hat: Woran liegt es denn in der Ökonomie, daß es so ist? Er untersucht nun den Arbeitsprozeß und stellt fest: Wenn die Menschen, wie es ja auch von Adam Smith gesagt wird, in der Wirtschaft zusammenarbeiten, dann müßte eigentlich der Lohn etwas sein, was man auch untereinander verteilt. Wenn es aber nach der Lohnverteilung so ist, daß die einen reich geworden sind und die anderen verhungern, dann ist das eine Ungerechtigkeit! Wir könnten auch sagen: Die einen haben zu wenig bekommen, sie sind praktisch betrogen worden von den anderen. Es entsteht die Mehrwerttheorie quasi als Betrugsmanöver der Arbeitgeber, der Kapitalisten am Arbeiter. Betrug weist ja auf die Rechtsebene hin. Betrug heißt: eigentlich steht es uns allen zu. Aber es kommt offensichtlich nicht bei allen an. Und nun wird weiter gesucht, und es wird gefragt: Woher kommt denn dieses Betrugsmanöver, wo ist es denn sozial manifest? Und dann bemerkt man, dieses Betrugsmanöver ist sozialstrukturmäßig im Eigentum verankert. Unsere Eigentumskonstruktionen, die wir in der modernen Zeit gebildet haben, sind so, daß wir sagen: Dieses Unternehmen, obwohl es vielfältigste Ströme in sich vereint, gehört ausschließlich dem, der das Kapital gegeben hat, und zwar in der Weise, daß ihm auch alle Erträge zunächst gehören. Und die Frage, ob der Mitarbeiter etwas bekommt, ist nun eine Frage des Verhältnisses des Arbeitgebers zum Arbeitnehmer. Also, es wird eine Art Zwischenprozeß eingeschaltet. Das Eigentum an den Produktionsmitteln führt dazu, daß zunächst alle Erträge des Unternehmens automatisch auch dem Eigentümer des Unternehmens gehören. Und offensichtlich fließt da nicht genug weiter.

Diese Geste, daß wir praktisch kein Eigentumsrecht der Solidarität entwickelt haben, hat dazu geführt, daß man dann zu erkennen glaubte: In den Eigentumsverhältnissen liegt der eigentliche Angelpunkt. Die Eigentumsverhältnisse sind praktisch Aneignungsorgane für das, was man gemeinsam erarbeitet hat. Und wenn man etwas verändern will an dem Betrugsmanöver, dann muß man das Eigentum beseitigen. Enteignung der Eigentümer, die ja ihrerseits praktisch die Mitarbeiter enteignet haben – «Enteignet die Enteigner!» –, das war der große Schlachtruf der proletarischen Revolution. Also Beseitigung des Eigentums, weil es Formen ausgebildet hatte, mit denen man sich wirklich das gemeinsam Erarbeitete aneignen konnte. Dann hat man natürlich im Gefolge dessen gesagt: Wenn man das einmal beseitigt hat, dann braucht es natürlich auch nicht mehr den Preis als Lenkungsinstrument in der Marktwirtschaft, sondern dann kann man ja gleich das Gesamtwohl anstreben. Denn wirtschaften heißt ja, daß alle zu ihrem Recht kommen.

Und so wurden eben dann in den sozialistischen Staaten einerseits das Eigentum, andererseits die Preise beseitigt. An die Stelle dieser selbstregulierenden Kräfte, die aber im Westen einseitig mechanisch gedacht werden, treten nun, zwar nicht in der

Marxschen Anschauung, da ist ja die Praxis nicht so weit ausgebildet, aber dann in dem Versuch, danach zu leben, die Planwirtschaften. Und diese Planwirtschaften entstehen aus einer inneren Konsequenz, die gerade die Umwendung ist: Nicht mehr der Egoismus des einzelnen, sondern das Wohl der Gesamtheit steht jetzt im Mittelpunkt. Aber indem diese Idee praktisch wie herausgenommen, wie übergestülpt wird über das Ganze, kommt nun die Frage auf: Welche Rolle spielt der einzelne, und welchen Anteil kann er an diesem Wohl des Ganzen nehmen? Das ist ja das, was wir uns im Westen erarbeitet haben, daß der einzelne selbst in den Prozeß involviert ist. Nun wird das Ganze ideal-sozial angeschaut, aber der einzelne muß nun in das Gesamtkollektiv so eingefügt werden, daß das auch alles zusammenpaßt.

Nun beginnt eine Art Veränderungsprozeß des Sozialen. Jetzt wird der einzelne mit seinen unberechenbaren Handlungen gerade zur Störgröße des Planes. Jetzt wird man dazu kommen, notgedrungen sagen zu müssen, wenn man das Ganze anschaut und nun alles praktisch verteilt auf das Ganze, daß dann natürlich jeder, der daran beteiligt ist, seine Rolle spielen muß. Da kann man nicht irgend etwas machen, sondern man muß eben den Plan erfüllen. Und wenn jeder den Plan erfüllt, dann kommt auch der ganze Plan richtig heraus. Und so ist ja das Wort von der Planerfüllung die große Geißel im Sozialismus gewesen, der Antriebsfaktor: Planerfüllung, Planübererfüllung – das waren die Dinge, die man dauernd gehört hat.

Also das Ganze steht im Mittelpunkt, nicht mehr der Eigennutz. Jetzt macht sich aus einer gewissen sozialen Verantwortung bemerkbar: Es geht doch um alle! Ich will jetzt auf die Frage der Klassenproblematik nicht eingehen, sondern nur die ökonomische Seite herausnehmen. Es geht um alle, aber dieses Ganze wird quasi wie abgesondert vom einzelnen. Nicht der einzelne gestaltet mit, sondern der Plan wird ihm übergeordnet. Er wird praktisch unterjocht vom, eingeordnet in den Plan. Zuteilung und Anordnung werden die beiden Instrumente. Und da bemerken wir nun als andere Seite, daß es nicht nur eine Fesselung des Menschen an seine Triebnatur gibt, sondern daß es auch eine Fesselung oder eine Art Unterwerfung des Menschen auf der Ideenseite gibt.

Schon Rudolf Steiner macht ja am Ende der «Philosophie der Freiheit» darauf aufmerksam, daß die Idee nicht etwas ist, was automatisch zur Freiheit des Menschen führt, sondern nur dann, wenn der Mensch «sich der Idee *erlebend gegenüberstell[t]*». Wenn er das nicht tut, dann gerät er «unter ihre Knechtschaft».[5] Es ist interessant, daß das vielen Utopien der Menschheit anhaftet. Es gibt ja viele Utopie-Entwürfe, wie die Menschheit einmal sozial sein soll. Aber jeder, der das macht, bemerkt sofort einen Widerspruch. Man kann sich das Schönste ausdenken, und dann kommt man zu der Frage: Wie macht man es nun, daß die Menschen das machen, was ich für sie alle für richtig halte? Und so kehrt sich eigentlich der höchste Idealismus in Zwang und Gewalt um. Es erscheint im Namen der Menschlichkeit eine Art Zwangsgestalt. Das ist ja wirklich auch ein Signum der letzten zweihundert Jahre, daß die Gewalten, die auftreten, nur in den seltensten Fällen unverhüllt auftreten, sondern im Namen der sozialen Entwicklung, um des Besseren willen. Robespierre war kein Missetäter üblicher Art, sondern die Guillotine wurde im Namen der Tugend betätigt! Und auch, wenn wir in den Osten schauen, bei allen Komplizierungen der einzelnen Menschen ist doch auffallend, wie viele dieser Menschen, die heute praktisch als Unmenschen vor uns stehen, im Grunde mit einem ungeheueren Idealismus angetreten sind, es in der Welt besser zu machen. Und man landet, ohne daß man es bemerkt, auf der Seite der Unmenschlichkeit.

Wir können ja die jüngste Entwicklung anschauen, denken wir an einen Freund, den wir haben, den Präsident in Georgien, Gamsachurdia. Ich will gar nicht auf Einzelheiten eingehen, aber wenn wir bedenken, daß da jemand steht, der doch einigermaßen Bescheid weiß, worum es in der Welt geht, erkennen wir, wie da im Grunde eine Art Zwangsdynamik im Fortlauf der Verhältnisse entsteht, wo man dann eben zum Schluß aufpassen muß, daß man nicht um des Besseren willen Gewalt anwendet. Michaela Glöckler brachte dieses Zitat von Schewardnadse, daß wir eben aufmerksam darauf machen müssen, daß der Zweck nicht mehr alle Mittel heiligt, sondern daß die Mittel zweckadäquat werden müssen.

Und so haben wir im Osten diese gewaltige andere Ausprägung bekommen, daß jetzt im Namen der Ganzheit gesprochen wurde, aber diese Ganzheit so auftrat, daß sie im Grunde den einzelnen zerbrechen mußte, bis er so handfertig, so praktisch geordnet war, daß er genau in den Plan an einer Stelle paßte. Fesselung des Menschen an seine Triebnatur im Westen, Zerbrechung des Ich im Osten, Kollektivierung.

Kollektivierung ist nicht dasselbe wie Gruppenseelenhaftigkeit in der Menschheit früher. Wenn wir auf die alten Gruppenseelenzusammenhänge eingehen, dann haben die nicht den Zwangscharakter, den wir ihnen heute aus unserer Sicht beimessen, wenn wir sagen: Wie wäre es, wenn ich da leben würde? Sondern es ist ganz anders. Der Mensch reklamierte das Ich noch gar nicht auf diese Weise. Aber wenn man in der modernen Zeit, nachdem die Mündigkeit da ist, dieses Prinzip der Gruppenhaftigkeit wieder reklamiert und es ins Feld führt gegen das Individuelle, dann zerbricht das Individuelle daran. Kollektivierung ist Ich-Zerbrechung, ist im Grunde Ich-Vernichtung. Das ist das, was wir in ganz großem Stil erlebt haben. Wenn wir den Sozialismus anschauen, wie er sich ausgelebt hat, er ist ja durch das große sozialistische Experiment quasi den Ostvölkern oktroyiert worden, dann müssen wir uns immer wieder klarwerden: Er hat sich ja an den Verhältnissen im Westen entzündet, nicht im Osten. Und insofern hat ja der Osten aushalten müssen, was im Grunde unser eigenes Problem war. Und ich frage mich, wie es ausgegangen wäre, wenn eine solche Anschauung bei uns praktiziert worden wäre? Doch es waren Menschen, die noch nicht in dieser Massivität ihre Ichhaftigkeit beanspruchen, wie wir das tun, die praktisch in diese Prozesse gekommen waren. Vielleicht liegt ein Geheimnis, warum der Osten das Experiment besser überlebt hat, als man das eigentlich meinen könnte, darin, daß eben durch das Noch-nicht-so-ichhaft-Sein eine Art Abmilderung stattgefunden hat, daß die Ichzerbrechung deshalb nicht so stark war, weil auch die Beanspruchung des Ich noch nicht so stark war. Von der Seite her bemerken wir heute mit Schaudern, daß das, was als sozialer Fortschritt gedacht war, im Grunde keiner war, sondern daß der «soziale Fortschritt» darin bestand, das Ich zu zerbrechen.

Unser Problem ist ja gerade: Wie kommt das Ich in der Wirtschaft mit der Gemeinschaft zurecht? Und damit kommen wir jetzt an die Frage: dritter Weg. Liberalismus und Kollektivismus ist das, was wir wie eine Art These und Antithese in der Menschheit erlebt haben zu dieser Fragestellung: Wie kommt eigentlich der Mensch in seiner Mündigkeit an die wirtschaftlich-ökonomische Frage heran? Und wir haben leider in der Vergangenheit eben immer nur eine Ost-West-Diskussion geführt, eine Pro-Contra-, eine Schwarz-Weiß-, Kapitalismus-Sozialismus-Diskussion. Ob sich dazwischen etwas bewegt, ist die große Frage, die immer wieder in Europa auftritt, die viele Vorläufer hat. Das Wort vom dritten Weg ist etwas, was praktisch nicht nur äußerlich eine Bedeutung hat, sondern was im Grunde den Kern des europäischen Verhaltens anspricht, nämlich beides an sich zu tragen: einerseits einen Zug zur Freiheit, auf der anderen Seite ein tiefes soziales Verantwortungsgefühl. Dazwischen steht die Frage: Wie macht man es so, daß diese beiden Dinge rechtmäßig in die Rechtsgestalt eingebunden werden, nicht in die Vereinseitigung fallen? Denn das ist ja die Aufgabe des Rechtslebens, diese beiden Dinge in eine höhere Sozialgestalt hineinzutragen.

Diese Frage nach dem dritten Weg wird meist vehement verneint, auch in der neuen Enzyklika des Papstes, wo es heißt, ein dritter Weg ist ausgeschlossen. Es gibt auch viele andere Denker, die immer wieder gesagt haben, eigentlich gibt es einen dritten Weg gar nicht, zum Beispiel Silvio Gesell im Vorwort zu seinem großen Buch:

«Entweder Eigen- oder Staatswirtschaft, ein Drittes gibt es nicht.»[6]

Es kommt also eine merkwürdige Auffassung auf, die übrigens in vielen, vielen Lebensbereichen da ist: Gibt es denn überhaupt etwas Drittes? Und diese Frage trifft Europa im Zentrum, denn wenn wir nicht ein Drittes sehen können, dann muß man nicht von der besonderen Aufgabe Europas zwischen Ost und West sprechen. Das hat überhaupt nur Sinn, wenn man eine Mitte im Verhältnis zu etwas artikulieren kann, wenn man weiß, worum es beim Dritten geht. Diese Frage nach dem Dritten ist eben eine Frage, die man richtig stellen muß, sonst wird sie unbeantwortbar. Denn es gibt natürlich Drittelungen, die auch sonst möglich sind. Ein typischer dritter Weg, der keiner ist und darum auch nicht so akzeptiert wird, der nur scheinbar das erfüllt, ist der Kompromiß. Das ist so eine Art: Jeder gibt ein Stück her, und dann hat man eine Lösung. Wir sehen ja, wie gegenwärtig das Nationalitätsprinzip angegangen wird. Man muß sich nur zusammensetzen, dann muß jeder auf etwas verzichten, und irgendwo muß man doch einen Kompromiß finden. Die Kompromißhaftigkeit ist eine Art verflachter Problematik dritter Weg.

Wenn man nun fragt, wo ist denn zum ersten Mal so richtig die Frage nach dem dritten Weg modern ausgesprochen, dann ist für mich jedenfalls das Beeindruckendste der Beginn der «Philosophie der Freiheit» gewesen. Da gibt es Menschen, die unendlich viel aufgewendet haben, um sich der menschlichen Erkenntnis zuzuwenden, was da eigentlich vorliegt. Es gibt eine Unsumme menschlichen Denkens, das sich der ethischen Frage zugewendet hat, der moralischen Frage, «*leer ausgegangen*», so heißt es, «*ist... der aus Erkenntnis Handelnde*».[7] Es kommen ja nur die beiden Worte vor «Erkenntnis» und «der... Handelnde». Aber die Art, wie das zusammengebracht wird, wird das Entscheidende, daß es nämlich nicht nur in den schwachen Ausgleich des Kompromisses geht, sondern daß in der Art, wie das zusammenwirkt, eine Art Entwicklungskeim gesetzt wird, der in sich eine Kraft zur Weiterentwicklung trägt.

Die Frage, ob es einen dritten Weg im Wirtschaftlichen gibt, ist keine leichte Frage. Ich möchte hier jemanden zitieren, der das in seinem Buch «Jenseits von Macht und Anarchie» in Frage stellt, HEINZ HARTMUT VOGEL. Da gibt es ein Nachwort unter dem Titel «Individualität und Gemeinschaft», in dem steht dann zum Beispiel folgendes:

«Es gibt nun Menschen, die neigen dazu, in idealistischer Überforderung des persönlichen Freiheitsanspruches und so weiter in diesen selbstregulierenden Kräften etwas Unzulässiges zu sehen. Nach ihnen soll der Ausgleich der Interessen allein durch die ökonomische Gesamtvernunft der Interessenvertreter zustande kommen. Sie denken dabei an Sachverständigengremien und so weiter, die in der Wirtschaft als Produzenten, Handwerk und Konsumenten und so weiter zusammentreffen, und die das dann besprechen. Es ist nun eine sozialpsychologisch nicht uninteressante Feststellung, daß hier Vertreter eines betonten Individualismus und die Befürworter eines gemeinwirtschaftlichen Sozialismus, wie es eben im Sozialismus sonst gelebt wird, schließlich zu demselben ordnungspolitischen Konzept gelangen. Denn für jede gemeinwirtschaftlich oder auch zunächst unabhängig gedachte, übergeordnete Koordination zur Planungsstelle entsteht die Grundsatzfrage: Sollen ihre Entscheidungen für alle verbindlich sein oder soll es nur ein verbindlicher Beratungsprozeß sein? Soll es verbindlich sein, ist man Sozialist, und das ist abzulehnen; als Individualist kann man das nicht wollen. Soll es aber individuell sein, da gibt es nur eine unverbindliche Beratung, und dann ist man gerade wieder so weit, wie man vorher war. Also im Grunde gibt es nichts dazwischen: entweder – oder.»[8]

Da haben wir ein typisches Übersehen des Dritter-Weg-Problems. Das ist gerade die Frage: Wie kommt man in die richtige Mitte hinein? Wer das übersieht, wird die allergrößten Schwierigkeiten in der Gestaltung bekommen. Schauen wir also noch einmal auf diesen Wirtschaftsprozeß, der auf der einen Seite dieses Individualitätsproblem hatte mit seiner Fesselung an die Triebnatur des Menschen und auf der anderen Seite im Kollektivismus eine Art Gemeinwirtschaftlichkeit propagierte, das Wohl aller, aber im Grunde zu Lasten der Menschlichkeit des einzelnen. Und es schien so zu sein, als ob man sich entscheiden müsse in der Welt: Entweder will man den Wohlstand, hervorgebracht durch den Egoismus, dann muß man eben auch die Folgen ertragen, oder aber man ist eben so, daß man das Gemeinwirtschaftliche höher stellt als das Individuelle, dann muß man eben die Zwangsmaßnahmen ertragen: eins von beiden.

Diese Alternative ist natürlich nicht dazu angetan, überhaupt das soziale, wirtschaftliche Leben weiterzubringen, sondern wir müssen einen ganz anderen Weg gehen. Fragen wir uns noch einmal, was denn die Wirtschaft eigentlich ist. Ich habe versucht, dieses Bild hinzumalen, das ja nur ausdrücken soll, daß alles, was der Mensch tut, praktisch in den sozialen Prozeß hinausgeht, und all das, was für ihn da ist, kommt aus dem sozialen Prozeß zurück. Nun, diese Problematik steht in einem interessanten Zusammenhang.

Wenn wir in der Vergangenheit in einem tieferen Sinne sozial sein wollten, dann gab es die Einrichtung des Almosens. Das Almosen hat in der Vergangenheit eine ungeheure Bedeutung: mit dem anderen zu teilen. Und das Teilungsproblem, das Mit-dem-anderen-Teilen ist ja ein tiefes Symbol geworden, nicht nur im Christlichen. Almosen gehören auch zu den fünf Grundpflichten des Islam. Almosen haben in der Vergangenheit eine ungeheure Rolle gespielt. Sie sind ja auch sehr wichtig, weil im Almosen nicht nur eine soziale Tat vorliegt, sondern es ist auch eine Art innerer hygienischer Maßnahme für den Menschen, denn über Almosen wird er eigentlich angehalten, selbstlose Taten zu tun. Und nur selbstlose Taten nimmt er in gewisser Weise mit in die geistige Welt. Aber dieses Ideal des Almosengebens, das wir in der Vergangenheit haben, den Reichtum mit dem anderen zu teilen, diese Haltung ist in gewisser Weise an ein Ende gekommen. Wir können nämlich fragen: Gibt es denn eine höhere Form des Almosens? Gibt es etwas, was mehr bedeutet als Almosen? Im Almosen verteilt man oder teilt man mit dem anderen das, was man hat. Es gibt eine höhere Form, nämlich das zu leisten, was der andere braucht, also nicht nur das zu teilen, was man hat, sondern überhaupt das zu machen, was der andere braucht. Diese höhere Form des füreinander Arbeitens, das an die Stelle des Almosens tritt, ist im Grunde die innere Signatur des modernen wirtschaftlichen Lebens. Das soll im Wirtschaftsleben sich gestalten. Was da als Leben im Wirtschaftlichen entsteht, in diesen Institutionen, was da herauf will, das hat nichts Geringeres zum Ziel, als daß die Menschheit zu lernen hat: Wie wird der Mensch selbstlos? Nicht selbstlos im Sinne von Kollektiv soll er werden, wo er kein Selbst mehr hat, sondern selbstlos im Sinne dessen, was die große Gegenströmung, die christliche Strömung gegen den Egoismus ist.

Und so ist das Füreinander-Arbeiten, was dem Wirtschaftsleben zugrunde liegt, eine Schule der Selbstlosigkeit. Wir können ja im allgemeinen sehen, daß diese Schule der Selbstlosigkeit letzten Endes dahin führen wird, daß es darum geht: Wie können wir überall auf der Welt menschenwürdige Zustände herstellen? Es ist nicht eine Frage für bestimmte Menschenkreise. Und wenn es uns nicht gelingt, überall auf der Welt menschenwürdige Zustände herzustellen, dann werden die Menschen dorthin kommen, wo menschenwürdige Zustände sind. Dann sind wir mitten in der Asylantenproblematik der Gegenwart.

Warum ist das so? Warum kommen die Menschen? Man muß sich dann immer wieder an das erinnern, was Rudolf Steiner in der allerersten Phase seiner Wirksamkeit auf diesem Felde schon gesagt hat; daß es nämlich ein okkultes Gesetz gibt, und dieses okkulte Gesetz heißt, daß all das, was aus dem Egoismus des Menschen strömt, auf die Dauer nur Armut und Elend in der Welt erzeugen wird. Es heißt hier:

«Wie oft kann man es wie eine selbstverständliche Wahrheit aussprechen hören, daß eine soziale Ordnung ein Unding sei, welche auf Wohlwollen und Menschenmitgefühl sich aufbauen will. Man rechnet vielmehr damit, daß das Ganze einer menschlichen Gemeinschaft am besten gedeihen könne, wenn der einzelne den ‹vollen› oder den größtmöglichen Ertrag seiner Arbeit auch einheimsen kann.»

Wenn man also mit dem Eigennutz rechnet, wie es ja im Grunde überall getan wird. Weiter heißt es:

«Genau das Gegenteil davon lehrt nun der Okkultismus, der auf eine tiefere Erkenntnis des Menschen und der Welt begründet ist. Und er zeigt gerade, daß alles menschliche Elend lediglich eine Folge des Egoismus ist...» Es heißt dann etwas später: «Jede Gesamtheit zerfiele nämlich sofort, wenn nicht die Arbeit des einzelnen dem Ganzen zufließen würde. Aber der menschliche Egoismus hat auch von jeher dieses Gesetz durchkreuzt. Er hat für den einzelnen möglichst viel aus seiner Arbeit herauszuschlagen gesucht. Und nur dasjenige, was auf diese Art aus dem Egoismus hervorgegangen ist, hat von jeher Not, Armut und Elend zur Folge gehabt. Das heißt aber doch nichts anderes, als daß immer derjenige Teil der menschlichen Einrichtungen sich als unpraktisch erweisen muß, der von den ‹Praktikern› auf die Art zustande gebracht wird, daß dabei entweder mit dem eigenen oder dem fremden Egoismus gerechnet wird.»[9]

Wenn wir also hinschauen auf diesen wirtschaftlich-sozialen Prozeß, dann können wir heute schon sagen, und das ist auch an vielen Dingen erlebbar: Eine Theorie, die den Egoismus zur Grundlage der Sozialentwicklung der Menschheit nehmen will, wird auf die Dauer nur Armut und Elend erzeugen, auf verschiedenste Weise. Wenn wir heute den sozialen Zustand unserer Gesellschaft anschauen, dann hält sie eigentlich immer nur die Höhe unseres Sozialproduktes zusammen. Die Höhe des Sozialproduktes ist letztendlich das Argument, mit dem alles gerechtfertigt wird. Das reicht nicht aus. Wir müssen wieder handlungsfähig werden im wirtschaftlichen Bereich. Gerd Schmäche hat darauf hingewiesen, daß eines der Probleme darin besteht, daß wir eine Entwicklung im Wirtschaftlich-Sozialen haben, die niemand bewußt leitet. Was wir so kühn heute Fortschritt nennen, und was ein Bild erzeugt, als ob da einer fortschreitet, ist ja im Grunde gar nicht so. Wenn wir uns die Sozialentwicklung anschauen, dann stürzen wir davon. Wir sind in diesem Fortstürzen eigentlich dauernd damit beschäftigt, nur auf den nächsten Schritt zu schauen, nur aufzupassen, daß wir nicht hinfallen in diesem Fortstürzen. Wir stürzen so heftig fort, daß wir noch nicht einmal die Richtung bemerken, in die wir stürzen. Es geht nur vorwärts, vorwärts, vorwärts, es geht um Wachstum und so weiter. Und es ist eine merkwürdige Erscheinung, daß es nämlich im Wirtschaftsleben wie auf keinem anderen Feld immer mehr so ist, daß allen Beteiligten irgendwo unwohl wird bei diesem Zustand. Sobald man mit ihnen spricht und sagt: Halten Sie das denn für richtig, wie sich das entwickelt?, wird jeder seine Zweifel anmelden und dann sagen: Aber was soll man machen? Nicht wahr, wenn man nicht mitmacht in dem Ganzen, ist man verloren. Was heißt das denn? Das heißt, daß im wirtschaftlichen Leben eine ungeheure Vielzahl von Menschen permanent Dinge macht, die vor ihrer eigenen Einsicht keinen Bestand haben, die sie nur deshalb machen, weil sie glauben, sie machen zu müssen. Das ist das Gegenbild von der Forderung des modernen Menschen: Handeln aus Einsicht. Das ist im Grunde der tiefste Angriff auf die moderne Menschenwürde, wenn wir permanent zu Handlungen gezwungen werden, die in Widerspruch stehen zu dem, was eigentlich aus den innersten Kräften heraus sich gestalten will. Und das ist die Schwierigkeit, in die uns das Wirtschaftsleben hineingebracht hat. Einerseits hat es eine Weltarbeitsteilung hervorgebracht, die in sich ein Beziehungsgefüge enthält, wo wir merken, unter der Oberfläche des Egoismus will eine ganz andere Gestaltung heraufkommen. Auf der anderen Seite zwingt uns eine Art Mechanismus, uns permanent in den Alltag zu stürzen, uns gar nicht klarzuwerden: Wie muß man es machen, daß die Handlungsmöglichkeit des Menschen im Wirtschaftlichen zurückgewonnen wird? Denn von dem Zurückgewinnen der Handlungsfähigkeit des Menschen wird es abhängen, ob der Mensch überhaupt sein Schicksal in die Hand nehmen kann. Denn das hat ja Folgen bis in den Schicksalszusammenhang hinein, wenn Menschen dauernd Dinge machen müssen, die gegen ihre eigenen Einsichten sind.

Und wenn wir nun fragen, was wäre denn das Credo eines modernen wirtschaftlichen Lebens, dann müssen wir nur auf das Problem dritter Weg zurückkommen. Gibt es denn einen Zwischenraum zwischen Liberalismus und Kollektivismus – also entweder der einzelne macht, was er für sich nützlich hält, und das Soziale ist quasi nur die Folge, oder das Soziale wird vorher festgelegt, und der einzelne muß machen, was die Gesamtheit will –, gibt es einen Zwischenweg? Es gibt sehr wohl einen. Und dieser Zwischenweg heißt, daß der einzelne das macht, was für die Gesamtheit das Richtige ist.

Das ist das Neue. Die Frage ist nur: Wie kommt man zum Einsehen dessen, was für die Gesamtheit richtig ist? Dazu ist im Grunde notwendig, sich klarzumachen, daß man im Wirtschaftsleben eben von Anfang an auf die Menschheit hinorientiert ist. Wie man merkt, man kann Wohlstand nicht auf einzelne Menschen einengen, alles wird menschheitlich, das ist der innere Duktus des ganzen wirtschaftlichen Lebens, so müssen wir nun fragen: Wie steht denn der Mensch im Wirtschaftsleben? Wenn man genau hinschaut, bemerkt man, daß eben in dieser Fülle der arbeitsteiligen Prozesse alle nur einen kleinen Teilausschnitt bilden. Niemand von uns hat praktisch *das* Soziale im Bewußtsein, denn das Soziale ist das, was sich zwischen uns Menschen abspielt. Ohne den anderen gibt es auch kein Soziales, sonst könnte man ja Soziales für sich studieren; das geht ja nicht. Soziales ist immer auf die Menschenbegegnung angewiesen. Und nun kommt die Frage: Wie kommen wir im Sozialen weiter? Denn das ist wirklich ein Faktum: Im Wirtschaftlichen kommt man allein zu keinem richtigen Urteil. Rudolf Steiner geht sogar so weit, daß er sagt: Im Wirtschaftlichen ist «das Urteil des einzelnen… gleichgültig, denn es kann niemals richtig sein…»[10] Also nicht, weil man vielleicht nicht richtig durchblickt, sondern es geht gar nicht anders, weil in diesem ganzen Prozeß der Tätigkeiten jeder nur einen Teilaspekt wahrnimmt. Die Frage, wie es dem anderen geht, kann ich aus meiner Sicht gar nicht beantworten. Nicht umsonst fragen wir uns, wenn wir uns begegnen: Wie geht es Ihnen? Wenn ich das selbst beantworten könnte, brauchte ich ja den anderen gar nicht zu fragen. Über seine eigene Befindlichkeit kann nur der Mensch selbst etwas sagen. Wenn wir also fragen: Wie bringen wir praktisch Ganzheit hinein in das Wirtschaftsleben, dann ist das keine Abstraktion. Das merken wir ja, sonst müßten wir wieder in Planwirtschaften verfallen. Wir können es nur dadurch machen, daß wir den Menschen als Beteiligten, als Mittäter selbst anschauen. Und dann ergibt sich eine ganz andere Form. Dann geht es nicht darum, entweder der einzelne für sich oder die Gesamtheit abstrakt, im Plan, sondern um eine Zwischenform aus dem Aspekt des Dritten heraus: das ist die menschliche Begegnung. Wenn wir das Soziale so gestalten wollen, daß der einzelne nicht nur aus Eigennutz, aus Eigensinn gestalten kann, sondern daß er lernen kann, nach und nach aus der Sicht zu gestalten: was trägt zum Heil der Gesamtheit und nicht nur zu meinem eigenen Wohl bei?, dann gibt es nur eine einzige Form, nämlich die Menschen, die die verschiedenen Stationen dieser Prozesse vertreten, zusammenzubringen, Begegnungsorgane, Ausspracheorgane, Beratungsorgane zu schaffen. Rudolf Steiner nennt diese Organbildung «Assoziieren», diese Organe «Assoziationen». Man kann natürlich sehr viel zu der Frage sagen, wie das geschehen muß und wie das aussehen soll. Da gibt es auch viele Schwierigkeiten. Aber die Richtung ist ganz deutlich. Die Richtung kann nur heißen, wenn der Prozeß des Wirtschaftlichen eine Tendenz zur sozialen Gesundheit bekommen soll, also dem Heil der Gesamtheit dienen soll, dann muß es möglich sein, überhaupt die Gesamtheit bewußtseinsmäßig zu fassen. Diese Gesamtheit ist nicht im Bewußtsein des einzelnen gegeben. Wir müssen also den Bewußtseinszustand der Gesamtheit herstellen, und wenn wir ihn nicht abstrakt herstellen wollen, dann müssen wir uns selbst auf den Weg machen. Das heißt, Assoziationen sind Begegnungsorgane, wo zunächst jeder seine Erfahrung, seinen Teil der Wirklichkeit, in dem er steht, mit einbringt. Das ist die Bedingung, damit überhaupt ein Bewußtsein der Gesamtheit entsteht. Und dann kann in dieser Gesamtheit überhaupt erst der Beratungsprozeß stattfinden auf der Grundlage der eigenen Erfahrung. Wenn wir keine Erfahrung haben, dann können wir auch kaum miteinander reden. Das wäre eine Frage für sich, wie es heute mit der menschlichen Sozialerfahrung steht.

Was dann möglich ist durch die Beratung, ist das Interessante. Wenn man die Vogelsche Frage stellt, wer soll entscheiden, sollen die nun sagen, was der einzelne zu machen hat, oder gehen sie auseinander wie beim Hornberger Schießen, dann muß man eben sagen, es gibt doch die dritte Form, daß man sich nämlich berät und sagt, wenn das unsere Situation ist, wenn wir eine Art Bildgestaltung machen, wenn wir uns klarmachen, wo müßte es hingehen, dann kann sich der einzelne die Frage stellen: Welchen Beitrag leiste ich, damit es so wird? Das ist nicht dasselbe wie vorher, denn jetzt ist das, was ich will, praktisch durch den Beratungsprozeß hindurchgegangen. Es wird aus subjektivem Gemeinsinn objektiver Gemeinsinn. Die Handlung bekommt den Bezug zum Ganzen. Und darauf kommt es eigentlich an: Wie bilden wir im Sozialen Organe aus, die es möglich machen, daß unser soziales Leben sich so faßt, daß in dieser Fassung Bewußtsein entsteht, welches uns erlaubt, so zu handeln, daß das Ganze, das Heil der Gesamtheit berücksichtigt wird. Ich meine das nicht nur im vordergründigen Sinne. Denn wenn man das tiefer anschaut, würde man sehen, daß diese Art der Sozialgestaltung eben nicht nur äußerlich ihre Bedeutung hat, sondern bis in die geistigen Grundlagen hineingeht, und deshalb nicht nur von einem Wohl des Ganzen gesprochen werden kann, sondern wirklich vom Heil des Ganzen. So wird also deutlich, warum ich am Anfang sagte, es gibt gegenwärtig nichts Faszinierenderes, als an der Dreigliederungsidee zu arbeiten, die vielleicht am faszinierendsten im Wirtschaftsleben ist, weil es eben noch so undurchdrungen ist. Wir bemerken: Die Menschheit tritt praktisch von einem Zustand der Erde in einen anderen. Die Erdentwicklung zerfällt in zwei Teile, der erste Teil bedeutete eigentlich ein Zur-Freiheit-Kommen, der zweite Teil ist ein Aus-der-Freiheit-Leben, und das ist das Leben in der Liebe. Der Schritt von der Freiheit zur Liebe ist im Grunde der Prozeß, vor dem wir stehen. Rudolf Steiner macht darauf aufmerksam, daß das, was in den Assoziationen geschehen soll, was dadurch geschieht, daß Menscheninteressen zusammengeführt werden, daß wir lernen, unsere eigenen Dinge anzuschauen, daß im Beratungsprozeß der andere mir direkt in seinem Anliegen begegnet, daß wir also dieses warme Menscheninteresse, von dem Michaela Glöckler gesprochen hat, auch wirklich erfahren und praktizieren können, daß dieses Assoziieren also bis in die Realität taucht; das ist, was eigentlich hineinführt in die Durchchristlichung der Wirtschaft. «Die Assoziationen sind die lebendige Verkörperung der Brüderlichkeit.» «…So lebt durch die Durchchristung des Wirtschaftslebens der Geistesmensch in der ersten Anlage in den Assoziationen.»[11]

Es geht um nicht mehr, aber auch um nicht weniger. Im Wirtschaftsleben haben wir, im Gegensatz zum Geistesleben und zum Rechtsleben, noch sehr verhüllt eine ungeheuer weitreichende Aufgabe innerhalb des menschlichen Lebens. Und gerade dem Wirtschaftsleben gegenüber kommen dann leider sehr oft resignierende Haltungen. Weil wir eben ein Ganzes sind, weil es nicht so einfach ist, Anfangspunkte zu finden für sich selbst, kommen dann Aspekte der Resignation: Wo soll man denn ansetzen? Ist das nicht lebensunpraktisch? Man kann nur antworten mit den Worten aus den «Kernpunkten der sozialen Frage». Da heißt es:

«Der praktisch Denkende darf nicht an dem scheinbar Unmöglichen hängen bleiben und glauben, daß Einrichtungen im Sinne dieser Forderung auf unüberwindliche Schwierigkeiten stoßen; sondern er muß sein Bestreben gerade darauf richten, diese Schwierigkeiten zu überwinden.»[12]

ANMERKUNGEN

1 Rudolf Steiner, Anthroposophische Leitsätze, GA 26, 1989, dritter Leitsatz.

2 Ders., Die soziale Frage als Bewußtseinsfrage, GA 189, 1980, Vortrag vom 16. Februar 1919 in Dornach.

3 Ders., Die Philosophie der Freiheit, GA 4, 1987, Erster Anhang, Zusatz zur Neuauflage 1918.

4 Ernst Winkler, Theorie der natürlichen Wirtschaftsordnung, Heidelberg 1952, S. 11 f.

5 Siehe Anmerkung 3, Zweiter Anhang.

6 Silvio Gesell, Die natürliche Wirtschaftsordnung, Lauf 1949, Vorrede zur dritten Auflage 1918.

7 Siehe Anmerkung 3. I. Das bewußte menschliche Handeln.

8 Heinz Hartmut Vogel, Jenseits von Macht und Anarchie, Köln 1963, S. 131 f.

9 Rudolf Steiner, Geisteswissenschaft und soziale Frage 1905/1906, in: Lucifer-Gnosis, GA 34, 1987.

10 Ders., Die geistig-seelischen Grundkräfte der Erziehungskunst. Spirituelle Werte in Erziehung und sozialem Leben, GA 305, 1991, Vortrag vom 29. August 1922 in Oxford.

11 Ders., Gegensätze in der Menschheitsentwickelung, GA 197, 1986, Vortrag vom 22. November 1920 in Stuttgart.

12 Ders., Die Kernpunkte der sozialen Frage in den Lebensnotwendigkeiten der Gegenwart und Zukunft, GA 23, 1976, IV. Internationale Beziehungen der sozialen Organismen.

Virginia Sease

DER SPIRITUELLE BEITRAG DER
WESTLICHEN WELT

Wenn wir auf die Zeitereignisse blicken, die in den letzten Jahrzehnten stattgefunden haben, dann können wir wohl sagen, daß von der westlichen Welt politische, soziale und auch militärische Beiträge geleistet worden sind. Wie man diese Leistungen schätzt, ist natürlich eine persönliche Angelegenheit. Man kann sich aber fragen: Gibt es auch geistige, spirituelle Beiträge von der westlichen Welt? Das ist gerade heute eine Frage für viele Menschen. Vor 1914 hätte man diese Frage wahrscheinlich gar nicht gestellt, denn man hätte schon eine Antwort gehabt. Goethe hat in bezug auf Amerika um 1826 in einigen Versen eigentlich mehr oder weniger eine Gemütsauffassung seiner Zeit ausgedrückt:

Den Vereinigten Staaten

Amerika, du hast es besser
Als unser Kontinent, das alte,
Hast keine verfallene Schlösser
Und keine Basalte.
Dich stört nicht im Innern,
Zu lebendiger Zeit,
Unnützes Erinnern
Und vergeblicher Streit...

Dann geht es noch ein bißchen weiter über das Glück von diesem Land. Nun haben wir eben Amerika mit der westlichen Welt gleichgesetzt. Natürlich gehört England auch dazu, nur sind wir jetzt in einer Situation, wo die Perspektiven in bezug auf die westliche Welt sich etwas verändern. Vor ungefähr einem Vierteljahrhundert war für Europa England nicht so sehr westliche europäische Welt, sondern westliche Welt. Das Wasser hat mächtig getrennt. Nun stehen wir vor der Situation, daß England mit hineingenommen wurde in die Europäische Gemeinschaft, es ist schon ein Teil der Europäischen Gemeinschaft. Das trennende Wasser spielt nicht mehr eine so große Rolle, wie das vorher war. Es sieht vielleicht vom englischen Standpunkt aus immer noch anders aus, daß die Engländer nicht so ohne weiteres sagen wollen: Ja, wir sind unbedingt ein Teil von Europa.

Ganz entscheidend anders sieht es von Amerika aus, denn von Amerika aus gehörte England immer mehr zu Europa, einfach durch die Entfernung, ob Amerika – England oder Amerika – Holland, der Unterschied ist nicht sehr groß, von Amerika aus gesehen. Jetzt aber erlebt Amerika sich viel stärker als die westliche Welt, als dies vorher der Fall war, wo England eigentlich von europäischer Sicht aus nicht so als Teil von Europa betrachtet wurde. Deswegen werden wir heute westliche Welt fast ausschließlich auf Nordamerika beziehen. Nur unter einem Gesichtspunkt wird dann England natürlich auch ein Teil davon sein, und das ist unter dem Gesichtspunkt der Sprache. Amerika erlebt sich als westliche Welt in bezug auf die Kulturverhältnisse, aber Amerika ist jetzt in der Lage, daß es sich auch als eine Art von Mitte erlebt. Vorher war das nie der Fall, vor hundert oder vor fünfzig Jahren. Durch die Blüte der japanischen Kultur und die Macht, die sich aus dem Osten hereinbegibt, erlebt sich Amerika als zwischen Westen – Asien und Osten – Europa stehend. Wir werden aber heute Nordamerika als die westliche Welt betrachten.

Rudolf Steiner hat immer darauf bestanden, daß man Amerika wirklich mitdenkt, wenn man an Europa denkt. Er sprach von Europa und von dem amerikanischen Anhang. Amerika würde sich vielleicht nicht als Anhängsel betrachten, aber von diesem Gesichtspunkt aus hat Rudolf Steiner diesen Kontinent betrachtet, wirklich in einem gewissen Sinne als Teil von Europa. Wir sehen, daß die Geschichte von Amerika eigentlich eine sehr junge Geschichte ist. Heute wollen wir nicht auf die Vorzeit zurückblicken, auf die atlantische Zeit, auch nicht auf die Urbevölkerung, die Indianer, sondern wir wollen mit den Anfängen der weißen Bevölkerung in Nordamerika, also vor ungefähr vierhundert Jahren beginnen. Wenn man sagt, vor vierhundert Jahren, sieht man, das fällt nur ein klein wenig vor den Dreißigjährigen Krieg. Man sieht, daß das eigentlich moderne Geschichte ist, die mit der fünften Kulturepoche erst begonnen hat.

Für alle Menschen von Europa, die ihren Weg dann in der

Frühzeit bis hinauf zu ungefähr der Mitte dieses Jahrhunderts nach Amerika gemacht haben, war das erste Erlebnis in Verbindung mit diesem Kontinent ein Abgrunderlebnis. Zwischen Europa und Amerika liegt der Atlantische Ozean. Das bedeutete viele Wochen, Monate auf dem Wasser, getrennt von all dem, was man kannte, von allen sozialen, von allen biographischen Verhältnissen. Man war einfach auf diesem Wasser getrennt von allem, was eine Realität bedeutete. Solch ein Abgrunderlebnis mußte eine Umwandlung mit sich gebracht haben, so daß die weißen Menschen, die Europa verlassen haben, sobald sie in Amerika angekommen sind, durch dieses Erlebnis andere Menschen waren. So erging es auch anderen Menschen, die in den frühen Jahrhunderten nach Amerika gekommen sind. Ein gleiches Erlebnis hatten die Sklaven, die herübergeschifft wurden von Afrika, viel Wasser, viele Wochen lang, und ein Abbrechen von allem, was sie kannten. Diese beiden Bilder muß man immer vor Augen haben, wenn man überhaupt von Nordamerika und seinen Menschen spricht, von dem weißen Europäer und den schwarzen Sklaven, deren Einwanderung fast zu gleicher Zeit, nur einige Jahrzehnte später, im siebzehnten Jahrhundert, beginnt. Dieses Abgrunderlebnis, was alle Menschen hatten und, man hört das immer noch heute, haben, wenn sie zum ersten Mal diesen Kontinent betreten, ist wie ein Schwellenerlebnis, nicht nur unter dem Gesichtspunkt, daß man alles zurückgelassen hat, sondern auch, daß man völlig neue Verhältnisse auf diesem Kontinent entdeckt. Wir können von der Naturgestaltung absehen. Berge, Flüsse und Pflanzen sind anders als zu Hause in Europa. Menschliche Verhältnisse sind auch ganz anders, es gibt zum Beispiel keine Könige. Wesentlich anders ist, und das muß jeder stark erleben, der Amerika besucht, die Naturgeistigkeit, die mit den Bodenkräften zusammenhängt. In unserem Jahrhundert war Rudolf Steiner der erste, der darauf aufmerksam machte, daß die Bodenkräfte, die elektrischen, die magnetischen Kräfte, die in diesem Kontinent so stark sind, auch eine starke Rolle im Schicksal des Landes und der Bevölkerung spielen, weil gerade diese Kräfte, die er als die geographischen Doppelgängerkräfte bezeichnet hat, Auswirkungen auf den Willen und die Intelligenz des Menschen haben, der dort lebt.

Diese Doppelgängerkräfte sind wesentlich in ihren Wirkungen, und ich will in diesem Zusammenhang das 1991 in neuer

Bearbeitung wiederaufgelegte Buch «Das andere Amerika» von Carl Stegmann erwähnen. In dieser neuen Ausgabe sind gerade diese Tatsachen in bezug auf die Doppelgängerkräfte in Amerika und ihre Wirkungen sehr klar dargestellt.

Wir sehen, daß in jedem Erdteil die Ätherarten miteinander wirken. Natürlich ist jede Ätherart in jedem Erdteil vertreten, nur ist es so, daß eine Ätherart etwas gegenüber den anderen überwiegt. Wenn wir diese Ätherarten betrachten, die dann durch die vier Elemente zum Ausdruck kommen, sehen wir etwas ganz Besonderes in bezug auf diese Kluft zwischen Amerika und Europa. Diese Kluft ist nicht nur der Ozean. Die Ätherart, die von Westeuropa hinüberführt, von England hinüber ein bißchen zum Rand von Nordamerika und nach Neufundland, ist als chemischer Äther gestaltet, also durch das Flüssigkeitselement, durch das Wasser getragen, und diese Ätherart ist bis in den Osten von Europa hinein ganz vorherrschend. Dann hat die Prädominanz der Lichtäther, getragen durch das Element der Luft, bis hinüber nach Rußland. Von Mittelrußland bis weit hinüber nach Asien, bis Japan und zurückkreisend über Hawaii nach der Westküste von Amerika, Kalifornien, Oregon, Washington, Kanada überwiegt der Wärmeäther, das Feuerelement. Wir sehen also, daß in ganz Europa drei Ätherarten stark vertreten sind: Der chemische Äther, der Lichtäther und der Wärmeäther. Was nicht stark vertreten ist, ist der Lebensäther. Gerade der Lebensäther ist der Äther für Nordamerika, mit den beiden Ausnahmen Westküste – Wärmeäther, Ecke Neufundland – chemischer Äther. Der Lebensäther ist durch das erdige Element getragen. Also ein Einheitliches in bezug auf die Ätherart finden wir in Nordamerika. Das ist ein zweiter Faktor. Der erste Faktor ist die Wirkung der Naturgeistigkeit durch die Doppelgängerkräfte. Diese zwei Faktoren gehören zu diesem Kontinent, zum Westen.

Amerika ist erst seit vierhundert Jahren eine Inkarnationsmöglichkeit für Menschen, die nicht der roten Rasse angehören. Normalerweise ist man ziemlich lange in der geistigen Welt nach dem Tod und vor der nächsten Geburt, wie Rudolf Steiner beschreibt. Man fällt gewisse Entscheidungen in dieser Zeit in der geistigen Welt, und eine davon ist, wo man die nächste irdische Inkarnation aus verschiedenen Gesichtspunkten heraus verbringen will. Karmische Beziehungen, die man durch das Land selber erlangen will, prägen solche Überlegungen. Für die ersten Menschen, die für die amerikanische Kultur tragend waren, war das eine Entscheidung, die, so könnte man sagen, im letzten Moment in der geistigen Welt gefällt wurde. Denn wir sehen zum Beispiel einen Geist wie Benjamin Franklin, bestimmt einer der wichtigsten Menschen, die die Welt überhaupt gekannt hat. Er beginnt seine Inkarnation bloß hundert Jahre, nachdem es überhaupt möglich war, sich in Amerika als weißer Mensch zu inkarnieren. Das bedeutet, daß man hier etwas Geheimnisvolles hat in bezug auf die Zahlen der Inkarnationsrhythmen. Auch sehen wir, daß sehr bald eine gewisse Polarität auf diesem Kontinent entstand. Man hat Menschen, die vor der Geburt die Entscheidung getroffen haben, in Amerika geboren zu werden, was bedeutet, daß diese gewisse Art von geographischem Doppelgänger gleich vor der Geburt sich mit ihnen verbunden hat, und andere Menschen, die dann als Einwanderer nachher nach Amerika gekommen sind. Sie haben natürlich auch geographische Doppelgänger, alle Menschen haben sie, das ist nicht ein Vorteil oder Nachteil von Amerika, nur sind sie in dieser Art und Weise in Amerika besonders stark. Es gibt also die Polarität – karmisch gesehen – zwischen denen, die in Amerika geboren sind, und denen, die von Europa gekommen sind. Nun, man kann sagen, das ist aber gar nicht so überraschend, das passiert jeden Tag. Es gibt Leute, die irgendwo geboren sind, und andere Leute, die dann nachher einwandern. Das stimmt. Wichtig ist hier, daß die Möglichkeit erst seit einigen Jahrhunderten überhaupt besteht, und das bedeutet, daß gewisse Absichten mit dieser Entscheidung schon vor der Geburt gefallen sind. Zu diesen Geheimnissen der Zahl gehört noch eine andere Polarität, die man in Amerika stark vertreten findet, und das ist die Einwanderung der Sklaven, der schwarzen Menschen, die im neunzehnten Jahrhundert wirklich sehr stark als Realität vorhanden war. Es ist in Amerika immer noch der Fall, wenn man über seine Vorfahren spricht, daß man sagt: Ja, ich bin deutscher oder französischer, englischer oder holländischer Herkunft, obwohl es sein kann, daß die Vorfahren vor dreihundert Jahren herübergekommen sind. Man trägt den europäischen Hintergrund immer noch wenigstens im Unterbewußtsein. Wir betrachten Amerika, besonders, wenn man nicht Amerikaner ist, als Land des Schmelztiegels. Nun, was passiert in einem Schmelztiegel? Alles kommt zusammen, wird ein bißchen aufgelöst, und es entsteht etwas Gleiches. Es ist eigentlich ein Prozeß der Alchimie. Es waren die Alchimisten, die die Schmelztiegel wirklich verbessert haben. In Amerika ist dieser Schmelztiegel perfekt. Das ist nicht nur eine schöne Redensart, sondern hinter diesem Ausdruck Schmelztiegel liegt etwas sehr Wesentliches unter einem geistigen Gesichtspunkt.

Sergej Prokofieff sprach von den Volksgeistern in Europa und wie sich besonders im Westen die Volksgeister mit ihren Völkern vereinigen. Wenn wir aber nach Nordamerika hinüberblicken, sehen wir, wie Rudolf Steiner das in den Vorträgen über die Volksseelen beschreibt, daß es eine vollkommen andere geistige Gestaltung hat. Man kann nicht von einem Volksgeist von Nordamerika sprechen. Man kann sehen, daß die verschiedenen Volksgruppierungen immer, manche länger, manche kürzer, ihre eigene Farbe behalten, doch sie vermischen sich sehr bald miteinander und werden ein Volk sozusagen, nur in verschiedenen Farben, Seelenfarben natürlich und auch kulturellen Farben. Was passiert hier? Einen Volksgeist hat Nordamerika nicht, sondern, wie Rudolf Steiner das beschreibt, ein höheres hierarchisches Wesen, ein zurückgebliebenes Archai-Wesen. Zurückgeblieben soll natürlich nicht minderwertig bedeuten, es ist nicht wie bei einem Kind in der Schule, das sitzenbleibt. Zurückgeblieben in dem Sinne, daß eine besondere Aufgabe aufgegriffen werden mußte. Es ist ein starkes geistiges Wesen, was in Nordamerika als zurückgebliebenes Archai-Wesen herrscht, als Geist der Persönlichkeit, der eigentlich schon Geist der Form sein sollte. Durch solch ein mächtiges Wesen kommt dann die Situation, daß die Einzelheiten, die Charakteristiken der verschiedenen Völker ausgeglichen werden. Es ist wirklich ein alchimistischer Prozeß, und man erlebt das stark, wenn man dieses amerikanische Volk einmal tiefer kennenlernt.

Was diesen Prozeß begleitet, ist eine gewisse Seelenqualität. Diese Seelenqualität ist durch alle Jahrhunderte seit dem Beginn von Amerika vorherrschend, es ist eine Qualität der Toleranz. Es sieht vielleicht nicht so aus, wenn man an die Rassenprobleme oder an die Armut denkt. Da kann man sich fragen, was hat das mit Toleranz zu tun, und doch ist es wie ein Strom, der da immer hindurchfließt. Es ist vielleicht die allerchristlichste Qualität dieses Kontinents, christlich in dem Sinne, wie Rudolf Steiner beschreibt, daß der Christus heute zu uns spricht, so daß wir hochachten müssen, was der Geringste von unseren Mitmenschen, unseren Brüdern denkt, und dieses Denken so betrachten sollen, als ob der Christus in diesem Denken anwesend wäre. Diese Idee, diese Auffassung lebt natürlich nicht auf eine bewußte Art in Nordamerika, aber das Gefühl von Toleranz in bezug auf die Denkart von jedem Menschen ist so stark vorhanden, daß der Amerikaner wenigstens irgendwie ein schlechtes Gewissen hat, wenn er sich nicht als tolerant erlebt. In einer tieferen Schicht der Seele lebt das als Gewissensfaktor. Vielleicht aus diesem Grunde ist in Amerika das Phänomen des Selfmademan häufig. Abgesehen von Kulturzusammenhängen, von Familien- und Blutsbanden, war es durch Jahrhunderte möglich, daß man ein Selfmademan werden konnte, obgleich sehr begrenzt, wenn man eine schwarze Haut hatte.

Was hat das mit Europa zu tun? Ich meine, daß es in Europa schwieriger sein wird, daß eine wirkliche Staaten-Gemeinschaft entsteht, nicht nur politisch, sondern auch sozial und geistig, als das in Nordamerika der Fall ist – wegen der einzelnen Volksgeister und der Art, wie der Mensch sie erlebt. Wir sehen es jetzt sehr klar vor Augen. Es ist nicht das einheitliche Element, was in Europa überwiegend ist, sei es durch die Ätherart oder durch die Geistigkeit, durch ein zurückgebliebenes Archai-Wesen, wenn wir das so bezeichnen wollen.

In der Entwicklung von Amerika gab es zwei ganz entscheidende Ereignisse, die in ihrer geistigen Gestalt auch für die Welt entscheidend bleiben. Blicken wir zweihundert Jahre zurück, dann sehen wir, wie Amerika um seine Freiheit gekämpft hat. Äußerlich gesehen ging es um die Freiheit von England, also darum, sich als die Vereinigten Staaten zu gestalten. Nun blicke ich auf die Vereinigten Staaten und lasse Kanada im Moment unbeachtet. Der Unabhängigkeitskrieg war, von einem inneren Standpunkt her gesehen, ein Kampf um Unabhängigkeit von jeder Art der Bevormundung, der Beherrschung, der Untertänigkeit. Es ging um Unabhängigkeit von den Qualitäten, die in der vierten nachatlantischen Kulturepoche besonders ausschlaggebend waren. Es war ein Kampf um Leben und Tod. Daß man sich frei hineinbegeben konnte in die fünfte nachatlantische Kulturepoche, in die Epoche der Entwicklung der Bewußtseinsseele, lag eigentlich hinter diesem Unabhängigkeitskrieg. Das haben andere Nationen, die europäischen Nationen und ganz besonders natürlich Frankreich, sehr wohl wahrgenommen. Wir sehen hier eine sehr interessante Situation.

Rudolf Steiner erwähnt, daß im neunzehnten Jahrhundert Individualitäten geboren wurden, die ihre letzte Inkarnation nicht in der vierten Kulturepoche gehabt haben, das heißt, sie hatten möglicherweise schon eine Inkarnation in der fünften Kulturepoche. Die Gruppe, die in bezug auf diesen Unabhängigkeitskrieg Ende 1776 ausschlaggebend war, war eine Gruppe, die wahrscheinlich ihre letzte wichtige Inkarnation in der vierten, in der römisch-griechischen Kulturepoche gehabt hat. Wir denken an diese kleine Schicksalsgruppe, die sich entschlossen hat, sich in Amerika zu inkarnieren: Benjamin Franklin, George Washington, Alexander Hamilton, John Quincy Adams. Sie sind auf den Dollarscheinen von Amerika alle abgebildet. Sie haben eine Verabredung in der geistigen Welt getroffen, damit sie diese retardierenden Kräfte der vierten Kulturepoche überwinden konnten. Es waren Geheimnisse des Lebens und des Todes, die hier mitgespielt haben. Und wenn wir nur die ersten Sätze dieser Unabhängigkeitserklärung lesen, dann spüren wir, wie das inspiriert war, und zwar nicht nur in diesem Zusammenhang für Nordamerika, sondern es ist eine Unabhängigkeitserklärung, die nicht allein politisch ist, sondern die aus dem Geiste hervorquillt. Die ersten Zeilen lauten:

«Wir erachten diese Wahrheiten als unzweifelhaft, daß alle Menschen gleich geschaffen sind, daß sie von ihrem Schöpfer mit gewissen unveräußerlichen Rechten ausgestattet sind, so mit Leben, Freiheit und dem Streben nach Glück. Zur Sicherung dieser Rechte sind Regierungen unter den Menschen eingerichtet, die ihre gerechten Befugnisse von der Einwilligung der Regierten ableiten. Wird irgendeine Regierungsform diesen Endzielen gefährlich, so ist es das Recht des Volkes, sie zu ändern oder abzuschaffen und eine neue Regierung einzusetzen...»[1]

Sie war eigentlich der Träger der neuen Weltordnung, die entstehen sollte, nicht nur für die Vereinigten Staaten, sondern für die Menschheit. Und wenn wir heute so viel von der neuen Weltordnung hören, Novus Ordo Seclorum, the new world order, hat das oft nicht sehr viel mit diesen Worten zu tun. Sie steht da als ein Meilenstein der Befreiung des Menschengeistes gerade in dieser Anfangszeit, in den Anfangsjahrhunderten der fünften nachatlantischen Kulturepoche.

Das zweite Ereignis, was in Nordamerika ausschlaggebend war, stellvertretend für die Welt, war die Abschaffung der Sklaverei: nicht nur daß deklariert wurde, Menschen dürfen nicht mehr Sklaven besitzen, sondern unter dem Aspekt der Individualität des einzelnen Menschen. Hier kommen wir eigentlich in das Gebiet der Überwindung, der Verwandlung des Bösen durch das Gute. Das wird nie stattfinden können, wenn es nicht durch die einzelnen Individualitäten geschieht, die sich als freie Individualitäten in einer freien Gemeinschaft zusammenfinden. Jede Individualität muß frei sein können, um überhaupt diese Aufgabe aufzugreifen. Also der Bürgerkrieg wurde gefochten, blutig, wie jeder Bürgerkrieg ist, wir erleben es in diesen Tagen, wie blutig und unmenschlich. Die letzte Stufe dieses Krieges war die Abschaffung der Sklaverei durch Abraham Lincoln. Es änderte sich natürlich nicht viel von einem Tag zum nächsten, aber es war ein mächtiges Statement für jene Zeit und für alle Zeiten, die dann kamen.

Abraham Lincoln war eigentlich Teil einer goldenen Kette, die das Geistesleben Europas mit dem von Amerika von Anfang an unsichtbar verbindet. Wir haben von Manfred Schmidt-Brabant gehört, wie das Rosenkreuzertum mit seinen Impulsen durch den Dreißigjährigen Krieg fast ausgelöscht wurde, natürlich nicht total, denn es wurde durch die Wesenheit von Christian Rosenkreutz getragen. Diese Wesenheit, die seit dem fünfzehnten Jahrhundert genannt wurde, ist äußerlich verschwunden. Wir sehen, wie dann im siebzehnten Jahrhundert Jacob Böhme diese Inspirationen aufgreift, wie er sogar von dieser Individualität vermutlich besucht wurde, von dem Meister Christian Rosenkreutz. Er hörte die Worte, daß er sein Haus verlassen solle, um mit diesem Besucher zu sprechen. Es sind fast dieselben Worte wie beim Lazaruserlebnis: «Lazarus, komm heraus.» Und dann hat er eine Inspiration bekommen. Allmählich haben andere Menschen Jacob Böhme gefunden, so unscheinbar er äußerlich war, und es bildete sich überall in Europa sozusagen ein Gewebe von Menschen, die Inspirationen von Christian Rosenkreutz durch Jacob Böhme bekommen haben, darunter auch eine Frau aus England.

Nun gab es eine kleine Gruppe von Pietisten, die von

Deutschland nach Amerika auswandern wollten. Sie hatten einen Leiter, einen jungen Mann von einundzwanzig Jahren, Johannes Kelpius. Sie sind über England gefahren. Sie wollten von da mit einem Schiff nach Amerika fahren und hatten eine Pause dort und kamen da mit Jane Leade zusammen und haben die Inspirationen von Jacob Böhme, also Rosenkreuzer-Inspirationen, vollkommen aufgenommen.[2] Es ist eine verborgene Linie von Auswanderern. Sie sind dann nach Amerika gekommen und haben an einem ganz besonderen Fluß in der Nähe von Philadelphia ihre Siedlung gegründet, am Wissahickon-Fluß. Das war 1694, und von da aus haben sie ihre Ausstrahlungen herausgeschickt. Gerade in dieser Stadt, die ständig durch rosenkreuzerische Impulse befruchtet wurde, kam ungefähr achtzig Jahre später die Unabhängigkeitserklärung zustande. Wir haben in den letzten Jahren beschrieben, wie die Konstitution der Vereinigten Staaten eigentlich stark auf freimaurerischen Impulsen beruht, die die Dreigliedrigkeit des rosenkreuzerischen Impulses aufgreifen. Das als ein Tatbestand.

Abraham Lincoln war aber mit seiner Mission in bezug auf die Individualität des Menschen und die Freiheit unter einem geistigen Gesichtspunkt nicht fertig, da wurde er erschossen. Man kann das ein bißchen mit dem Schicksalsende von Kaspar Hauser vergleichen. Er hatte einen starken geistigen Auftrag, und er durfte diesen Auftrag nicht voll verwirklichen. Diese Linie, die wir jetzt verfolgen, diese goldene Kette, die in Europa begonnen hat und nach Amerika durch diese Gruppe von Pietisten hinübergetragen wurden, kommt dann auf eine merkwürdige Weise gerade mit unserer Bewegung in Beziehung. Das Attentat auf Abraham Lincoln wurde auf Wunsch der Regierung untersucht und derjenige, der diese Untersuchungen ausgeführt hat, war Colonel Henry Steel Olcott. Er war Rechtsanwalt, und er war es, der zehn Jahre später mit Helena Blavatsky die Theosophische Gesellschaft in New York begründet hat.

Wir sehen bei der Begründung der Theosophischen Gesellschaft auch eine Verbindung zwischen Amerika und Rußland durch die beteiligten Individualitäten. Solche Verbindungen zwischen Nationen, Völkergruppierungen und auch Rassen können nur durch Individualitäten zustande kommen. Rudolf Steiner beschreibt[3], wie in den Anfangsjahren der Theosophischen Gesellschaft als Begleiterscheinung, als Helena Blavatsky die «Entschleierte Isis» geschrieben hat, Christian Rosenkreutz als Inspirator anwesend war. Es besteht also eine direkte Verbindung der Inspiration von Christian Rosenkreutz mit dem Schicksal Amerikas, insofern dieses Schicksal die Begründung der Theosophischen Gesellschaft beinhaltet. Die Theosophische Gesellschaft war dann der Boden, auf dem Rudolf Steiner zuerst richtig beginnen konnte, seine Mission zu entfalten. Man kann natürlich die Beiträge nicht auflisten, wie man die Beiträge für die Anthroposophische Gesellschaft auflisten kann, denn das geht immer auf verborgene Art vor sich, aber man kann versuchen, in die verschiedenen Richtungen hineinzuschauen. Die Geheimnisse, die so stark mit den guten geistigen Impulsen und auch mit den bösen verbunden sind, versuchen, sie zugrunde zu richten.

In der nächsten Kulturepoche wird ein besonderes Verhältnis in bezug auf die menschliche Sprache entstehen. Rudolf Steiner verbindet diese Neuentwicklung sehr intim mit der englischen Sprache. Er beschreibt, wie die englische Sprache die erste Sprache der Welt ist, und wenn das damals der Fall war, so ist es noch viel mehr heute der Fall. Wir denken, die englische Sprache ist die praktische Sprache, die Sprache des Materialismus. Wir haben einfach viele Ausdrücke, die im Deutschen verständlich sind, aber aus dem englischen Sprachbereich kommen: Manager, Marketing, Software und so weiter. Die englische Sprache hat jedoch eine ganz andere Aufgabe. Sie hat die Aufgabe, schnell zu verfallen, zu vertrocknen, wodurch man dann die Sprache selber nicht benutzen kann, um sich auf einer tieferen Ebene zu verständigen. Das passiert natürlich nicht heute oder morgen, denn wir haben noch rund anderthalbtausend Jahre in der fünften Kulturepoche, aber nach und nach wird die englische Sprache zeigen, die anderen Sprachen werden dann folgen, daß die Sprache unwesentlich werden muß, weil der Mensch hellsichtig werden muß. Der Mensch muß in die Lage kommen, die Gedanken des anderen Menschen ohne Sprache zu lesen, ein richtiges Gedankenlesen muß kommen, so daß die Menschen Kontakt miteinander haben, Ätherleib zu Ätherleib, Gedanken zu Gedanken, und die Sprache bloß sozusagen ein Geklingel ist. Wenn man zu sprechen beginnt, wird man weit in der Zukunft wissen: O, jetzt sollte ich aufpassen; verstehen wird man aber auf geistige Art. Das bedeutet natürlich nicht, daß man jetzt die Sprache, sei es Englisch, Deutsch, Französisch oder Russisch, über Bord werfen sollte, sondern man sollte in unserer Zeit versuchen, wirklich die echten geistigen Elemente jeder Sprache wahrzunehmen, insofern die Sprache in unserem Karma liegt. Ferner sollten wir uns intensiv damit beschäftigen, was die Laute der Sprachen in ihrer geistigen, übersinnlichen Aufgabe tun. Deswegen haben wir für unsere Epoche die Eurythmie und die Sprachgestaltung.

Aber in der sechsten Epoche, bis zum Ende der sechsten Epoche wird dieses andere Verhältnis zur Sprache dann aufsteigen, wo die englische Sprache jetzt die allerersten Anfänge macht. Die sechste Epoche ist die Epoche des Wortes, des Logos, und die Sprachgeister werden dann andere Aufgaben aufgreifen müssen, zum Beispiel die Aufgabe, daß alles, was okkulte Weisheit ist, von grauen Vorzeiten bis in die Neuzeit herein, unter den Menschen popularisiert werden muß. Die sechste Epoche, die das Geheimnis des Wortes darstellt, wird die Menschen viel mehr zusammenbringen, weil sie sich dann anders verständigen können. Sie werden den Logos viel eher im Ätherbereich erleben können, als das heute der Fall ist.

Die weitere Epoche in der Zukunft, die siebte Epoche, ist eigentlich die amerikanische, die nordamerikanische Epoche, wie Rudolf Steiner das beschreibt. Diese Epoche hat ein ganz anderes Geheimnis, das in okkulter Sprache als das Geheimnis der Gottseligkeit bezeichnet wird. Das jetzt zu verstehen, ist fast unmöglich. Vielleicht kann man ahnen: es ist die Zeit der tiefsten Brüderlichkeit zwischen den Menschen.

Es gibt drei Stufen der Entwicklung. Eine Stufe, die mit dem Selbständigwerden des Geisteslebens zusammenhängt, muß eigentlich bis zum Ende der fünften Epoche verwirklicht werden. Die Stufe des selbständig werdenden Geisteslebens ist intim mit unseren Engeln verbunden. Unser Engel inspiriert uns in dieser Richtung. Wir haben von verschiedenen Menschen gehört, die gerade solch eine Inspiration mit sich getragen haben: Goethe, Benjamin Franklin, Abraham Lincoln, viele andere könnte man nennen.

Die nächste Stufe ist eine Stufe, auf der bis zum Ende der sechsten Kulturepoche das selbständige Rechtsleben vollendet werden müßte. Das bedeutet, daß der Mensch als Individualität, als Teil einer Gemeinschaft viel intimer mit den Erzengeln wird arbeiten müssen. Das hängt auch mit den Geheimnissen des Wortes zusammen.

Die letzte, die siebte Stufe, die wir uns heute kaum vorstellen können, ist die, auf der eigentlich das Wirtschaftsleben selbständig wird, auf die Menschheit dann bis zum Ende dieser siebten Epoche intim innerlich mit den Archai-Wesenheiten arbeiten wird. Wir können uns kaum Gedanken machen, wie es dann aussehen wird, aber es hängt mit dem Schicksal von Nordamerika intim zusammen. Die Vorbereitung für jede Epoche beginnt natürlich viel, viel früher als der Anfang der Epoche selbst, beginnt eigentlich in Nordamerika jetzt.

Daß Amerika nicht einen Volksgeist hat, sondern ein zurückgebliebenes Archai-Wesen, das als Macht und als verbindendes Element wirksam ist, bedeutet eigentlich, daß alle Prozesse, die gerade mit diesem Gebiet des Wirtschaftslebens zusammenhängen, etwas frühzeitig, als Frühgeburt plötzlich in Erscheinung treten. Und jede Frühgeburt hat natürlich Abnormalitäten an sich, und das muß man in Kauf nehmen, wenn man die Gesamtgestaltung anschaut. Diese Tendenz zur Frühgeburt bringt auch die Tendenz zur Verhärtung mit sich, die natürlich auch ein Produkt der Naturgeistigkeit der Bodenkräfte ist, bringt den Materialismus mit sich. Als sehr junge Anthroposophin in Amerika war ich erstaunt, einmal in einem Vortrag zu hören, ich war vielleicht zwanzig Jahre alt, daß die Anthroposophie in Europa geistig und in Amerika eine Holzpuppe ist. Ich dachte, das ist aber sehr interessant, denn nichts weiteres wurde beschrieben. Rudolf Steiner hat dieses Bild gebracht, als er zu den Arbeitern am Goetheanum gesprochen hat, und ich möchte diese paar Zeilen dem Wortlaut nach anführen, weil sie wirklich sehr viel Licht auf die geschilderten Aspekte werfen. Er sagte:

«Wir in Europa bilden die Anthroposophie aus dem Geiste heraus aus. Da drüben bilden sie etwas aus, was so wie eine Art Holzpuppe der Anthroposophie ist... Aber für den, der nicht ein Fanatiker ist, für den hat das, was amerikanische Kultur ist, etwas Ähnliches mit dem, was anthroposophische Wissenschaft ist in Europa. Nur ist dort alles aus Holz. Es ist noch nicht lebendig. Lebendig machen können wir es in Europa aus dem Geiste heraus. Die nehmen es dort aus dem Instinkte heraus.»[4]

Ich möchte hier ein Erlebnis einschalten, das zeigt, was wir unter diesem Instinkte verstehen können. Es ist sozusagen ein Instinkt für das Geistige. Das Beispiel klingt merkwürdig. Ich hörte in diesem Frühling einen Volksprediger im Fernsehen in Amerika. Er sprach zu einer großen Gemeinde, und das wurde übertragen. Er sagte:

«Lassen Sie sich nicht verwirren, es gibt keine neue Weltordnung, es gibt nur *eine* Weltordnung. Diese Weltordnung ist der Jesus Christus. Er regelt, was unter den Menschen passieren sollte. Er ist die neue Weltordnung, und jede Nation, die im Einklang mit dieser Weltordnung ist, wird die richtigen Wege finden, und das geschieht, abgesehen von allen politischen Reden, über eine neue Weltordnung.»

Er sprach also aus einem Instinkt heraus, sehr, sehr einfach und naiv. Durch ein solches Beispiel hat man mehr Verständnis, wenn Rudolf Steiner dann weiter in diesen Arbeitervorträgen sagte:

«So wird sich der amerikanisch krasse Materialismus gerade zu einem Geistigen auswachsen.» Und weiter: «Aber das richtige Amerikanertum, das ist dasjenige, was tatsächlich einmal mit dem Europäertum, das auf mehr geistige Weise seine Sache finden wird, sich vereinigen wird.»[5]

Das bedeutet, daß alles, was sich entwickeln kann in Amerika, gerade als Anthroposophie die Möglichkeit hat, diese Qualität, die da ist in der Anlage instinktiv geistig, zu beleben, zu gestalten. Es gibt tiefe Geheimnisse in bezug auf die Frage: Woher kommen die Amerikaner, die jetzt in Amerika sind, wo waren ihre früheren Inkarnationen?

Es kann passieren, daß Anthroposophie sich mehr und mehr in Amerika verbreitet. Wir haben viele Beweise dafür, nicht durch die Mitgliederzahl in der Anthroposophischen Gesellschaft, sondern durch die Ausbreitung der Waldorfschulen, der Medizin, aber hauptsächlich durch die enorme Verbreitung der Bücher Rudolf Steiners, daß sie wirklich jetzt in diese Kultur hineindringt. Wenn das stärker wird, dann können wir die Hoffnung haben, daß Amerika stark neben Europa stehen wird, neben dem geistigen Auftrag von Europa, nicht mit Millionen Menschen, aber mit genügend Menschen, um wirklich eine starke Wirkung auszuüben. Damit können wir rechnen, und Gedanken, wie Rudolf Steiner immer sagt, sind Realitäten, und deswegen ist es vom amerikanischen

Standpunkt aus wichtig, den geistigen Auftrag dieser Neugestaltung in Europa zu verstehen und innerlich zu begleiten. Und es ist auch von Europa aus wichtig, daß man richtige Gesichtspunkte in bezug auf das geistige Streben von Amerika bildet. Wenn beide wie starke, liebevolle Brüder nebeneinander stehen, dann wird es möglich sein, wie Rudolf Steiner das betont, daß beide zusammen Japan mitnehmen können. Das ist eine Aufgabe, die nicht übersehen werden darf; denn das gehört auch zu diesem Bild von der Welt als einer Gesamtheit: Japan, Amerika und Europa.

ANMERKUNGEN

1 Der Originaltext lautet:
«We hold these truths to be self-evident, that all men are created equal, that they are endowed by their Creator with certain inalienable rights, that among these are life, liberty and the pursuit of happiness. To serve these rights, governments are instituted among men, deriving their just powers from the consent of the governed. That whenever any form of government becomes destructive of these acts, it is the right of the people to alter or to abolish it, and to institute new government...»
2 Manley P. Hall, The Rosiecrucians and Magister Christoph Schlegel, 1986.
3 Rudolf Steiner/Marie Steiner-von Sivers, Briefwechsel und Dokumente 1901–1925, GA 262, 1967, S. 16.
4 Ders., Vom Leben des Menschen und der Erde. Über das Wesen des Christentums, GA 349, 1980, Vortrag vom 3. März 1923 in Dornach.
5 Ebenda.

Carl-Heinz Schiel

REFLEXIONEN ZU EINIGEN ASPEKTEN DES NORD-SÜD-GEFÄLLES

Anfang Juli dieses Jahres trafen sich in London die sogenannten großen Sieben, das heißt die Vertreter der größten Wirtschafts- und Industrieländer: USA, Kanada, England,
Frankreich, Italien, Deutschland und Japan. Sie waren vertreten
durch ihre politisch und staatsrechtlich verantwortlichen Führer.
Nachdem die Tagung begonnen hatte, breitete sich in der
Öffentlichkeit sehr schnell eine große Unzufriedenheit aus, weil
man nicht erfuhr, was dort geredet wurde. Sehr schwer war es ja
nicht, sich vorzustellen, worüber man redete, denn wenn man
zusammenkommt, spricht man ja normalerweise über die jeweiligen Interessen, die man hat, also hier die Interessen der Vertreter
der ersten Welt, der kapitalistischen. Die zweite Welt ist die kom-
munistische, sie war es jedenfalls, und die dritte Welt ist die Welt
der Entwicklungsländer. Die Vertreter der ersten Welt sprachen –
und das kam dann langsam auch zutage – über gemeinsam inter-
essierende Wirtschafts- und Marktfragen, über Finanzfragen und,
das war ja klar, sie bereiteten sich auf das Treffen mit Gorbat-
schow vor, der von ihnen zu einer gegenseitigen Kontaktaufnah-
me eingeladen worden war.

Worüber man wohl sehr wenig sprach – und das rügte die
Presse schon, ehe das Treffen zu Ende war –, waren die Probleme
der dritten Welt. Das Schlußkommuniqué sagte dann auch zu diesem Punkte nur sehr knapp: Man habe noch einmal über die Situation der Entwicklungsländer gesprochen, man sei bereit, den ärmsten Ländern, wenn es denn notwendig sein sollte, Schuldenerlaß
zu gewähren und eventuell ihnen mit neuen Krediten zu helfen.

Kurz nach dem Ende der Konferenz zeigte das Deutsche
Fernsehen ein Interview mit dem in Bonn akkreditierten Botschafter von Tansania. Der Botschafter zeigte sich, wie man in der
diplomatischen Umgangssprache sagen würde, aigriert und äu-
ßerte sich betroffen darüber, daß man die dritte Welt offenbar
praktisch über den Sorgen, die die Beschäftigung mit Europa mit

sich brächte, nunmehr zu vergessen sich anschicke. Er warnte davor, die dritte Welt zu vergessen, denn diese werde sich sehr schnell und sehr unliebsam sonst zwangsläufig bemerkbar machen.

Kurz darauf zeigte das Fernsehen ein Interview mit Kohl, der gefragt wurde, wie es denn nun in London mit den Belangen der dritten Welt ausgesehen habe. Er sagte in seiner bekannten Art und Weise: Alles in Ordnung! Keine Sorge! Die großen Sieben wollen die Entwicklungsländer an das GATT, das «General Agreement on Tariffs and Trade» heranführen. Das heißt also, sie wollen sie – man höre und staune! – gleichberechtigt an der Weltwirtschaft teilnehmen lassen. Denn – so Kohl – dann bekämen diese Länder Geld für ihre Waren, sie könnten damit ihre Schulden bezahlen und auch, wenn noch etwas da wäre, und es wäre sicherlich noch etwas da, investieren. Somit könnten sie die Grundlagen ihrer Wirtschaft erweitern, und langsam, aber sicher sei dann mit einer Verminderung des Nord-Süd-Gefälles zu rechnen.

Die Presse zeigte sich genauso wenig beglückt über diese Aussagen wie der Fernsehmoderator, und man muß sagen, aus dem Schlußkommuniqué des Treffens in London und aus den Äußerungen von Kohl geht hervor: Man sieht die Problematik der dritten Welt rein vom wirtschaftlichen Sektor; und wenn man es nüchtern betrachtet, ist das dann auch noch lästig. Die Presse bezweifelte die Wirksamkeit der sichtbar gewordenen Denkansätze und betonte, selbst wenn man die Entwicklungsländer gleichberechtigt am Weltmarkt werde teilnehmen lassen, dann sei das für sie auch nicht das letzte Glück. Was könnten denn die Entwicklungsländer anbieten? Landwirtschaftliche Produkte und Rohstoffe, und wenn man Rohstoffe verkauft, dann betreibt man ja den Ausverkauf des eigenen Besitzes, und hinzu kommt, das wurde betont, daß in den letzten zwei Jahrzehnten die Rohstoffpreise, abgesehen vom Öl, ständig im Fallen begriffen seien.

Die linke Presse wiederholte den bekannten Vorschlag, daß man bei Abschaffung der Streitkräfte und der mit der Waffenerzeugung befaßten Industrie genügend Geld für Hilfe in der dritten Welt zur Verfügung haben würde. Man muß auch hier sehen, daß der Denkansatz rein vom Wirtschaftlichen her gewählt ist. Reicht das nun eigentlich aus, um mit den Problemen der dritten Welt auch nur in etwa fertig werden zu können?

Um das beurteilen zu können, muß man sich einmal mit den Fakten über die dritte Welt beschäftigen. Was sind denn eigentlich die Entwicklungsländer? Sie sind eine bunte Palette. Die einzige Übereinstimmung, die in den Aussagen gemacht wird, ist, daß alle Entwicklungsländer im Süden der Industriestaaten liegen, also nicht nur auf der Südhalbkugel, wie immer wieder vermutet wird, sondern wirklich im Süden der Industrieländer, wenn man von Australien und Neuseeland absieht, die aber nicht im eigentlichen Sinne Industriestaaten sind. Im übrigen gibt es eine Reihe von gemeinsamen Merkmalen, die dann in Wirklichkeit sehr unterschiedlich aussehen.

Die Produktion landwirtschaftlicher und mineralischer Rohstoffe nimmt in der Wirtschaftsstruktur der Entwicklungsländer einen großen Anteil ein, fünfzig bis siebzig Prozent, in Afrika sind sogar neunzig Prozent der Beschäftigten in diesen Bereichen tätig. Die landwirtschaftlichen Produkte, die Rohstoffgewinnung und die dafür in Anspruch genommenen Dienstleistungen machen vierzig bis sechzig Prozent des Sozialproduktes dieser Länder aus.

Weiterhin sind die Produktivkräfte, wenn man die dritte Welt betrachtet, überall nicht optimal eingesetzt und genutzt, und es herrscht, nicht zuletzt deshalb, ein beachtlicher Kapitalmangel.

Der Punkt, der fast allen gemeinsam ist und der als besonders gravierend von nahezu allen Autoren betrachtet wird, ist das rasante Bevölkerungswachstum, das in keinem Verhältnis zu den vorhandenen wirtschaftlichen Hilfsmitteln steht, die dazu beitragen könnten, diese Bevölkerung zu ernähren und zu unterhalten.

Modernes technisch-ökonomisches Wissen fehlt fast überall zu mehr als neunzig Prozent, und der weithin herrschende Traditionalismus wie auch die festgefügte, statische Gesellschaftsform, die in den meisten dieser Länder anzutreffen ist, verleihen dem wirtschaftlichen und sozialen Leben einen hohen Grad von Starrheit.

Die äußeren wirtschaftlichen und politischen Abhängigkeiten sind überall stark, man denke an die Exportabhängigkeit dieser Länder, an das allgemeine Angewiesensein auf Entwicklungshilfe und an die politischen Bindungen, entweder an ehemalige Kolonialmächte oder an andere Großmächte.

Die gesamte Palette aller dieser Faktoren ist vor allem verantwortlich für den niedrigen Lebensstandard der Bevölkerungsmassen in diesen Ländern. Als Hauptproblem wird dabei wohl zu Recht das Bevölkerungswachstum angesehen. Ein Fachmann, der sich mit den Problemen, wie man dieses Wachstum beherrschen könne, befaßt, der Gynäkologe Heinz Immand[1] macht auf folgendes aufmerksam: Um das Jahr 1800 herum erreichte die Menschheit die erste Milliarde. Ein bißchen mehr als hundert Jahre später, 1930, war man bereits bei der zweiten Milliarde angelangt. Weitere dreißig Jahre später, nämlich 1960, waren es drei Milliarden geworden. Bis zur vierten Milliarde vergingen nur noch fünfzehn Jahre, bis 1975. Die Hochrechnung nach dem, was man mathematisch darüber zu wissen glaubt, ergibt, daß im Jahre 2000 etwa 6,2 Milliarden Menschen auf der Erde leben werden und daß es im Jahre 2025 rund 8,5 Milliarden sein werden.

Die volkreichsten Staaten der Welt sind China mit 1,2 Milliarden, Indien mit 830 Millionen, die ehemalige UdSSR mit 285 Millionen und dann schon die USA mit 251 Millionen Menschen.

Nun muß man sich klarmachen, daß für diese Bevölkerungen der regulierende Faktor, über den sich die Anpassung an den Lebensraum vollzieht, immer die Sterblichkeit ist. Je ungünstiger die Lebensbedingungen, desto kürzer die durchschnittliche Lebenserwartung und desto höher vor allem die Säuglings- und die Kindersterblichkeit. Aus diesen Erkenntnissen heraus ist das entstanden, was man schlicht Familienplanung oder unter Fachleuten «*family planning*» nennt.

Ein Zitat dieses Gynäkologen Immand lautet:

«Die angestrebte und notwendige weitere Senkung der Geburtenrate von rund vier auf rund zwei Kinder pro Frau in den Jahren 2000 bis 2005 setzt eine Revolution des Bewußtseins voraus, einen Umsturz der Lebensformen und Gewohnheiten.»[2]

Was sind denn eigentlich die bisherigen Erfolge der von den Industrieländern mit so viel Aufwand und Propaganda betriebenen Entwicklungshilfe? Darauf antwortet die Weltbank, eines der wesentlichen Instrumente für die Entwicklungshilfe, in ihrem Entwicklungsbericht aus dem Jahre 1990, daß die Entwicklungshilfe dabei versagt habe, die Armut in den meisten Ländern zu reduzieren. Die Armut zu verringern, sei oft nur ein untergeordnetes Ziel der Geldgeber gewesen. Es heißt dort wörtlich:

«Ein Großteil der Hilfe wurde für Zwecke bereitgestellt, die nichts mit Entwicklung zu tun hatten. So wurden beispielsweise von westlichen Geldgebern noch solche Kapitalinvestitionen am meisten gefördert, die ihren eigenen Firmen und Exporteuren dienen.»[3] Die Bilanz der Entwicklungshilfe in den letzten Jahrzehnten hat noch eine andere Seite. Es wird nämlich mit der Darlehenshingabe den Ländern auferlegt, daß sie die Voraussetzungen schaffen, die für dieses Geld gedeihlich sein sollen nach den Vorstellungen der ersten Welt, das heißt, man verlangt die Einführung von Demokratie und Marktwirtschaft. Man ist sich einig darüber, daß diese Auflagen oft strangulierende Wirkungen gehabt haben. Vielfach werden durch diese Auflagen übertünchte ethnische Spannungen wieder ans Tageslicht der Politik gefördert, dann nämlich, wenn Parteien gegründet werden müssen, um Demokratie einzuführen. Denken wir nur an Afrika und die dort lebenden, bis auf den Tod verfeindeten Stämme, die dann plötzlich zu Interessengemeinschaften quer durch diese Stämme hindurch, zu Parteien sich zusammenschließen sollen. Es besteht bei einem derartigen Vorgehen – das wird auch seitens der Weltbank betont – die Gefahr, daß durch die Absetzung der bisherigen Herrscher die Anarchie der Massen zu einer Explosion des Elends führen könne.

Und dann kommt, allerdings nicht von der Weltbank, aber von zuverlässigen Autoren publiziert, die Mitteilung, man höre und staune: Seit 1982 fließt aus den Darlehen jährlich mehr Geld aus den Entwicklungsländern in die Industriestaaten zurück, als an Entwicklungshilfe hingegeben wird.

Schon 1980 hatte *Willy Brandt* bei der Vorstellung des Berichts der Nord-Süd-Kommission gesagt, daß aus Hunger sehr schnell Krieg werden kann. Und er hat wörtlich ausgeführt:

«Es grenzt schon an selbstmörderische Naivität zu glauben, daß zehn Milliarden Menschen im Elend auf Dauer tatenlos zusehen, wie eine Minderheit der Welt die Reichtümer der Erde verpraßt.»[4]

Willy Brandt sprach deshalb schon 1980 von einer Weltinteressengemeinschaft. Wörtlich sagte er:

«Es kann nicht in unserem Interesse sein, daß die Mehrheit der Menschheit weiter verarmt. Dies bedroht, ganz nüchtern betrachtet, unsere eigene Existenz. Deshalb brauchen wir eine neue, internationale Ordnung, eine Ordnung, die in unserem eigenen Interesse Massenelend und Massenhunger ausrottet. Es gibt nur ein gemeinsames Überleben oder kein Überleben.»[5] Das von dieser Seite wiederholte Rezept der Kürzung der Militäretats zugunsten der Entwicklungshilfe hat auf der UNO-Sonderkonferenz 1990 seitens der Industriestaaten eine glatte Absage erfahren, als man nämlich einstimmig ablehnte, einen Fonds «Abrüstung für Entwicklung» zu schaffen.

Diese Dinge sind alle sehr schnell und lapidar festgestellt. Es gibt aber, und das soll man nicht übersehen, große Verständigungsschwierigkeiten zwischen der ersten und dritten Welt. Eines der größten Hindernisse bei dieser Verständigung ist der Zivilisationsstand in der dritten Welt. Die Schwierigkeit der Verständigung beruht vor allem darauf, daß riesige Teile der Weltbevölkerung Analphabeten sind; über fünfzig Prozent sind es in den meisten Entwicklungsländern. Selbst in einem Land wie Brasilien, das ja schon als Schwellenland zum Industriestaat hin bezeichnet wird, liegt der Analphabetismus bei siebenundvierzig Prozent.

Eine wirklich ganz kleine Schicht in diesen Ländern hat eine Bildung, die durch Ausbildung in den Industrieländern die Denkfähigkeit und das Denkniveau in den kapitalistischen Industrieländern erreicht. Vielfach, und das ist eine weitere große Erschwernis, fehlt in der dritten Welt der Mittelstand, oder er ist zahlenmäßig so gering, daß man mit ihm nicht rechnen kann.

Im Gegensatz zu der Lage in den Entwicklungsländern findet in den Industriestaaten eine gleichmäßige Durchdringung der Bevölkerung mit den Ergebnissen der Wissenschaft schon von der Volksschule her statt, denn die Lehrpläne der Volksschule bauen, wenn auch nicht immer, auf den Ergebnissen der Wissenschaft auf. Radio und Fernsehen, ja selbst die Sensationspresse leben weitgehend von den Ergebnissen der Wissenschaft.

Wo liegt der entscheidende Unterschied zwischen dem Norden und dem Süden denn nun wirklich? Wenn ich an diese Frage denke, dann taucht als Erinnerungsbild immer sofort ein Gespräch mit der Frau eines birmanischen Diplomaten auf, das ich vor vielen Jahren einmal in Bonn hatte. Sie klagte über die Situation in ihrem Land, und ich versuchte, sie mit dem Hinweis auf den dort so intakten Buddhismus zu trösten und fragte, wie es denn so mit dem Glück in den Industriestaaten aussehe, sie habe ja lange genug da gelebt, im Verhältnis zu den Glücksvorstellungen in ihrem Lande. Wir kamen in ein langes Gespräch, das damit endete, daß sie mich ganz nachdenklich anschaute und sagte: «But you have the better brains», «aber ihr habt die besseren Gehirne». Wir würden wohl auf deutsch sagen: Ihr habt die bessere Denkfähigkeit.

Die Aussage war in Deutschland gemacht, bezog sich aber dem Gespräch nach auf alle Industristaaten gleichmäßig. Und man muß sagen – das trifft ja auch für Japan zu, denn in Japan herrscht, was die Industriealisierung und die Warenerzeugung angeht, der gleiche Geist wie in Europa und Amerika. Man lese die japanischen Bücher, die bezeichnenderweise alle in englischer Sprache geschrieben sind, über die Eroberung der Weltmärkte mit Kameras, Videorecordern und der Elektronik. Man bekommt nationale Höhenflüge zu sehen, wie ich sie sonst nur aus der preußischen Literatur nach den Siegen von Mars-la-Tour und Sedan kenne.

Wie war das denn eigentlich mit der Entstehung des europäischen Geistes, der sich ja, «cum grano salis» gesprochen, auch auf Amerika – trotz aller anderen hier vorangehenden Darlegungen von Virginia Sease – erstreckt hat? Zeus in der Gestalt eines Stieres entführte Europa, brachte sie nach Kreta und zeugte dort mit ihr Kinder. Das Bild sagt uns doch, daß ein neues Göttergeschlecht mit seinem repräsentativen Vertreter den Mutterkult von der kleinasiatischen Küste nach dem neuen Weltgebiet, nach Europa brachte. Es entsteht Neues, neue Mysterien werden erzeugt, die diesem neuen Göttergeschlecht und der neu anbrechenden Kulturepoche angemessen waren. Was entsteht denn noch? Es entsteht Jahrhunderte später die Philosophie, die sich bald zu weiten Teilen über die Mysterien hinwegsetzt. Das wird oft übersehen. Ich zitierte aus dem «Phaidon» von Platon den Sokrates:

«Was ist die Reinigung denn anderes als die Seele vom Leib zu trennen, sie daran zu gewöhnen, sich zu sammeln und gänzlich in sich zurückzuziehen; und was ist das, was wir Tod nennen, denn eben als diese völlige Loslösung der Seele vom Leib? Die wahren Philosophen aber, und einzig sie, suchen beständig, die Seele zu befreien. Da also die wahren Philosophen beständig über den Tod nachdenken, ist der Tod für sie auch weniger schrecklich als für alle anderen Menschen. Nun begreife ich auch, daß die

Stifter der Mysterien wirklich bedeutend und keineswegs bloße Gaukler waren, als sie vor langer Zeit in einem Bilde zu verstehen gaben, daß derjenige, der ungeheiligt und ohne Weihen in der Unterwelt anlangt, im Schlammstrom liegen müsse, während derjenige, der gereinigt und geweiht dort ankommt, bei den Göttern wohnen werde. Denn viele, so sagen sie in den Mysterien, sind Thyrsosträger, wenige aber Bacchoi, was meinem Verständnis nach die wahren Philosophen heißt.»

Diogenes, der ein etwas weniger freundlicher Mensch gewesen zu sein scheint, antwortete, als er den Rat erteilt bekam, er solle sich doch einweihen lassen, sehr schroff, er wisse nicht, wozu und was ihm das nützen solle, das sei schlicht Unsinn. Platons Spott in der «Politeia», wonach man nur ein Schwein zu opfern habe, um Zugang zu den Mysterien zu erhalten, bezieht sich – darüber ist man sich absolut einig – auf die Masseneinweihungen in Eleusis, die damals eben den Niedergang der Mysterien einläuteten. Zu diesem Thema gibt es weitere Stellen in der Einleitung des Buches von Edgar Wind «Heidnische Mysterien in der Renaissance».[6] Aus alledem kann man schließen, daß die Philosophie, zumindest in der äußeren Welt, an die Stelle der Mysterien tritt.

Ich mache einen großen Sprung hin zum Sieg des Nominalismus und der sich daraus ergebenden Aufklärung, die das Transzendentale als etwas nicht Greifbares und deshalb für sie nicht Daseiendes wegfegt, die die Vernunft als Schlüssel zur Freiheit entdeckt. Kant ist der Mann, der sowohl im deutschen Sprachraum als auch weltweit für diese Entwicklung steht.

Schon in der Französischen Revolution war Gott abgesetzt worden, denn er hatte ja, da man ihn nicht mehr brauchte, nichts zu tun. Daher kommt unser Wort:

«Mir geht es wie Gott in Frankreich.»

Aus dem Vernunftdenken entwickelt sich auch in Deutschland, trotz der Goethezeit, das abstrakte Denken. Wenn wir über das abstrakte Denken sprechen, sind wir auch gleich bei der Wissenschaft. Beide sind ja in anthroposophischen Kreisen Reizworte, und deshalb möchte ich gerne *Rudolf Steiner* selber sprechen lassen, der so sehr schön dargelegt hat, was das abstrakte Denken und die Wissenschaft bedeuten, und zwar in «Kosmologie, Religion und Philosophie»[7] im zweiten Vortrag vom 7. September 1922:

«Dieses abstrakte Denken erlebt nichts Wirkliches. Es ist wie herausgepreßt, herausfiltriert aus der Imagination. Was erlebt wird, ist Schein. Was wir im abstrakten Denken erleben, ist Scheinerleben gerade dadurch, daß wir vollbewußt werden in diesem Denken. Zweierlei können wir in diesem Denken erleben. Gerade indem das Denken nur ein Scheinleben hat, bildet sich im Scheinleben die äußere Welt ab, und es erscheint bildhaft die Substanz der äußeren Naturvorgänge. So verdankt die Menschheit ihren Fortschritt dem Umstande, daß sie sich ihr Vollbewußtsein in einem denkerischen Scheinerleben errungen hat, der objektiven Naturwissenschaft.

Ein Zweites, das der Mensch diesem Aufschwung zum abstrakten Denken verdankt, ist sein Erleben der Freiheit. Was man als moralische Impulse durch Imagination, Inspiration und Intuition erlebt, wenn man es, wie in alten Zeiten, traumhaft erlebt, übt immer auf den Menschen einen Zwang aus. Und das, was aus einer wirklichen ätherischen Welt herausgeholt wird in der Imagination als moralische Impulse, das zwingt mich: man kann nicht anders, als ihm zu folgen.»

Steiner zeigt dann weiter, daß, wenn das Moralische in der Sphäre des abstrakten Denkens wahrgenommen wird, es als ein Spiegelbild erscheint. Er sagt, ein Spiegelbild stößt nicht, es kann mich nicht zwingen. Ich bin frei. Ich kann mich entscheiden, ob ich mich moralisch verhalten will oder ob ich das eben im Spiegel nur anschaue.

Für beide Errungenschaften, die Wissenschaft und die Freiheit in der Entscheidung zum Moralischen hin, habe ich zwei bildhafte Beispiele. Das Beispiel über die Wissenschaft ist aus einem Vortrag von Carl Friedrich von Weizäcker.

«Der primitive Junge aus irgendeinem Dorf in der Welt, der wenig von seinen Göttern und nichts von der Wissenschaft weiß, lernt, wie man auf das Gaspedal tritt, und der Wagen rollt. Der europäische Christ und der europäische Skeptiker leben ihres gemeinsamen, unreflektierten Glaubens an die Technik, wenn immer sie beim Betreten eines Zimmers am Schalter knipsen und erwarten, daß das Licht aufleuchten wird. Der romantische

Schriftsteller, der ein Buch gegen das Weltbild der Naturwissenschaft geschrieben hat, ruft seinen Verleger telephonisch an, weil er sich beim Korrekturlesen verspätet hat, und schon durch diese kleine Handlung beugt er sich vor dem Gott, den er in seinen bewußten Gedanken verwirft. Und wenn das Auto, das elektrische Licht, das Telephon einmal nicht funktionieren, so werfen wir nicht der Wissenschaft vor, sie sei falsch, sondern dem Apparat, er sei kaputt oder schlecht gemacht. Wir messen ihn am Maßstab unseres Glaubens an die Wissenschaft. So groß ist unser Wissenschaftsglaube.»[8]

Und dann eine kleine Anekdote zur Freiheit von moralischen Zwängen: Ein Freundeskreis um Schopenhauer hielt ihm eines Tages vor, er gebe ja sehr viele moralische Hinweise in seinen Schriften, aber wenn man so sein Leben ansehe, dann könne man doch große Bedenken haben, ob er denn das wirklich erlebe und darlebe. Da sah Schopenhauer mit leichtem Lächeln seine Umgebung an und sagte:

«Aber, ihr Lieben, ein Wegweiser geht nicht mit!»

Rudolf Steiner sagt in dem zitierten Vortrag: Das abstrakte Denken ist gegenüber dem Geistigen in Wahrheit aber deplaziert. Die Menschheit hat die Stufe der Freiheit und die Stufe der Wissenschaft errungen – notwendige Dinge; aber nun ist die Zeit gekommen, wo der Aufschwung durch Tätigsein im Geiste jedes einzelnen durch Übung erreicht werden muß, um die Stufen zur Imagination – und er sagt, es wird sich dann ergeben die neue Philosophie –, zur Inspiration – es wird sich dann eine wieder neu verstandene Kosmologie ergeben – und zur Intuition zu gehen, wo wieder eine echte Verbindung zum Religiösen hin entstehen wird.[9] Das muß jetzt geschehen, diese Schritte müssen gemacht werden.

Aber eines steht fest: das abstrakte Denken mit seinen beiden Ergebnissen – der modernen Naturwissenschaft und dem persönlichen Freiheitserlebnis des einzelnen – bestimmt das gesellschaftliche Verhalten der Industrieländer heute. Darüber sollten wir uns nicht täuschen. Es ist somit auch Grundlage des Denkens über alle Maßnahmen für die Entwicklungsländer.

Wie sieht denn nun das Bewußtsein, und damit das Denken,

in diesen Entwicklungsländern aus? Ich könnte sagen: Sehr verschieden; aber das ist natürlich keine Antwort. Ich will es auch nicht abstrakt erklären, sondern ich möchte einige Erinnerungsbilder persönlicher Erlebnisse, die ich in diesen Ländern oder in Gesprächen mit Vertretern der Entwicklungsländer gehabt habe, schildern. Mein berufliches Schicksal hat mich in diese Situationen gebracht. Ich bin seit fünfunddreißig Jahren in der Forschungsförderung tätig und habe seit etwa 1970 intensiv mit den Akademien und Forschungsinstitutionen der Entwicklungsländer verhandelt, mit ihnen Verträge geschlossen, seit dem Zeitpunkt, in dem nämlich das Nationalbewußtsein in diesen Ländern so erwacht war, daß europäische Forscher dort nicht mehr tätig sein können, ohne daß man Abkommen besitzt, durch die Gegenseitigkeit verbürgt ist.

Das erste Erinnerungsbild ist ein Gespräch, das in Deutschland mit dem *Dalai Lama* stattfand. Er war gekommen, um die deutschen Wissenschaftsorganisationen zu besuchen und mit ihnen über einige Dinge zu sprechen. Er fing damit an, daß er sich für die großzügige Art bedankte, in der seinen jungen Leuten Stipendien in Deutschland gegeben wurden, um Naturwissenschaften, Medizin, Technik und so weiter zu studieren. Dann sagte er, er habe nur einen großen Kummer. Die jungen Tibeter hätten eine große Affinität zum deutschen Wesen, zur deutschen Sprache, sie lernten das alles mühelos und schnell, und sie tauchten dann so tief in das Deutschtum unter, daß sie fast alle deutsche Mädchen heirateten und damit für ihr eigenes Volk verlorengingen. Er bat um Hilfe in dieser Sache. Wir haben ihm gesagt: Eure Heiligkeit, wir können nicht helfen. Wir können Geld für Ihre Leute stellen, wir können ihnen Ausbildungsplätze beschaffen, wir können dafür sorgen, daß sie gut behandelt werden, daß sie wirklich viel lernen. Im übrigen sind sie alle sehr tüchtig, wie wir wissen; aber wir haben keine Befehlsgewalt über sie, um sie daran zu hindern, sich in Deutschland oder in England und anderen Industrieländern zu verheiraten. Er sagte: Ja, aber es sei eben so wichtig, daß er die jungen Leute zurückbekäme, und die müßten ja dann noch eine Ausbildung in dem eigenen Bereich durchmachen. Als wir fragten, worum es sich denn handele, sagte er, bei ihnen könne doch niemand auf einer höheren Ebene tätig werden, der nicht Lama sei. Und auf meine Frage, wie lange denn diese Ausbildung dauern werde, erwiderte er, sie dauere neun Jahre. Eine Ausbildung in der Esoterik unter neun Jahren sei nicht möglich. Wir hielten ihm entgegen, daß eine Ausbildung in Naturwissenschaft oder Medizin, die neun Jahre unterbrochen, abgebrochen werde, eigentlich wertlos sei, und daß man doch wohl einen anderen Weg finden müsse. Im Gespräch wurde dann der Vorschlag gemacht, man möge doch eine Universität im nordindischen Fluchtgebiet der Tibeter errichten und dort möglicherweise die beiden Ausbildungen, wenn das ginge, parallel laufen lassen. Aus der Presse habe ich entnommen, daß diese Universität mittlerweile errichtet ist.

Eine ganz kleine Nebensächlichkeit erinnert an das auch hier schon erwähnte Verstehen, ohne daß man die Sprache versteht. Als wir den Dalai Lama zur Tür brachten und dort eine Flotte von großen Mercedeswagen mit dem Betreuer, einem katholischen Weihbischof, vorfuhr, sagte einer unserer jungen Leute auf deutsch und verhältnismäßig leise: Also, selbst wenn man heilig ist, kann man offenbar auf einen Mercedes nicht verzichten. Der Dalai Lama, der Deutsch wirklich nicht versteht, wandte sich zu dem jungen Mann und sagte auf englisch: Sie haben völlig recht. Man kann auch nicht verzichten. Das Rad der Geschichte dreht sich nur vorwärts, und wir müssen mit der Naturwissenschaft und der Technik leben, wenn wir tatsächlich in der heutigen Zeit leben wollen.

Ich finde diese Aussage zu dem kleinen Geschehen am Rande so interessant, weil sie zeigt, was Spiritualität, auch eine alte Spiritualität, wenn sie lebendig ist, eben in der heutigen Zeit tatsächlich an Erkenntnissen bringt.

Das zweite Erlebnis führt uns nach Korea. Es war wohl im Jahre 1976, wir waren mit einer Delegation vom koreanischen Forschungsminister eingeladen, der Verbindungen zur deutschen Wissenschaft haben wollte als Gegengewicht gegen die in Südkorea vorherrschenden Amerikaner. Er gab uns als Begleiter, denn wir sollten erst einmal die Einrichtungen der koreanischen Wissenschaft sehen, einen jungen Chemiker, der acht Jahre in München Chemie studiert hatte, promoviert war und schon einige Patente besaß. Er war ein ausgesprochen begabter und, wie wir dann selber erleben konnten, wirklich auf der Höhe westlicher oder industriestaatlicher Bildung stehender Mann, der organisieren konnte, der alles zum Klappen brachte; mittlerweile ist er der

Präsident der Großforschungseinrichtung der Chemie und Pharmazie in Korea.

Wir fuhren ein bißchen aus Seoul heraus, um ein Institut zu besichtigen, und die anderen Wagen verloren den Anschluß. Er ließ unseren an einer Waldecke anhalten, und wir stiegen aus. Ich sah einen großen Felsen, in dem in koreanischen Schriftzeichen eine Inschrift eingeschlagen war. Um den Felsen herum waren Blumen aufgestellt, und ich frug diesen jungen Chemiker: Ist das ein Denkmal für irgendeinen Berühmten? Er schaute kurz auf, sah mich dann sehr nachdenklich an und sagte: Das ist das Denkmal, das ein Sohn seinem Vater errichtet hat. Es ist der Ahnenkult. Dann wurde sein Gesicht ganz traurig, und er sagte: Wissen Sie, ich werde dieses Glück nicht haben, durch die Erinnerungskräfte eines Sohnes später, nach meinem Tode, am Leben gehalten zu werden. Denn ich habe keinen Sohn. Durch das «*family planning*», durch die Familienplanung dürfen wir, wenn wir im offiziellen Dienst sind, nur zwei Kinder haben. Ich habe zwei Kinder, zwei sehr liebe Töchter, die ich sehr liebe, aber die nützen mir dazu gar nichts: Ahnenkult ist Männersache. Wir können also nur zur Kenntnis nehmen, daß uns durch die Situation in unseren Ländern unsere Vergangenheit abgeschnitten wird.

Wenn man sieht, wie dieser Mann, der wirklich auf der Höhe der Industriezivilisation steht, auf der anderen Seite diese Rückbindung an das Alte hat, dann würde ich daraus glauben schließen zu dürfen, daß er die Stufe der Abstraktion nicht völlig erreicht hat, auch wenn man das nicht so merkt; die moralische Freiheit in unserem Sinn ist nicht sein Gebiet.

Hongkong, das auf dem Rückweg bei all solchen Flügen liegt, ist eine Insel, die uns beim Betreten wie mit einem Zauber befällt. In Hongkong ist es nicht nur schön. Folkert Wilken hat einmal in einer Vorlesung gesagt: Das Reich von dieser Welt wird in der modernen Wirtschaft unendlich. Dort können wir erleben, daß das Reich von dieser Welt unendlich werden kann. Es gibt alles zu kaufen, und wir brauchen unser westliches Bewußtsein wirklich unter großer Kraftentfaltung, damit wir nicht einem Kaufrausch verfallen, denn alles ist ja auch noch billiger als hier. Also sind wir durch die Straßen gegangen, haben ein paar Kleinigkeiten gekauft, und dann habe ich mich so umgesehen, und da fielen mir plötzlich Worte aus einem der zeitgeschichtlichen Vorträge Rudolf Steiners ein, der einmal dargelegt hat, daß die Angelsachsen ja im Grunde genommen gar keinen Krieg wollen, daß Krieg sie eigentlich nur störe, denn sie wollten Handel treiben. Und er sagt dort dem Sinne nach: Sie wollen die Welt in ein Warenhaus verwandeln.[10] In Hongkong ist dies der englischen Kolonialmacht gelungen; doch Steiner sagt weiter: «Aber das darf auf keinen Fall geschehen.» Als ich dann vom Peak, also von der höchsten Stelle, auf Hongkong hinabsah, hatte ich plötzlich das Gefühl, es ist wie magisch verwandelt, es strahlt einen Zauber aus, und es kam mir der Gedanke: Du bist im Reiche eines Zauberers, und dieses Klingsor-Gefühl, so möchte ich es nennen, hat mich auch immer wieder gepackt – und ich war oft in Hongkong –, wenn ich dort ankam.

Die Philippinen sind das Armenhaus der Welt. Die Universitäten sind in Ordnung; nicht so schön wie in Hongkong, wo die chinesische Universität weit besser ist als viele bei uns; aber einige Universitäten und viele der auf den Philippinen ausgebildeten Wissenschaftler haben den Standard der Industrieländer. Nur – sie gehören zu den Schichten, die in den Philippinen ein Ghettodasein führen. Wenn wir einen der Assistenten oder Professoren sprechen wollten, dann fuhren wir mit dem Taxi an riesige Gitter, nicht nur in Manila, auch in anderen Städten. Wir wurden am Tor von Polizei empfangen, die schwer bewaffnet ist, Privatpolizei, die von den Bewohnern dieser Ghettos bezahlt werden muß. Wir mußten den Paß vorzeigen und konnten erst einfahren, als der Gastgeber telefonisch bestätigt hat, daß man uns erwartete.

In Indien und China habe ich jedesmal, wenn ich in die großen Städte komme, große Schwierigkeiten zu erleben, daß ich eine Individualität bin. Wenn man in diesen Massen untergeht, hat man das Gefühl, zum Stamme der zweibeinigen Ameisen zu gehören; aber die eigene Individualität zu bewahren, kostet wirklich große Kraft. In beiden Ländern gibt es zum Teil hervorragende westliche oder industriestaatliche Wissenschaft.

Ich erinnere mich an ein Gespräch mit dem Präsidenten der indischen Akademie, der wissen wollte, ob es wirklich stimmt, daß bei uns nach dem Pillenknick die Universitäten anfangen, sich zu leeren, und ob wir überlegen, daß wir mehr Forschung betreiben können, weil ja die Universitäten nicht mehr so besetzt sind. Damals war noch nicht an eine Wiedervereinigung zu denken, und ich bejahte, daß wir bei solchen Überlegungen seien.

Und er sagte: Mein Gott, wenn wir doch einmal in diese Situation versetzt würden! Statt dessen ist unsere Bevölkerung im allgemeinen der Auffassung, daß dem die Weltherrschaft im nächsten Jahrtausend gehören wird, der die meisten Menschen hat. Und deshalb nützen alle Familienplanungsbemühungen überhaupt nichts; es gibt nur eines, wovon der einfache Inder besessen ist: Kinder zu zeugen – damit wir größer werden als China. Ich habe das nachgeprüft und habe diesen Gedanken überall bestätigt gefunden. Mittlerweile weiß es auch die Demographie, die Bevölkerungswissenschaft.

Ein weiteres kleines Erlebnis, wobei es ja immer um das Verstehen geht: Ein Physiker, der in Indien bekannt ist, Professor Nagchandrí, mit dem ich über dieses Verstehen sprach, sagte mir: Es gibt einen, der uns Inder wirklich verstanden hat. Das ist der ehemalige Leiter des Goethe-Instituts, *Heimo Rau*, der hat in der Kunsthistorie nicht nur das Äußere der indischen Kunst dargestellt, sondern er hat sie wirklich verstanden, wie Sie aus seinen Texten sehen können. Er empfahl mir, mich doch auch mit Heimo Rau in Verbindung zu setzen. Als ich ihm sagte, ich esse sowieso bei ihm heute zu Mittag, war er dann ganz beruhigt. Heimo Rau ist bekanntlich Anthroposoph.

Ein alter Engländer, der schon zu Kolonialzeiten dort war, sagte mir nach einem Essen: Wissen Sie, was haben diese Inder aus unserem schönen Indien gemacht! Was hat es hier für Plantagen gegeben! Was hat es hier an Nahrungsmittelproduktion gegeben! Und dann sind diese Kerle gekommen und haben sich unter drei Palmen gesetzt, haben eine Hütte gebaut und waren damit zufrieden. Ich habe darauf gefragt: Ja, wollen wir nicht einmal anfangen, über die unterschiedlichen Glücksvorstellungen nachzudenken, die den Europäer von dem Asiaten trennen, die die Entwicklungsländer von dem trennen, was die Industrieländer ihnen als Glück zu offerieren wünschen und wagen? Nun, wir sind nicht zu wesentlichen Ergebnissen gekommen.

Afrika ist so mit Bildern über die Hungerkatastrophen in aller Bewußtsein, daß ich nur zwei Erlebnisse schildern will. Es gibt in Afrika nur an einigen Stellen wirklich gute Wissenschaft, das heißt wirklich auf der Ebene der Industriestaaten stehendes Denken bei verhältnismäßig wenigen Leuten. Das liegt wohl nicht zuletzt daran, daß es wenige Hochkulturen in Afrika gibt, an die in der Entwicklung angeknüpft werden könnte. Deshalb spielen meine beiden Erlebnisse auch im Norden, im arabischen Raum, in Ägypten und in Marokko. In Ägypten ist sehr gute Wissenschaft vorhanden. Es gibt eine gute Ausbildung für junge Leute; aber kaum sind sie fertig, begegnen sie der Armut Ägyptens und können dort eigentlich nicht leben oder wollen, nachdem sie auf dieses Niveau gehoben worden sind, auch nicht mehr da leben, und dann erliegen sie der Abwerbung. Die Ölstaaten holen sich ihre meisten Wissenschaftler aus Ägypten, wenn sie sie nicht aus Amerika oder auch aus England anwerben. Die ägyptischen Wissenschaftler dürfen vier Jahre dort bleiben, dann müssen sie zurückkehren, wenn sie nicht ihre Anstellung in Ägypten verlieren wollen. In diesen vier Jahren müssen sie so viel verdienen, daß sie dann wieder vier Jahre in Ägypten einigermaßen vernünftig mit ihrer Familie leben können, und dann – nichts wie wieder weg! Das heißt, es gibt in Ägypten keinen wirklich seßhaften Mittelstand und damit auch keinen Aufbau in dem Sinne, daß er zu einer wirklich brauchbaren Sozialgestaltung führen könnte.

Wir haben die Institute besucht. Sie sehen erstaunlich schlecht aus für das, was herauskommt, und die Unzufriedenheit der Oberschicht ist auch entsprechend. Es gibt einige, die sagen; «Inshallah – wie Gott will» und sich in dieses Schicksal ergeben. Aber es gibt immer mehr, die aus Unzufriedenheit ihre Ausbildung dann den Fundamentalisten des Islam zur Verfügung stellen. Es wird auch in Ägypten eine große Bewegung in dieser Richtung geben. Ich glaube, man muß kein Prophet sein, um dies vorauszusagen.

Ich ging in Rabat, der Hauptstadt von Marokko, mit einem Chemiker spazieren, der acht Jahre in der DDR bei Leuna gearbeitet hatte und der mich zu meinem Amüsement in gutem Sächsisch unterhielt. Wir sprachen über die Pläne, die dort bestehen, durch Sonnenenergieanlagen das Meerwasser in Wasserstoff und Sauerstoff zu spalten und den Wasserstoff als Energiequelle zu benutzen, ihn mit einer Pipeline über die Meerenge von Gibraltar nach Spanien und von dort weiter in das übrige Europa zu pumpen und auf diese Art und Weise die Frage der Atomenergie zum Verschwinden zu bringen. Natürlich ist Marokko an derartigen Plänen interessiert. Es gibt also eine Zusammenarbeit mit

Deutschland und mit Frankreich zur Verwirklichung derartiger Pläne.

Wir waren während dieses Gesprächs plötzlich am Judenviertel angelangt, und ich konnte die Frage nicht unterdrücken: Ihr seid doch ein arabisches Land, und ihr habt hier ein so großes Judenviertel, und ich habe eigentlich nicht gehört, daß es bei euch Unruhen gegeben hat, auch in den teilweise so gespannten Zeiten. Und da sagte er: Aber wir haben doch auch gar nichts gegen die Juden, wir Araber, wir haben nur gegen die etwas, die dieses verdammte Prioritätsgefühl uns gegenüber haben. Und ich bat: Das müssen Sie ein bißchen näher erläutern. Daraufhin sagte er: Sie haben offenbar die Bibel nicht richtig gelesen, sonst wüßten Sie doch: Abraham zeugte mit einer Sklavin Ismael, und der wurde der Stammvater der Ismaeliten, also der Araber. Und er zeugte Isaak, das war die Linie, die in das jüdische Volk einmündete. Er zeugte ihn mit seiner Ehefrau. Und wenn Sie je begreifen, was bei uns als Verständnis lebt, dann wissen Sie: Der Sohn der Ehefrau ist der Herr, und der Sohn der Sklavin ist der Sklave. Wir sind nicht bereit, Sklaven zu sein. Als ich ihm sagte, aber das ist doch etliche Tausende von Jahren vergangen, wurde er ganz lebhaft und sagte: Sie müssen hier öfter herkommen, damit Sie lernen, das zu begreifen.

Costa Rica ist das Land in Mittelamerika, das die Sehnsucht aller Linken und aller Idealisten erfüllt hat. Es hat das Militär abgeschafft, es hat die Waffenproduktion, so klein sie war, abgeschafft und hat alles Geld in die Erziehung gesteckt. Es gibt sehr gute Schulen, es gibt sehr schöne Universitäten, vor allen Dingen die Universität in San José, der Hauptstadt. Sie ist sehr stark US-amerikanisch beeinflußt, aber sie ist wirklich hervorragend. Es gibt eine gute Zusammenarbeit auch mit europäischen Ländern. Ich geriet zufällig in ein Institut, das eine Zusammenarbeit mit dem Freiburger Immunologischen Institut hatte. Ein Wissenschaftler trug mir die Pläne vor, und ich sagte, das kommt mir alles so bekannt vor. Da lachte er, nannte mir seine Partner für die Zusammenarbeit, und dann war mir sehr schnell alles klar.

Aber es gibt etwas Bemerkenswertes. Diese Universität in San José hat etwas, wovon wir immer träumen. Sie hat eine wirklich integrierte Kunstfakultät. Und die Studenten, die dort Naturwissenschaften, Medizin oder Philologie studieren, sind zum großen Teil auch in dieser Kunstfakultät eingeschrieben. Als ich an einem Wochenende den Campus besuchte, wo ja sonst eigentlich immer großes Ausgestorbensein herrscht, standen überall die Staffeleien, und man malte. Es ist also wirklich eine echte Verbindung zur Kunst, die dort entstanden ist. Man sieht, was aus der Abschaffung des Militärs alles werden kann! Mexiko ist eines der armen Länder mit einer kleinen, aber sehr reichen Oberschicht. Es gibt praktisch sehr viel wissenschaftliche Bildung und Ausbildung, teilweise gar nicht schlecht, aber unter Umständen, die für uns kaum vorstellbar sind. Die Universität Mexico City hat dreihunderttausend Studenten, hat einen Campus, der also einer mittleren europäischen Stadt entspricht, mit Vorfahrtstraßen und -regelung, mit einer eigenen Polizei. Ich wollte den Vizepräsidenten für Forschung sprechen. Es dauerte fast eine Stunde, bis ich ihn gefunden hatte. Er war kein Mexikaner, sondern ein Armenier. Er empfing mich lachend und sagte auf deutsch: Na, haben Sie mich doch noch gefunden? Das spricht für Sie. – Also, man sieht, das Durcheinander ist ziemlich groß. Es gibt gerade in der Oberschicht, die ausgebildet wird und die nun nicht von reichen Eltern stammt, nur ein Bestreben: aus Mexiko herauszukommen.

Die USA wissen, was die illegale und legale Immigration für sie bedeutet, und sie wissen auch, was es für Kummer macht, wenn vom Süden der Vereinigten Staaten her sich das Spanische ausbreitet. Es gibt Forschungsvorhaben der *Ford Foundation*, die auszurechnen versuchen, wann die USA Spanisch sprechen werden. Wenn wir im Süden der USA einen Laden betreten, dann lautet der Gruß nicht «good morning», sondern «buenos días». Wir werden auch erst auf spanisch gefragt, was wir wollen; erst wenn wir auf englisch antworten, dann fällt man ins Englische – mit wenig Vorliebe.

Was man noch beachten muß, ist das indianische Christentum. Selbst in Mexico City habe ich gesehen, wie Indianer in einem tranceartigen Zustand auf den Knien in die großen Kathedralen hineinrutschen, Räucherkerzen oder brennende Kerzen in den Händen und in einem Zustand, den wir in Europa nicht mehr kennen, völlig hingegeben an das, was da als Überirdisches lebt. Sicherlich sind sie wohl nicht an den Christus hingegeben, den wir in unserer Weise und mit unserem Denken zu erkennen glauben. Alle Gespräche, die ich mit Mexikanern darüber geführt habe, haben das nur bestätigt.

Brasilien ist das Land der tausend Möglichkeiten, aber auch der riesigen sozialen Spannungen, nicht zuletzt aufgrund der galoppierenden Inflation und der darauf wohl basierenden Rate der Kriminalität, die für uns zu unserem Glück nahezu unvorstellbar ist. Teilweise hat es gute Universitäten. Es ist ja ein Schwellenland. Es gibt dort vielfach Leute, die eine Bildung besitzen, auch eine technische Bildung, die der unseren entspricht. Aber es gibt auch ganz anderes: In Brasilia, der merkwürdigsten Stadt, die ich überhaupt je gesehen habe, hatte ich ein Erlebnis, das mich sehr beeindruckt hat. Ich wurde in eine große Schule geführt, so ein Zwischending zwischen Oberschule und Universität, und ich kam in die Kapelle dieses Mädchengymnasiums. Wie mir gesagt wurde, sei dort eine besonders schöne Architektur. So war es auch: Farbenspiele riefen die modernen Glasfenster hervor, und in der Ecke stand eine große Büste. Ich fragte, wer das sei. Es war *Don Bosco*. Als ich zu erkennen gab, daß ich darüber nicht viel wisse, wurde mir gesagt, Don Bosco war ein Geistlicher, der vor hundertfünfzig oder zweihundert Jahren über die Hochebene von Brasilien gezogen ist. An der Stelle, wo heute Brasilia steht, hatte er die Schauung, daß hier der Mittelpunkt der lateinamerikanischen Welt sein werde. Es hat lange gedauert, aber schließlich hat man aufgrund dieser Schauung Brasilia gebaut. Diese Stadt, die völlig aus dem abstrakten Denken entstanden ist, stellt ein Flugzeug dar. Im Cockpit des Flugzeugs sind die Regierungs- und Parlamentsgebäude untergebracht, im Rumpf die Wohngebiete, in den Flügeln bestimmte andere Sachen. Insbesondere die Frauen der Wissenschaftler sagten mir: Eine unmögliche Stadt; denn in der einen Tragfläche ganz am Ende sind alle Banken, gegenüber sind alle Versicherungen, am Schwanz des Flugzeugs sind die Supermärkte, so ist das alles verteilt. Und Sie können nicht irgendwo anders in der Stadt etwas bekommen. Also, ohne Auto ist hier gar nichts zu machen.

Über das Abholzen der Wälder, um sich eine Bodenreform zu ersparen, damit man den armen Leuten in den abgeholzten Gebieten, die ja doch unfruchtbar sind, etwas abtreten kann, brauche ich nichts zu sagen.

In Chile gibt es etwas, was neben den sehr guten Universitäten beeindruckt. Ich habe gefragt, eigentlich fast unhöflich, wie sie zu so guten Universitäten kommen, und sie haben lachend geantwortet: Weil wir eine andere Art der Einwanderung gehabt haben. Bei uns sind nicht die dritten oder vierten Bauernsöhne aus Europa eingewandert, sondern bei uns sind Angehörige des Mittelstandes herübergekommen mit einer ganzen Menge Geld, das sie mitgebracht haben. Sie haben hier Brauereien, Fabriken, Unterrichtsstätten und vieles andere eröffnet, und ihr Deutschen seid ja nicht wenig daran beteiligt. Sie haben mich dann in den Süden geflogen, wo man eben wirklich in den Orten noch Deutsch spricht, wo also «Feuerwehr» und «deutscher Club» nicht die einzigen Worte auf deutsch sind, die an der Wand geschrieben stehen.

All das war durchaus schon beeindruckend. Aber das, was ich dann interessant fand, war, daß in allen öffentlichen Gebäuden, insbesondere in den großen Universitäten, überall Deckengemälde sind, auf denen die «Conquista», also die Einwanderung und Eroberung des Landes, dargestellt wird – obschon sie ja die Indianer, nämlich die Araukanier, nie besiegt haben. Diese waren viel zu kriegerisch, und sie haben, das stellt das Gemälde dann auch jeweils dar, sich mit ihnen vermischt.

Sie sind stolz auf diese Vermischung mit den Indianern. Ein Abschnitt in diesen Gemälden zeigt immer die neue Rasse, wo aus den Weißen, die da einwandern, und den Roten, die da abgebildet sind, diese mestizenhaften Gesichter dann hervortreten, die nunmehr die Beherrschung dieses südlichen Landes in die Hand nehmen. Ich weiß nicht, inwieweit das Ideologie und inwieweit es Wirklichkeit ist. In den führenden Schichten sind mir fast nur ehemalige Spanier, Franzosen und Deutsche begegnet; wenige haben die Gesichter der Mestizen an sich getragen.

Bemerkenswert war ein Gespräch mit dem Rektor der Universität Concepción, der meine Frau und mich in Deutschland besuchte. Als wir so nach einem etwas ausgedehnten Essen ein bißchen warm miteinander geworden waren, sagte er: Was macht ihr Deutschen eigentlich? Ihr liefert lauter Waren und Industrie in die Welt und gebt große Kredite, wir sind euch also dankbar. Aber das wollen wir doch von euch alles nicht! Was wir von euch wollen, ist doch Kultur! Warum, um Gottes willen, seid ihr denn so wirtschaftlich geworden, warum seid ihr denn derartig dem Industrierummel verfallen? Und er erzählte dann, daß er mit sei-

234

ner ganzen Familie, mit allen Kindern, alle zwei, drei Jahre nach Deutschland kommt, Bayreuth besucht, um an den Wagner-Festspielen teilzunehmen, daß er immer in allen Städten Theateraufführungen besucht, daß er sich über die Neuerscheinungen auf dem Gebiete der Philosophie auf dem laufenden hält, daß er eben nach Deutschland schaut. Er sagte dann wörtlich: «So wie zur Goethe-Zeit: das erwartet die Welt von euch! Aber nicht die ganze Industrieproduktion!»

Was haben wir denn eigentlich quer über die Welt verteilt vorgefunden? Große Stellen, wo die Empfindungsseele, wo die Verstandes- und Gemütsseele und sehr wenige Stellen, wo die Bewußtseinsseele anzutreffen ist. Nur die Menschen in den Industrieländern oder die nach ihrem Muster erzogenen und wissenschaftlich gebildeten Schichten der Entwicklungsländer haben die Fähigkeit zum abstrakten Denken entwickelt, aber nicht immer gepaart mit der Fähigkeit zu einem wirklichen Freiheitserleben.

Teilweise ist bei diesen Schichten auch zu beobachten, daß aufgrund ihrer Denküberlegenheit sich alle anderen wenig liebsamen Triebe nunmehr mit Geschick in Taten umsetzen. Ungezügelte Besitzgier, Mißbrauch der Entwicklungshilfe, was uns immer wieder berichtet wird, Machtanmaßung aufgrund der überlegenen Denkfähigkeit: das alles sind Erscheinungen, die einem dort unmittelbar und teilweise in erschreckender Form entgegentreten.

Doch gibt es viele gerade in diesen so gebildeten Schichten, die den Willen haben, mit den Fähigkeiten des abstrakten Denkens, das sie erworben haben, die Misere in ihrem jeweiligen Land zu überwinden. Es existieren viele Ansätze dieser Art und ebenso viele Enttäuschungen. Teilweise resultiert daraus bei den Angehörigen dieser Schichten – selbst bei ihnen, bei den anderen sowieso – ein Haß gegen die Knebelung durch die westlichen Geldgeber, insbesondere durch die Weltbank und den Internationalen Währungsfonds. Ein Aufbegehren gegen die Unterdrückung von außen durch die überkommenen Herrschaftsstrukturen ist allen Schichten gemeinsam, insbesondere je stärker die Armut in einem Land ausgeprägt ist, desto größer ist das Aufbegehren und desto stärker ist der Wille, diesen Zustand auf die eine oder andere Art zu zerbrechen.

Wir empfinden natürlich sofort die Frage: Was kann man denn eigentlich tun, oder was muß man tun? Hat es überhaupt einen Sinn, irgendwo anzupacken? Wenn wir vor diesem Bild der dritten Welt stehen, an welcher Stelle auch immer, haben wir eigentlich das Gefühl der völligen Machtlosigkeit, ja der Sinnlosigkeit. Wenn wir uns aber davon erholen, dann empfinden wir das, was sich vor uns als ein Zeitgeschehen abspielt, als einen Aufruf des Zeitgeistes, nicht beiseite zu gehen und zu sagen, da kann man ja sowieso nichts machen, es ist einfach hoffnungslos, diese Welle wird über uns wegrollen, und man weiß eben nicht, was wird, sondern man hat das Gefühl: Hier muß man tätig werden! Es ist das, was Sergej Prokofieff so formuliert hat: Man kann nicht hoffen, daß man alles aufhalten kann, daß man alles verhindern kann. Aber wenn man aus einem neuen Geiste heraus, nicht aus dem abstrakten Denken, sondern aus dem einen Schritt weiter geführten Denkens heraus, in dieser Welt Keime setzt, kann es möglicherweise in der Zukunft eine Hoffnung geben, daß eine Überwindung der derzeitigen Zustände eintreten kann.

Dazu muß man aber etwas im eigenen Bereich haben. Man muß nämlich vorzeigen können, daß es andere Anfänge gibt als solche, wie sie in der Industriewelt ansonsten leben. Wenn wir sonst sagen: Ihr müßt die Landwirtschaft anders betreiben, ihr könnt die Industrialisierung nicht so machen – dann ist das Argument: Du willst doch nur nicht, daß wir konkurrenzfähig werden; deswegen kommst du uns jetzt mit solchen Hinweisen; oder es heißt: Wir können uns eure Neuerungen mit Umweltschutz und anderer Industrieplanung, auf die ihr ja jetzt auch erst kommt, überhaupt nicht leisten. Ihr beginnt jetzt erst damit. Wir werden, wenn wir so reich sind, wie ihr es jetzt seid, vielleicht daran denken können, etwas Derartiges zu machen. Aus diesem Grunde muß man eigene Objekte haben, die man vorzeigen kann.

Rudolf Steiner hat gesagt, daß die Menschheit die Schwelle zur übersinnlichen Welt überschritten hat und daß für diesen Schwellenübertritt das Auseinanderfallen des vorher harmonisch verbundenen Denkens, Fühlens und Wollens typisch ist. Wenn wir erleben, wie dieses Denken, Fühlen und Wollen draußen auseinanderfällt, dann haben wir das Gefühl, wir müßten wirklich dreigliedrige Institutionen vorzuzeigen haben, in denen nicht in Denken, Fühlen und Wollen aufgegliedert ist, sondern in denen jedes auf seinem Gebiet so tätig werden kann, daß das Ganze wieder eine Harmonie ergibt. Man müßte in den Entwicklungsländern Keime verankern. Aber wer kann das tun? Wie muß eine Persönlichkeit aussehen, die hinausgeht und das macht, die da draußen überhaupt akzeptiert wird? Die erste Voraussetzung ist, daß sie fachlich tüchtig ist. Wohlmeinende Dilettanten, wie wir sie auch in unseren Kreisen kennen, sind absolut nicht gefragt. Man muß fachlich etwas zu bieten haben.

Man muß zweitens eine tolerante Grundhaltung besitzen, aber nicht in dem Sinne, wie heute Toleranz verstanden wird als alles duldend. Was von diesen Menschen in den Entwicklungsländern erlebt werden will, ist die geistige Bindung dessen, der ihnen gegenübersteht. Das war der Erfolg der überzeugten Kommunisten. Die Unterscheidung der inneren Bindung ist schwierig für diese Leute. Wenn wir uns fragen, wie man sein muß, dann kann man nur sagen: Die Spiritualisierung, die eigene, innere Bindung zum Geistigen ist die Voraussetzung für eine erfolgreiche Wirksamkeit in diesen Ländern.

Und drittens muß diese Persönlichkeit eine brüderliche Grundhaltung haben, eine Grundhaltung, die nicht den Verdacht aufkommen läßt, es handele sich hier um einen – freundlich verkappten – Almosenspender oder gar einen Vertreter egoistischer westlicher Wirtschaftsinteressen. Es muß das Gefühl entstehen können: Der versteht uns bis in die wirtschaftlichen Belange hinein; er begreift, was sich hier mit uns entwickelt. Wenn diese drei Eigenschaften zusammenkommen – und ich weiß, daß ich einen Idealtyp schildere, den es so kaum geben wird –, dann wird man Erfolg selbst an Stellen haben, wo es sonst sehr, sehr schwierig sein wird. Man wird Erfolg haben, gemäß dem Aufruf des Zeitgeistes zu handeln, ihm nachzukommen und das abzuwenden, was sich sonst mit Sicherheit über uns ergießt: die Welle der Flüchtlinge aus den Entwicklungsländern und das riesige Chaos in der gesamten Welt, nicht nur in der dritten, sondern dann auch in der ersten und der zweiten Welt.

ANMERKUNGEN

1 Heinz Immand, Warum alle umdenken müssen, in: «Der Rotarier», Juni 1991, S. 31 ff.
2 Ebenda.
3 Walter Michler, Afrika zwischen innerer Demokratisierung und äußerer Diktatur, in: «Frankfurter Rundschau», 6. Mai 1991, S. 10.
4 Ebenda.
5 Ebenda.
6 Edgar Wind, Heidnische Mysterien in der Renaissance, Frankfurt 1984.
7 Rudolf Steiner, Kosmologie, Religion und Philosophie, GA 25, 1979, Vortrag vom 7. September 1922 in Dornach.
8 Carl Friedrich von Weizsäcker, Die Wissenschaft und die moderne Welt, in: «Universitas», Heft 10, 1962.
9 Siehe Anmerkung 7.
10 Rudolf Steiner, Zeitgeschichtliche Betrachtungen. Das Karma der Unwahrhaftigkeit – Zweiter Teil, GA 174, 1983, Vortrag vom 15. Januar 1917 in Dornach.

Manfred Klett

DER BEWUSSTSEINSSEELENIMPULS
EUROPAS UND DIE DRITTE WELT

Bei der Betrachtung der Nord-Süd-Problematik stellt man ein doppeltes Dilemma fest. Nicht in gleichem Sinne wie im Ost-West-Verhältnis gibt es da eine den Norden und Süden ausgleichende, die Gegensätze überhöhende geographische und geistig-kulturelle Mitte. Im Gegenteil, wie bedenkenlos leicht geht die Rede vom «Nord-Süd-Gefälle» von den Lippen. Ferner betrachten wir den Süden vom Geisteshintergrund Europas aus. Eine Schicksalssignatur ist es allerdings, daß ich wenige Breitengrade südlich des Äquators in Ostafrika geboren bin und dort meine ersten Kindheitsjahre verbracht habe. Im biographischen Erleben beider Welten, der des Nordens und des Südens, mag sich im eigenen Selbst der Boden bilden, in den der Bewußtseinsseelenimpuls Europas den Keim zu einer Mitte legt.

Wie hat dieser Impuls jenseits der Grenzen Europas, vor allem in der sogenannten dritten Welt, Wurzeln geschlagen?

Das Bewußtseinsseelenzeitalter wird durch die unmittelbar aus dem Geiste inspirierte Tat der Jungfrau von Orleans eröffnet, die dazu führte, daß die klassischen Nationalstaaten Europas – England und Frankreich – in das Licht der Geschichte heraustreten. Es schließen sich an dieses Ereignis zwei Geschehnisse polarer Art. Das eine gibt dem sich entfaltenden Bewußtseinsseelenimpuls Europas das innere geistgetragene Leben, das Gegengewicht zu dem heraufkommenden Materialismus. Das andere trägt diesen Bewußtseinsseelenimpuls mit Macht über die Grenzen Europas hinaus und läßt ihn zu einem das Ganze der Erde umgreifenden Impuls werden. Vollkommen und in jeder Hinsicht lebt sich hier ein Gegensatz dar.

Das eine Geschehnis ist, daß aus Kleinasien ein Mensch nach Europa zurückkehrt, der das Ereignis von Damaskus durchlebt hat, der die ganze Geistigkeit des Orients und des Abendlandes in sich trägt und der dem anbrechenden Zeitalter nun diese Geistigkeit, die dann in der Bruderschaft der Rosenkreuzer fortwirt, einpflanzt. Inauguriert durch Christian Rosenkreutz, strömt fortan im Verborgenen, getragen von wenigen Menschen, ein Leben, das im eigentlichen Sinne zum Träger des Bewußtseinsseelenimpulses wurde, insofern man unter Bewußtseinsseele versteht, daß sich der Mensch durch eigene Seelenarbeit an der Sinneswelt erzieht und aus dieser Erziehung zur Geist-Erkenntnis erhebt. Dieser Bewußtseinsseelenimpuls, durch Denken und Tun, Tun und Denken sich und damit die Welt zu verwandeln, erprießt aus diesem verborgenen Lebensstrom des Rosenkreuzertums.

Und es ist nur wenige Jahrzehnte später, daß einer dieser Wissenden, Matthias Grünewald, in der Mitte Europas in seinem Altarbild zu Isenheim das Motiv der Zukunft malt: Alle Volks- und Rassengeister musizieren huldigend vor dem Menschheitskinde, das zum Träger des Christusimpulses werden wird. Man kann dieses Altarbild zugleich in dem Sinne auffassen, daß es aus dem verborgenen Lebensstrom heraus die Geburt des Bewußtseinsseelenzeitalters selbst darstellt, das dazu berufen ist, die ganze Menschheit, die ganze Erde an das Christusereignis heranzuführen. Christian Rosenkreutz kehrt aus dem Südosten nach Europa zurück und pflanzt diesem die Geistinnerlichkeit ein, in der sich der Verinnerlichungsimpuls des Mittelalters auf höherer Stufe wiederholt.

Man fühlt sich zu der Vermutung gedrängt, daß sich mit diesem Strom aus dem Südosten das verbindet, was sich hinter der rätselvollen Gestalt des Priesterkönigs Johannes verbirgt. Rudolf Steiner führt dazu in Fortsetzung der Parzivalsage aus: «daß der Gral für die Zeit, für die er in Europa dann unsichtbar geworden ist, in das Gebiet des Priesters Johannes getragen worden ist, der sein Reich jenseits der Gebiete hatte, die von den Kreuzzüglern erreicht worden sind. Man verehrte in der Zeit der Kreuzzüge noch das Gebiet des Priesters Johannes, des Nachfolgers des Parzival, und nach der Art, wie man es suchte, muß man sagen: Wenn auch alles das in irdisch-geographischen Formeln ausgesprochen wurde, der Ort des Johannes ist im Grunde genommen nicht recht auf der Erde zu finden.»[1]

Das andere Geschehnis ist dazu ganz polar. Zur gleichen Zeit, also in der ersten Hälfte des fünfzehnten Jahrhunderts, lösen sich im Südwesten von den Küsten Europas Menschen, von dem unwiderstehlichen Drang beseelt und jede Strapaze auf sich nehmend, die Erde zu umsegeln, sie dadurch im Bewußtsein zu umspannen, daß man sie physisch erobert. Doch auch dieser Impuls war durchaus von einem Rest des Wissens um den Priesterkönig Johannes beseelt. Unmittelbar nach dem Untergang der Templer hatte sich in Portugal der Christusorden begründet. In diesen hinein hatte sich die Sehnsucht herübergerettet, das Land des Priesterkönigs zu finden, das man im fernen Indien vermutete. Man glaubte, es nach dem Wegdämmern der lebendigen Geistquelle dort physisch-geographisch finden zu können. Was man fand, war alles andere als dieses Gebiet, in welchem der Gral aufbewahrt wurde, sondern man entdeckte Insel um Insel, Land um Land, Kontinent um Kontinent, die Erde als Ganzes in physisch-geographischer Ausdehnung.

Das sind die beiden Grundgesten, die fortan das Verhältnis Europas zur übrigen Welt kennzeichnen, geistig-seelisch ein Verinnerlichungsimpuls, aus dem heraus der einzelne sein Europäertum an jedem Ort der Erde einpflanzt und Wurzeln schlagen läßt, und leiblich-physisch ein Veräußerlichungsimpuls, die Inbesitznahme der *ganzen* Erde auf dem Wege der Kolonisierung. Es sind die westlichen Staaten Europas, die wie in Wiederholung der Völkerwanderungen eine Art Landnahme betreiben und später im achtzehnten und neunzehnten Jahrhundert, den Versuch unternehmen, die ganze bewohnte Erde zu einem Neoeuropa zu machen.

Blicken wir auf die Kolonisierung, wie sie von Europa erdumspannend ausgegangen ist, so müssen wir zwischen dem unterscheiden, was zu Beginn des Bewußtseinsseelenzeitalters eine Wiederholung vergangener Ereignisse und Entwicklungen ist, insbesondere des dritten und vierten nachatlantischen Zeitraumes, und dem, was selbst unmittelbar Ausdruck des keimenden Bewußtseinsseelenimpulses ist. Das läßt sich zunächst kaum voneinander unterscheiden.

Verfolgen wir unter diesem Gesichtspunkt einmal den Kolonisierungsimpuls: Er nimmt seinen Ausgangspunkt – wie gesagt – im Südwesten Europas. Von den Küsten Portugals weitet er sich unter der Führung Heinrichs des Seefahrers in die Welt, der Zeitgenosse des Christian Rosenkreutz und Großmeister des Christusordens ist. Heinrich der Seefahrer gründet die erste Seefahrerschule der Welt im Jahre 1418. Alles, was im dritten und vierten nachatlantischen Zeitraum in der Beherrschung der Meere, in der Navigations- und Schiffbaukunst an Kenntnissen erworben wurde, wurde nun auf höherer Stufe als Wissen gelehrt und in den Dienst großer Ideen gestellt, nämlich Weltmeere zu befahren, die keines Europäers Auge je gesehen, Wege in jenes geheimnisumwobene Land Indien zu suchen, Märkte für die Bedürfnisse der Menschen zu erschließen, die in die Bewußtseinsseele Europas hinein erwachen. Aus dieser Seefahrerschule ist die sogenannte christliche Seefahrt, sind jene bedeutenden Menschen hervorgegangen, die mit unerhörtem Wagemut und einem klaren, offenen Sinn die physischen Bedingungen der Erde zu erforschen suchten und schließlich jenen Völkern und Rassen begegneten, deren geistige Führerwesen Matthias Grünewald gemalt hatte.

Portugal ist es, welches die erste wirkliche Kolonie begründet hat, nämlich auf Madeira, einer Insel, die zwischen den Kanarischen Inseln und den Azoren gelegen ist. Madeira wurde als unbewohnte Insel entdeckt, und seine Kolonisierung im fünfzehnten Jahrhundert zeigt beispielhaft alle Merkmale, die in den folgenden Jahrhunderten der Kolonisierung hervortraten, Merkmale, in denen Altes, Unverwandeltes, Altes, auf höherer Stufe sich Wiederholendes und schließlich der Bewußtseelenimpuls selbst im Keim zum Ausdruck kommen. Diese ostatlantischen Inseln wurden zum Prototyp für die transozeanischen Reiche eines Kaisers Karl V. von Spanien, Ludwig XIV. von Frankreich und der Königin Viktoria von England.

Betrachten wir einmal als ein Beispiel die Kolonisierung Madciras, cincr langgcstrccktcn, wic das Skclctt cincs Rcptils schroff aus dem Meere aufragenden Vulkaninsel, unberührt von Menschenhand, mit gewaltigen, an den Schründen und Steilhängen aufragenden Urwäldern bedeckt. Die ersten Siedler kamen 1420 aus Portugal, beseelt von einem unbändigen Freiheitsdrang, Haus und Hof verlassend, alle Blutsbande auflösend, in dem schieren Vertrauen auf die eigene Kraft, die eigene Vernunft lebend, aus dem Nichts eine neue Identifikation, ein neues Sozialwesen, eine neue Erde gestalten zu können. Darin liegt der Keim zu einer neuen Ära. Die Mittel aber, deren sich die neuen Siedler bedienten, waren als unverwandelte und verwandelte aus dem Altertum entnommen. Unverwandelte Mittel waren, daß durch eine gigantische Brandrodung binnen weniger Jahre die artenreichen, einzigartigen Urwälder vernichtet waren, daß die Erde der Erosion preisgegeben wurde, daß mit dieser Besiedlung sofort der Sklavenhandel im großen Stil wieder aufblühte. Nur durch ständigen Sklavenimport konnte die Urbarmachung vorangetrieben werden. Ein ganzes Volk, das der Guanchen der Kanarischen Inseln, wurde in wenigen Jahrzehnten entwurzelt, verschleppt und schließlich ausgerottet. Alle Formen der Plantagenkolonien künftiger Jahrhunderte bis zum heutigen Tag wurden damals angelegt. Das ist der eine Aspekt: Unverwandelt und damit Zerstörungskräfte freisetzend, wiederholt sich Vergangenes. Aber auch der andere Aspekt wird in der Kolonisierung Madeiras sichtbar: Verwandelt, auf höherer Stufe sich wiederholend, ergriffen von dem erwachenden Impuls der Bewußtseinsseele, waren andere Mittel, indem die Siedler ihre Kulturpflanzen, ihre Haustiere in aller Vielfalt mitbrachten und durch ihren Acker-, Garten- und Obstbau und durch ihre Viehwirtschaft aus einer zeitlosen, unberührten Naturinsel eine blühende Kulturinsel machten. Sie wehrten der selbstverschuldeten Erosion durch ausgedehnte Terrassierungen, sie bauten durch Berge hindurch, an schroffen Abstürzen entlang gewaltige, höchste Bewunderung abnötigende Bewässerungskanäle. Vieles ist ihnen dabei entglitten, daß zum Beispiel Haustiere unter der Gunst der Bedingungen sich ins schier Grenzenlose vermehrten. So gab es Inseln im Ostatlantik, die zeitweilig nur von Eseln oder Kaninchen oder gar nur von Kamelen bewohnt waren. Später wiederholte sich das in Argentinien, als die Pampa von den Hufen verwilderter Pferde erdröhnte. Das ist allgemein die Herausforderung des Zeitalters der Bewußtseinsseele: ein Maß zu finden, in dem sich die Ökonomie, das Haushälterische der Natur ebenso wiederfindet wie die Bedürfniswelt der Menschen des neuen Zeitalters. Madeira ist die erste Kolonie Europas in der Neuzeit. Sie ist beispielhaft auch darin, daß Landwirtschaft beginnt, ihr in Europa gewachsenes Maß, die Gesetze ihrer Produktion zu mißachten, sich von dem Sozialwesen zu emanzipieren, in dessen Dienst sie steht, und Dinge zu erzeugen, deren Verteilung den Weltmarkt begründet. Auf Madeira wurde in den Jahren von 1430 bis 1450 die Monokultur in ihrer modernen, auf Gelderwerb, das heißt industriell ausgerichteten Form erfunden. Monokultur heiß ja, der Natur mit Hilfe von Kapital eine höhere Leistung abzuzwingen. Damals war das Kapital der Sklave, heute ist es die Maschine, der Stickstoffdünger, das Herbizid und so weiter. Die Monokultur – gerade auch in ihrer heutigen Form – ist im Grunde nichts anderes als die dekadente, unverwandelte Wiederholungsstufe vorchristlicher Anbauformen. Damals waren diese mysteriengeführt, heute stellen sie sich in den Dienst einer vom Egoismus geprägten Bedürfniswelt. Diese neue Bedürfniswelt artikuliert sich überall dort in Europa, wo die Bewußtseinsseele am raschesten in ihrer Entwicklung voranschritt, nämlich in Westeuropa. Das Erwachen zu einem erhöhten Selbstgefühl entwickelt den Drang nach Genußmitteln, vor allem eben nach Zucker. So wird Madeira binnen kürzester Frist im fünfzehnten Jahrhundert zur Zuckerrohrinsel. 1452, also noch zu Lebzeiten des Christian Rosenkreutz, genehmigt die portugiesische Krone den Bau der ersten Mühle zur Weiterverarbeitung des Zuckerrohrs für den Export. 1455 war es schon eine Produktion von fast siebzig Tonnen, ein Jahr später ging der erste Transport – wie kann es anders sein – nach Bristol, also nach England, dem Land, das in den folgenden Jahrhunderten in besonderem Maße berufen war, den Bewußtseinsseelenimpuls in die Welt zu tragen. Um die Wende zum sechzehnten Jahrhundert waren es schon über fünfzehntausend Tonnen. Hunderte von Schiffen transportierten den Zucker überall dorthin, wo das heraufkommende Selbstgefühl nach seiner organischen Grundlage verlangte, dem Zucker, nach England, Frankreich, Flandern und den romanisch-mediterranen Ländern.

Was sich in der Kolonisierung Madeiras gezeigt hat, ist symptomatisch für die gesamte Kolonisierung oder Europäisierung der Welt. Portugal und Spanien waren die Vorreiter und haben im historischen Prozeß diesen Impuls an Frankreich, England, Holland, also die Länder Westeuropas, weitergereicht. In diesem historischen Prozeß tritt der Bewußtseinsseelenimpuls immer deutlicher zutage. Er lebt als ein doppelter: Erstens in dem Drang eines Volkes, unter der Führung seines Volksgeistes bestimmte Territorien der Erde aufzusuchen, zum Beispiel Portugals und Spaniens die Territorien Süd- und Mittelamerikas, Mittel-, West- und Nordeuropas die Territorien Nordamerikas, Australiens und so weiter. Dieser Drang führt zum Aufbau eines weltumspannenden Wirtschaftslebens. Zweitens lebt dieser Bewußtseinsseelenimpuls vor allem in dem, was der einzelne aus der Kraft seines erwachten Selbst dem neuen Erdenort an Taten einpflanzt. Er lebt in der Schaffung einer neuen Identität von Mensch und Erde als einer Schöpfung aus dem Nichts. Alles das lebt mehr im Verborgenen. Es ist vielfach durch Handlungsweisen zugeschüttet, die aus Kräften einer unverwandelten Vergangenheit im Gegenwärtigen nachwirken. Sie finden ihren Ausdruck in der fraglosen Landnahme, in der Versklavung oder gar Ausrottung ganzer Völker oder in der Art, wie heute – in subtiler Metamorphose der Versklavung – die Industriestaaten mit Hilfe des Kapitals die Länder der dritten Welt in die Armut drücken. Man kann sagen, der Kolonisierungsimpuls ist in den vergangenen fünfhundert Jahren im großen und ganzen eine Wiederholung früherer Zustände der Menschheit, verwandelt auf höherer Stufe oder unverwandelt in Entfesselung antisozialer Kräfte. Er ist in erster Linie eine Voraussetzung für die Entfaltung der Bewußtseinsseele, zum wenigsten schon ein Ausdruck ihrer selbst.

Aus dem Kolonisierungsimpuls ist die dritte Welt hervorgegangen, die heute 132 Länder umfaßt, die vorwiegend auf der Südhalbkugel liegen. Diese Klassifizierung aller Länder der Erde in eine erste, zweite, dritte und sogar vierte Welt ist charakteristisch für unser Zeitalter. Sie wird nämlich nach der wirtschaftlichen Kraft, beziehungsweise dem Pro-Kopf-Einkommen der Länder vorgenommen. Die Ärmsten der Armen gehören so zur vierten Welt, die Industriestaaten zur ersten Welt. Entwicklungsländer sind dann nicht etwa die Industrieländer, die haben das Ziel der Klasse erreicht, sondern solche, die noch weit zurück sind auf dem Weg zu den Errungenschaften des Bewußtseelenzeitalters, nämlich einem Wirtschaftsleben, das auf dem Prinzip der industriellen Arbeitsteilung und der Kapitalschöpfung beruht. Die Länder der dritten und vierten Welt sind Agrarländer, das heißt solche, in denen die Menschen untereinander und in ihrem Verhältnis zur Erde Urzustände der Menschheit bewahren. Der Gegensatz von Nord und Süd ist ein solcher des Spannungsfeldes, ja Gegensatzes von Industrie und Landwirtschaft und ein solcher der Begegnung Europas mit Kulturen, die in Reinheit frühere Stufen der Bewußtseinsentwicklung der Menschheit, zeitversetzt in unser Zeitalter, durchleben.

Wirft man einen Blick auf die Weltlandkarte und faßt dabei die Klassifizierung der Länder in eine erste bis vierte Welt ins

Auge, so wird man erkennen, daß der Kolonisierungsimpuls Europas zu ganz unterschiedlichen Resultaten geführt hat. Denn Amerika ist genauso kolonisiert worden wie Afrika, Indien oder der Malaiische Archipel. Unter den einstigen Kolonien sind solche, die der ersten bis hin zur vierten Welt angehören. Man denke an Nordamerika auf der einen, an Bangladesh oder Tansania auf der anderen Seite. Wie kommt es einerseits, daß ganze Kontinente wie Nord- und Südamerika und Australien – vor fünfhundert Jahren so gut wie unentdeckt – eine neoeuropäische Zivilisation tragen? Wie kommt es andererseits, daß der Orient, das heißt der Nahe, Mittlere und Ferne Osten, zwar stark von Europa beeinflußt ist, diese Europäisierung aber nur in entsprechender Kleidung übergezogen hat und innerlich aus seiner uralten Geistigkeit die Kraft schöpft, sich an das Zeitalter der Bewußtseinsseele heranzutasten? Wie kommt es schließlich, daß ein solcher Kontinent wie Afrika, in unmittelbarer südlicher Nachbarschaft zu Europa, wie ein dunkler erratischer Block in der Zivilisationslandschaft der Welt daliegt und eine Menschheit beherbergt, die am allerstärksten im Widerstreit zwischen ihrer alten Geistigkeit und dem Bewußtseinsseelenimpuls Europas lebt? Wie also kommt es, daß die Bewußtseinsseele – von Europa ausstrahlend – in so unterschiedlicher Weise in der Welt Fuß gefaßt hat, daß eine dritte bis vierte Welt überhaupt hat entstehen können?

Diese Fragen finden eine grundsätzliche Beleuchtung in den Vorträgen Rudolf Steiners über «Die Mission einzelner Volksseelen». Er charakterisiert dort Wesen und Ursprung der verschiedenen Rassen, in die die Menschheit sich im Lauf ihres Werdens gegliedert hat, die schwarze Rasse Afrikas, die gelbe und braune Rasse Asiens, die weiße Rasse Europas und die rote Rasse Amerikas. Aus der Geist-Erkenntnis ergibt sich, wie die Angehörigen dieser Rassen vom Ursprung her in ihrer leiblichen Organisation durch den Untergrund des Territoriums, in dem sie leben, beeinflußt werden. Der Erdenuntergrund strahlt sein Wesen nach oben. Dadurch gewinnt die leibliche Organisation in charakteristischer Weise Macht über die geistig-seelische Entwicklung der Menschen.

Das wirkt sich in Afrika so aus, daß von einem Punkt aus den Erdentiefen alle diejenigen Kräfte ausstrahlen, welche den Menschen namentlich während seiner ersten Kindheitszeit ergreifen können. Den afrikanischen Menschen werden so die Kindheitskräfte bleibend aufgeprägt. Sie sind vom Leib aus für diese so stark prädisponiert, daß sie bis in das Alter etwas bewahren, was eben Merkmale der Kindheit sind. Das charakterisiert die schwarze Rasse. In Asien wirken aus einem Punkt der Erdentiefen Kräfte herauf, durch welche die Jugendmerkmale dem Menschen bleibend eingeprägt werden. Das charakterisiert die gelbe und braune Rasse. Kommen wir nach Europa, so wirken dort aus den Erdentiefen Kräfte, die dem Menschen aus der leiblichen Organisation heraus die Merkmale bleibend aufprägen, die für das Erwachsenenalter kennzeichnend sind. Den Gang der Rassen durch Kindheit, Ju-

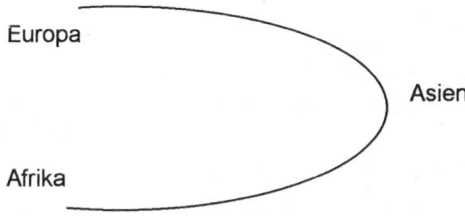

gend- und Erwachsenenalter faßt Rudolf Steiner in einer Zeichnung zusammen und fügt hinzu: «Wenn wir dann diese Linie weiterzeichnen, so kommen wir weiter nach Westen nach den amerikanischen Gebieten hinüber, in jene Gebiete, wo diejenigen Kräfte wirksam sind, die jenseits des mittleren Lebensdrittels liegen. Und da kommen wir – ich bitte das nicht mißzuverstehen, was eben gesagt wird; es bezieht sich nur auf den Menschen, insofern er von den physisch-organisatorischen Kräften abhängig ist, von den Kräften, die nicht sein Wesen als Mensch ausmachen, sondern in denen er lebt –, da kommen wir zu den Kräften, die sehr viel zu tun haben mit dem Absterben des Menschen...»[2] Was an Kräften im letzten Lebensdrittel, im alternden, greisen Menschen wirksam ist, ist charakteristisch für die rote Rasse. Um Mißverständnissen vorzubeugen, muß hinzugefügt werden, daß die Rassendisposition aus der Vergangenheit in dem Maße in Gegenwart und Zukunft überwunden wird, in dem die Geistseele im Leibe zur freien Selbstbestimmung erwacht. Rudolf Steiner charakterisiert den Rassenzusammenhang zusammenfassend:

«Nach Westen mußte die Menschheit gehen, um als Rasse zu sterben. Um aufzufrischen die Menschheit mit neuer Jugendkraft, findet der Zug nach Osten statt, der Zug, der von Atlantis herüber über Europa nach Asien sich bewegt. Dann geschieht eine Wiederholung des Zuges nach dem Westen.»[3]

Im Süden aber lebt eine Menschheit in der schwarzen Rasse, in der Kindheitskräfte die ganze menschliche Biographie prägen. Auf dem Hintergrund dieser geisteswissenschaftlichen Tatsachen kann man sagen, es sind die Rassen in Verbindung mit dem, was aus dem Erdenuntergrund wirkt, wodurch sich der Bewußtseinsseelenimpuls Europas so sehr über die ganze Welt modifiziert. Europa hat dort die Bewußtseinsseele vor allem eingepflanzt, ein Neoeuropa geschaffen, wo die Rassen von den Kräften des Greisenalters geprägt sind. Das ist in Nord- und Südamerika bezüglich der Indianer, in Australien und Neuseeland bezüglich der Aborigines und Maoris der Fall. Es mag dies auch für die Urbevölkerung Südafrikas, die Buschmänner, zutreffen. In diesen Territorien hat Europa Wurzeln geschlagen und hat diese in Länder der sogenannten ersten Welt, in industriegeprägte Länder umgewandelt.

Eine Sonderstellung nehmen hinsichtlich ihrer Kolonisierung Südafrika und Südamerika ein. Es handelt sich dort um Länder, die in scharfer Polarisierung den Status der ersten und dritten Welt in sich vereinen und die neokolonistische Verhältnisse aufweisen. Gerade in diesen Ländern stehen sich Industrie und Landwirtschaft unversöhnlich im Sinne einer Art «Apartheid» gegenüber. Die Sonderstellung Südamerikas bis herauf nach Mexiko ist stark durch die Tatsache gekennzeichnet, daß dort erstens Spanier und Portugiesen kolonisiert haben, Völker, die im besonderen Maße die Empfindungsseele in sich ausgebildet haben. Diese Kolonisierung geschah noch in vorindustrieller Zeit ganz im Stile Madeiras, also auf agrarischer Grundlage. Zweitens haben sich die südeuropäischen Kolonisatoren besonders intensiv mit der einheimischen Bevölkerung vermischt und diese dadurch gewissermaßen verjüngt. Man denke an das Verhältnis Brasiliens zu Portugal oder Mexikos zu Spanien. Und drittens darf nicht übersehen werden, welche Rolle der Erste Weltkrieg für die Entwicklung gerade dieser Länder gespielt hat. In der Folge des Ersten Weltkrieges zerbrach die Brücke zwischen Europa und Südamerika. Letzteres kam dadurch in eine ähnliche Abhängigkeit neokolonistischer Art von der wirtschaftlichen und politischen Macht der Vereinigten Staaten von Amerika wie nach dem Zweiten Weltkrieg die meisten der unter der Macht Englands, Frankreichs und Hollands stehenden Kolonien.

Der Bewußtseinsseelenimpuls Europas hat sich also dort vor allem ein Abbild geschaffen, wo Rassen in ihrem Greisenalter stehen und ihrem Untergange nahe sind. Keineswegs ist dieser Untergang allein durch Waffengewalt geschehen. Es waren vor allem Seuchen unvorstellbaren Ausmaßes, allen voran die Pokken, denen die Angehörigen dieser alt gewordenen Völker keine Widerstandskräfte entgegensetzen konnten. Interessant ist auch die Tatsache, daß ein Neoeuropa sich gerade dort etabliert hat, wo kaum eine Großtierwelt heimisch war. Gab es sie, wie die Bisons in Nordamerika, war sie in kürzester Zeit ausgerottet.

In den Völkerschaften des Ostens, die der braunen und gelben Rasse angehören, hat der Kolonisierungsimpuls Europas gewiß beträchtliche Spuren hinterlassen. Er wurde von diesen Völkern, die besonders von den Kräften des Jugendalters geprägt sind, mehr spielerisch aufgenommen und eigenständig verarbeitet. Die ehemaligen Kolonien Englands, Frankreichs und Hollands von Indien bis nach Indonesien sind ja nicht in erster Linie durch Landnahme entstanden, sondern haben ihren Ursprung in dem Wirken der großen Handelsgesellschaften dieser Länder. Erst nach dem Zusammenbruch der Ostindischen Handelsgesellschaft übernahmen die betreffenden Staaten Europas die Kontrolle des Handels und damit die Macht. Asien hat durch die Kolonialzeit hindurch nie das Gefühl seiner geistigen Überlegenheit über Europa verloren.

Ganz anders Afrika, dieser granitene, seit Urzeiten der Erdenentwicklung in Ruhe am Ort verharrende Kontinent, der Ausgangspunkt der physischen Menschheitsentwicklung, der Völker beherbergt, in denen die Kraft des physischen Anfanges, die Kindheitskräfte das Menschenleben bis in das Alter hinein prägen. Diesem Afrika, das ja viele Länder der dritten und vierten Welt vereinigt, möchte ich mich jetzt zuwenden. Gerade gegenüber der dortigen Menschheit steht Europa vor einer ganz und gar unvollendeten Aufgabe. Afrika ist ein Rätsel. Es liegt im Süden vor den Toren Europas, ist seit dem Altertum bekannt, an den Ufern seines längsten, irgendwo aus dem dunklen Innern hervortretenden

Flusses, des Nils, erblühte einst die ägyptische Kultur. Seine Küsten waren lange schon befahren, umrundet wurde es zeitgleich mit der Entdeckung Amerikas. Und doch war sein Inneres zu Beginn des neunzehnten Jahrhunderts noch ein weißer Fleck auf der Landkarte. Schon im Altertum ertönte der Ruf «caput Nili quaerere», doch sie, die Quellen des Nils, wurden erst in den siebziger Jahren des neunzehnten Jahrhunderts entdeckt. Livingstone, der Afrika-Forscher, verscholl 1872 irgendwo im heutigen Kenia. Stanley, der ihn schließlich in unerforschter Wildnis fand, trat ihm mit den berühmten Worten der Begrüßung gegenüber: «Mr. Livingstone, I presume», wahrlich ein Triumph britischer Bewußtseinsseelenhaftigkeit. 1848 war es Rebmann, ein Schwabe in Diensten der Schottischen Mission, der durch die Savanne Ostafrikas zog und plötzlich über den Wolken ein Schneegewölbe sah, den Gipfel des Kilimandscharo. Voll Staunen fiel er auf die Knie und sprach ein Gebet angesichts dieses göttergleichen Anblicks. Sein Bericht an die britische Geographische Gesellschaft nach London mit dem Vermerk, unter dem Äquator gebe es Bergesgipfel mit Schnee, war Anlaß genug, Rebmann fortan für verrückt zu erklären. Von den fünfzig Millionen Menschen, die von 1820 bis 1930 aus Europa ausgewandert sind, ist die Zahl derer, die nach Afrika zogen, fast zu vernachlässigen. Afrika schien ein Bollwerk um sich zu haben. Es schien leichte Beute zu sein, die Hand aber, die sich auf diesen Kontinent legen wollte, hat sich an ihm verbrannt, das ist wohl bis heute so. João de Barros, ein portugiesischer Kaufmann und Seefahrer, hat im sechzehnten Jahrhundert dieses quälend unerreichbare Afrika so beschrieben: «Aber es hat den Anschein, als ob der Herr aufgrund unserer Sünden oder aufgrund seines unerforschlichen Ratschlusses an allen Eingangstoren zu diesem gewaltigen Land Äthiopien [Afrika], dessen Küsten wir befahren, einen bewaffneten Engel mit einem Flammenschwert tödlichen Fiebers aufgestellt habe, der uns hindert, zu den Quellen im Innern dieses Gartens vorzudringen, wo die Flüsse von Gold entspringen.»

Das ist Afrika. Am längsten – bis in die zweite Hälfte des neunzehnten Jahrhunderts – blieb Afrika von kolonialen Bestrebungen unberührt. Man schaue nur auf die Landkarte Afrikas: Alle heutigen Staaten mit ihren wie mit dem Lineal gezogenen Grenzen sind Kunstprodukte europäischer Machtpolitik. In kaum einem Staat Afrikas fallen die ethnischen mit den geographischen Grenzen zusammen, ein wesentlicher Grund für viele der gegenwärtigen Konflikte. Afrika, dieser Kontinent mit seiner Großtierwelt, die noch den paradiesischen Zauber der atlantischen Vorzeit in unser Zeitalter hereinträgt, wo es Gegenden gibt, in denen man das Gefühl hat, die Zeit tropft in die Ewigkeit, wo eine Menschheit lebt, die Kindheitskräfte so rein zur Schau stellt, ist der große Spätling in der Begegnung mit der Bewußtseinsseele Europas. Spät, dafür um so intensiver, vielleicht auch entwickelter, hat der Bewußtseinsseelenimpuls diesen Kontinent ergriffen, und zu früh, so ist meine These, ist er in die Freiheit entlassen worden.

Afrika war vom Anbeginn seiner Kolonisierung an eine Herausforderung für den Europäer. In Ostafrika galt das Wort, wer dorthin kam, wohlgerüstet mit dem Wissen aus dem Studium der tropischen Landwirtschaft, dem gab man ein bis zwei Jahre bis zum Scheitern. Demjenigen, der mit viel Geld kam, gab man vielleicht fünf Jahre bis zum Bankrott. Nur demjenigen gab man eine Chance, der ohne vorgefaßtes Wissen und ohne viel Geld ins Land kam, dafür aber mit Tatkraft und wachem Forschergeist. Unter diesem Gesichtspunkt bewertet sich die Effizienz der sogenannten Entwicklungshilfe – viel vorgefertigtes Wissen und viel Geld – wie von selbst.

Afrika offenbart sich in gewaltigen Gegensätzen. Man kann sagen, die «Apartheid» ist diesem Kontinent immanent. Und doch, rein naturhaft, ohne Eingriff von außen, schiebt sich ein Mittleres dazwischen, das die Gegensätze ausgleicht. Hier der dräuende Regenwald, dort die gleißende Wüste, dazwischen aber – und das ist Afrika – die Dornbuschsavanne. In dieser begegnen sich Himmel und Erde nahezu unversöhnlich. Die Büsche und Bäume stehen in weitem Abstand voneinander und formen sich kugelig in isolierte Gestalten. Aber zwischen diesem gleißenden Himmel und der dunklen Erde wogt in urweltlicher Herrlichkeit eine alles verbindende Mitte, die Großtierwelt Afrikas. Doch auch diese erscheint auf das schärfste polarisiert einerseits in die im blauen Äther unsichtbar, aber allgegenwärtig kreisenden Adlergeier, die urplötzlich aus der Unendlichkeit dieses Lichtraumes wie Punkte erscheinen und sich alsbald über ein verendetes oder geschlagenes Tier hermachen, andererseits erscheint unten in der Dornbuschsavanne, ganz der Erde zugewandt, die bis zum Horizont flutende Masse der Stoffwechseltiere, Gnus, Antilopen und so weiter. Dazwischen aber thront, das Ganze in Herrscherlaune überblickend, der Löwe. Diese Gliederung der Tierwelt im Sinne des Dreigetiers bewirkt, daß das Antlitz dieses Kontinentes rein naturhaft menschliche Züge zeigt. Wehe, wenn diese Tierwelt verschwindet, wie das in Südafrika weithin der Fall ist! Wer kompensiert dann die fehlende Mitte? Wie steht es schließlich um die Menschen dieses Kontinentes? Wie sonst nirgends in der Welt haben sich in Reinheit, zugleich aber auch in scharfer Polarisierung, zeitverschoben Urzustände der Menschheit bewahrt, der Hirte auf der einen, der Ackerbauer auf der anderen Seite, die Abel- und Kainströmung. Zwischen beide ist der Europäer getreten.

Betrachten wir einmal den Hirten, den Massai der ostafrikanischen Savanne. Vom Ursprung her ist er Hamite, mit seinen edlen Gesichtszügen steht er senkrecht wie eine Säule, hochgewachsen, inmitten seiner Zebu-Herde. Lässig ist ein Tuch über die Schultern geworfen, kriegerisch-stolz hält er Schild und Speer, schweigend weist er alle Zivilisation von sich, er ernährt sich von dem Blut und der Milch seiner Rinder, der Umgang mit den Tieren ist ihm praktizierter Kultus, sein Bewußtsein lebt rückwärtsgewandt im Strom der Vergangenheit.

Nur wenig entfernt von der nomadisierenden Lebensweise des Massai treffen wir auf die festen Ansiedlungen der Bantu. Nähert man sich ihrer Hütte, fliegt auch schon der Vorhang auf, neugierig, mit lachenden Gesichtern, vor Freude strahlend, stürzt Jung und Alt heraus, begrüßt den Gast mit rührender Hingabe. Man fragt nach dem Neuesten in der Welt, lernbegierig und dankbar wird es mit lebhaften Bewegungen aufgenommen. Und was tut der Bantu? Er bearbeitet und bepflanzt die Erde. Dieser Urgegensatz in der Menschheitsentwicklung, der heute in Afrika schon stark verwischt ist, konnte in der kolonialen Zeit der dreißiger Jahre noch in Reinheit angetroffen werden. Ging man von einer Bantu-Ansiedlung wieder fort, hatte man gewiß zu dem Taufnamen einen zweiten, aktuelleren Namen aus der Taufe dieser ersten Begegnung bekommen. Wie der Lehrer von den Kindern einen Spitznamen erhält, der sich auf eine äußerliche Absonderlichkeit bezieht, so lebt der Eingeborene Afrikas vom Ursprung her in der reinen Wahrnehmung des Augenblicks, die treu in der

Erinnerung bewahrt wird. Ging zum Beispiel jemand etwas betont aus der Hüfte – für den Europäer gar nicht auffallend –, so hatte er fortan seinen Namen weg, Bwana Kibafu, Herr Hüfte. Hatte in den dreißiger Jahren mein Vater einen Bantu gelehrt, wie man einen Kaffeebaum schneidet, wird er ihn noch nach fünfzig Jahren genauso schneiden. Er verspürt zunächst nicht das Bedürfnis, aus eigener Beobachtung andere, neue Wege zu gehen. Das Kindheitsmäßige lebt sich beim Bantu – einem typischen Vertreter Afrikas – in treuer, unverfälschter Hingabe an das Gegenwärtige dar, beziehungsweise Vergangenes lebt in der Erinnerung so objektiv wie eine Naturtatsache in der Gegenwart auf.

Eine kleine Geschichte möge illustrieren, wie zart diese Kindheitskräfte der afrikanischen Menschheit in der ausklingenden Kolonialzeit der Bewußtseinsseele des Europäers begegneten. Mein Vater, ein Pflanzer, so nannte man damals die Kolonisatoren im Ostafrika der dreißiger Jahre, hatte den sehnlichen Wunsch, Samen von einem Steppenbaum, genannt Mwule (Chlorofora excelsa), einem Hartholzbaum, zu erhalten. Er wollte diesen Baum auf seiner Kaffeeplantage an den Hängen des Kilimandscharo pflanzen. Immer wieder bat er die Eingeborenen, ihm Samen dieses Baumes zu bringen. Immer wieder wurde dies kurzerhand mit der Begründung abgelehnt, dieser Baum habe keine Samen. Jede Erklärung, daß doch jeder Baum und so auch der Mwule Samen trage, jede Insistenz nutzte nichts. Bis plötzlich eines Abends, in schon tiefer Dunkelheit, ein alter Mann den Pflanzer scheu zur Seite zog und ihm mit geheimnisvoller Geste wortlos in einem Beutel reichlich Samen zusteckte. Hocherfreut ging der Pflanzer anderentags sogleich an die Arbeit, säte die Samen an und sorgte im Anzuchtbeet über zwei Jahre selber für das Gedeihen der jungen Bäumchen. Während dieser Zeit ließ er über tausend große Pflanzlöcher in der umliegenden Pflanzung graben, damit vor dem Pflanzen Regen und Sonne Gelegenheit hatten, den Boden kräftig zu durchmürben und zu beleben. Als der Tag des Auspflanzens herankam, erschien am Morgen der Aufseher und erklärte, alle Leute verweigerten die Arbeit. So etwas hatte es noch nicht gegeben. Daher stellte der Pflanzer verwundert die Frage, was denn der Grund sei. Ja, das sei nun einmal so. Als mit mehr Nachdruck nach dem Grund gefragt wurde, hieß es, sie wollten die Bäume nicht pflanzen. Und noch einmal stellte er nachdrücklicher die

Frage: warum? Schließlich kam nach langem Hin- und Herdrucksen die Antwort: Du weißt das nicht, Herr, aber wir wissen es: Wer diesen Baum pflanzt oder die Axt an ihn legt, der stirbt bald. Nun gut, sagte der Pflanzer, ich will nicht, daß ihr allesamt bald sterbt, ich pflanze die Bäume selbst. Seid ihr aber bereit, die Setzlinge zu den Pflanzlöchern zu tragen? Ja, gewiß, selbstverständlich! Also pflanzte der Pflanzer eigenhändig Aberhunderte dieser Bäume über viele Tage in sengender Sonne und im Schweiße seines Angesichts, und seine eingeborenen Helfer schauten ungläubig zu. Die Bäume gediehen prächtig. Fortan war es nun Aufgabe der Mitarbeiter, in Jahresabstand die sich weitenden Stammdurchmesser und den jährlichen Höhenzuwachs zu messen. Als dann der Zweite Weltkrieg kam und der Pflanzer das Land verlassen mußte, war er nun tatsächlich für die Eingeborenen gestorben. Welche Überraschung, als er nach vierzig Jahren wiederkehrte, also doch noch lebte. Alle einstigen Mitarbeiter, sofern sie noch lebten, waren augenblicklich zur Stelle, Meterstäbe wurden gekauft, und abermals wurden die nun mächtigen Stammdurchmesser gemessen, die Kronen waren mit fünfunddreißig Metern unerreichbar hoch. Eine Parklandschaft war entstanden. Wie wenn es gestern gewesen wäre, mit derselben emsigen Hingabe und kindlichen Freude über jedes gewonnene Ergebnis, wurden die Stämme gemessen und die Kronenhöhen eingeschätzt. Und als der Pflanzer die nun auch Altgewordenen, ihm in langer Prozession durch die ehemalige Pflanzung Folgenden fragte, wie sie ihn denn in Erinnerung behalten hätten, kam wie aus einem Munde, mit leuchtenden Augen und strahlend anerkennenden Gesichtern die Antwort: Sehr streng, Herr, sehr streng!

Das ist Afrika, das ist die Welt, die wir heute als dritte oder gar vierte Welt bezeichnen. Das ist die Welt, die Europa in kindlicher Erwartung aufnahm, wie eine Schulklasse, in die ein neuer Lehrer hineintritt. Dieser Lehrer aus Europa hat die Menschen Afrikas bitter enttäuscht, insofern er im Vollzug nationaler europäischer Machtpolitik erschien und das Land mit willkürlichen Grenzen zerstückelte. Bitter enttäuscht wurden sie, als diese Lehrer aus Europa anfingen, sich in nationalen Händeln und Machtansprüchen in einem Ersten Weltkrieg – das war schon der entscheidende Bruch – und dann in einem Zweiten Weltkrieg zu bekriegen. Welche zu Herzen gehenden Verehrungskräfte aber empfingen diese Lehrer, wie ging man für sie durchs Feuer, wenn sie als Individualitäten, für sich allein stehend, zum Vorbild in der Arbeit wurden. Welche Achtung, welches Vertrauen floß dem Europäer zu, wenn er zwischen den Ackerbauern und den Hirten trat und durch sein Vorbild nach beiden Seiten hin die Menschen das Arbeiten lehrte, nicht ein Arbeiten um der bloßen Selbstversorgung willen, sondern eines, das einen Mehrwert schafft, das auf ein Ziel gerichtet ist, das die Erde belebt, das sie schön macht. Dieses Ziel aber muß der Kindheitsmensch Afrikas durch den Europäer als eine Offenbarung der Bewußtseinsseele finden. Leben solche Ziele im Europäer auf, der Erde mehr zu geben, als sie von Natur aus hat, und stellt er sich selber als Vorbild zur Verfügung, dann werden diese Ziele unverfälscht wahrgenommen und in Treue und Hingabe ergriffen. In solchem Sinne, als Vorbild in der Arbeit, haben die christlichen Missionen gewirkt, haben einzelne Pflanzer, hat Albert Schweitzer in Lambarene, haben viele andere gewirkt. Spät hat der Kolonisierungsimpuls Afrika ergriffen, zu früh hat er sich infolge der unreifen nationalen Egoismen Europas wieder zurückziehen müssen, zu früh sind die Völker Afrikas in die Freiheit gegangen. Zu wenig wurde, trotz aller Entwicklungshilfe, die wahre Aufgabe Europas erkannt, daß es – über alles Nationale hinweg – gegenüber der dritten Welt, vor allem gegenüber Afrika, eine Erziehungsaufgabe besonderer Art hat, nämlich durch das personifizierte Vorbild in der Arbeit an der Erde den Menschen zu bilden.

Die dritte Welt ist dadurch eine andere Welt, daß sich – neben ihrem unterschiedlichen kulturgeschichtlichen Hintergrund – in ihr alle Agrarländer vereinigt finden. Diese sind, nur unter neuen Vorzeichen, die Kolonien der Industriestaaten, die dorthin ihren Agrarindustrialismus exportieren, die dort für ihre Industrieprodukte Absatzmärkte suchen und die dort nach Belieben die Preise bestimmen können; ein praktizierter Agnostizismus, nicht geringer als der, aus dem einst der Sklavenhandel wieder aufblühte. Im Grunde ist überall dort heute dritte Welt, wo Landwirtschaft betrieben wird, also auch im Herzen Europas. Die Industrieländer können sich den Luxus einer scheinbar prosperierenden Kolonie im eigenen Land – sprich ihre Landwirtschaft – leisten. In der dritten Welt wird dieser Scheincharakter offenbar. Finden wir in Europa zu einer Landwirtschaft, die ihre

Produktivität aus der Belebung der Erde selber schöpft, die den Organismusgedanken, den Individualitätsgedanken aus der Erkenntnis des Menschenwesens der Erde an jedem Ort einpflanzt, dann erwächst daraus ein Erziehungsimpuls für die dritte Welt, demgegenüber aller bisherige positive Kolonialismus nur Vorbereitung war. Es ist dies dann ein Erziehungsimpuls nicht aus der Antisozialität des Bewußtseinsseelenzeitalters heraus – dieser hatte seine Bedeutung –, sondern aus dessen Sozialität. Welche Berge sind da zu versetzen, angesichts der unvorstellbaren Not in der dritten Welt. Welches Wunder aus dem Organismusgedanken erblüht!

Das alles setzt voraus, daß Europa selbst zu seiner ureigenen Aufgabe hinfindet, zur Selbsterziehung des erwachsenen Menschen aus dem Geiste. Aus der Kultur der Selbsterziehung zum Erwachsensein entsteht eine neue Form eines erdumspannenden Gemeinsinnes, an den alle Kultursplitter der Vergangenheit Anschluß finden können. Dieser aus Selbsterziehung erworbene und durch das persönliche Vorbild vorgelebte Gemeinsinn ist es, der den Gegensatz von erster und dritter Welt, von Industrie und Landwirtschaft, wird aufheben können. Wenn es in Europa gelingt, und sei es noch so partiell, den Kolonialstatus der Landwirtschaft aufzuheben, sie aus den Fängen ihrer Industrialisierung zu befreien, soziale Gemeinwesen zu begründen, in denen der Bewußtseinsseelenimpuls ebenso zum Inaugurator einer neuen Landwirtschaft wird (Organismus- und Individualitätsprinzip), wie er polar dazu zum Inaugurator des modernen Wirtschaftslebens geworden ist (Prinzip der Arbeitsteilung und des Kapitaleinsatzes), erst dann wird Europa heranreifen, der dritten Welt eine Hilfe geben zu können, die verdient, Entwicklungshilfe genannt zu werden. Erst ein im Bewußtsein seiner Aufgabe sich entwickelndes Europa kann Entwicklungshelfer sein.

Blicken wir abschließend nochmals auf die Resultate des Wirkens Europas in der Welt, so war dieses in der Vergangenheit stark von den einzelnen Nationalstaaten geprägt. Das wird überwunden. Im Osten und Südosten, in Asien, dem «unteren Himmel», lebt eine Menschheit, die Kräfte des Jugendalters bewahrt. Sie findet in sich die Kraft, in ein eigenes Verhältnis zum Bewußtseinsseelenimpuls Europas zu treten. Im Westen resignierte das Indianertum in die Weisheit des Greisenalters und machte einem

Neoeuropa Platz. Im Süden – in Afrika – lebt eine Menschheit, die Eltern, die Lehrer braucht, um diese Kindheitskräfte aus ihrer bewahrenden Hülle herauszuführen. Dieser Aufgabe in der dritten Welt steht der Bewußtseinsseelenimpuls Europas gegenüber: Den Kolonisierungsimpuls in einen Erziehungsimpuls zur Selbsterziehung zu verwandeln.

Kehren wir an den Ausgangspunkt zurück, so kann man sagen, was sich im Südwesten von den Küsten Europas, von Spanien und Portugal, abgelöst hat, hat dem Bewußtseinsseelenimpuls Europas in Wiederholung vergangener Werdestufen der Menschheit den Weg über die ganze Erde hin bereitet. Was zur selben Zeit aus dem Südosten durch den lebendigen Geistesstrom des Christian Rosenkreutz nach Europa eingeflossen ist, hat sich von innen in ständiger Verwandlung als der eigentliche Quell dieses Bewußtseinsseelenimpulses an die Oberfläche gearbeitet und kann heute in Gestalt der Anthroposophie überall in der Welt unabhängig von Nation, Religionszugehörigkeit und Rasse, das heißt unabhängig von der territorialen Disposition der Leiblichkeit als der Erziehungsimpuls zum Allgemein-Menschlichen ergriffen werden.

ANMERKUNGEN

1 Rudolf Steiner, Christus und die geistige Welt. Von der Suche nach dem heiligen Gral, GA 149, 1987, Vortrag vom 2. Januar 1914 in Leipzig.
2 Ders., Die Mission einzelner Volksseelen im Zusammenhange mit der germanisch-nordischen Mythologie, GA 121, 1982, Vortrag vom 10. Juni 1910 in Oslo.
3 Ebenda.

GA = Rudolf Steiner Gesamtausgabe, Dornach.

257

MANFRED SCHMIDT-BRABANT
MICHAEL-GEDANKEN
UND DRACHENKRÄFTE

Anregungen zu einem künftigen Michael-Fest

1992, 80 Seiten
farb. Abb., geb., mit Schutzumschlag
ISBN 3 7235 0665 8

Die Menschheit bedarf einer Erneuerung der sozialen
Verhältnisse, die allein durch ein neues Michael-Fest
vermittelt werden kann.
Wie aber ist dieser gewaltige Fest-Gedanke aufzufassen?

VERLAG AM GOETHEANUM

Philosophisch-Anthroposophischer Verlag Rudolf Geering Verlag Natura-Verlag